TEORÍA EDUCATIVA SOBRE TECNOLOGÍA, JUEGO Y RECURSOS EN DIDÁCTICA DE LA EDUCACIÓN INFANTIL

2.ª edición

TEORÍA EDUCATIVA SOBRE TECNOLOGÍA, JUEGO Y RECURSOS EN DIDÁCTICA DE LA EDUCACIÓN INFANTIL

2.ª edición

Alejandro Quintas Hijós

PRENSAS DE LA UNIVERSIDAD DE ZARAGOZA

© Alejandro Quintas Hijós
© De la presente edición, Prensas de la Universidad de Zaragoza
   (Vicerrectorado de Cultura y Patrimonio)
   2.ª edición, 2025

Colección de Textos Docentes, n.º 287

Prensas Universitarias de Zaragoza. Edificio de Ciencias Geológicas, c/ Pedro Cerbuna, 12, 50009 Zaragoza, España. Tel.: 976 761 330
puz@unizar.es   http://puz.unizar.es

Esta editorial es miembro de la UNE, lo que garantiza la difusión y comercialización de sus publicaciones a nivel nacional e internacional.

ISBN 979-13-87705-98-5
Impreso en España
Imprime: Servicio de Publicaciones. Universidad de Zaragoza
D.L.: Z 1219-2025

Notas a la segunda edición

Escribir y ampliar un libro académico cinco años después tiene un sentido principal: mejorar el texto original. Esta obra se ha podido utilizar durante varios cursos académicos como material de estudio, y por lo tanto lo han leído cientos de estudiantes de magisterio. Ello ha permitido ver errores y *lapsus linguae* que aún existían, pero especialmente apartados donde la explicación no era lo suficientemente adecuada para el contexto universitario. Estos fragmentos han sido revisados y se han intentado reescribir o reenfocar con mayor concreción léxica y contextual. Esto se ha podido ver en situaciones prácticas, donde el alumnado recurrentemente ha tenido dificultades de comprensión en los mismos apartados. Si bien algunos conceptos o nociones pueden ser inherentemente más difíciles, debido a su nivel de abstracción, se ha querido hacer un ejercicio de humildad, y revisar la escritura para ganar claridad. Igualmente, para mejorar la comprensión del texto se han ampliado varios apartados de manera que se ha usado un estilo más extensivo y aclarativo que contrasta un poco con la escritura original que era mucho más densa e intensa.

Otra razón interesante para generar una nueva edición de este libro es que se han generado nuevos conocimientos sobre tecnología, juegos y recursos en didáctica de la educación infantil. Esto no significa, no obstante, que simplemente se haya actualizado en cuanto a nuevas publicaciones y estudios de los últimos cinco años, dado que el conocimiento no tiene que ir a la par del número de publicaciones o del año más reciente en el que estén basadas, sino en nuevos enfoques, articulaciones de estudios y enlaces entre las ideas. Esto implica que en la presente versión hay tanto nuevos estudios de los últimos años como referencias a estudios de años anteriores a la primera edición del libro. El sentido del conocimiento es unir lo dispar, separar lo unido, y enlazar las ideas tanto clásicas como nuevas; es decir, *estrujar* críticamente los conceptos. Obviamente, el primero que ha ganado conocimiento es el propio autor de la obra, porque se ha intentado plasmar las nuevas visiones que han sido fruto de la experiencia y del estudio.

Actualmente, es sabido que el avance de la tecnología acelera todos los aspectos de la sociedad y de la cultura. Se podría decir incluso que desde la primera edición de este libro al actual se ha producido el arranque de una nueva revolución tecnológica como es la extensión y vulgarización de la inteligencia artificial, al cual se le ha dedicado un apartado específico del tema cuarto sobre la sociedad de la información y el conocimiento. Está por ver, sin embargo, que derivada de esa revolución sea difícil describirse ya como la sociedad de la información y el conocimiento y se esté ante un nuevo tipo de sociedad a la cual solo se podrá analizar en rigor en décadas posteriores. En todo caso, da que pensar que ahora mismo existan las últimas generaciones de humanos que han vivido sin inteligencia artificial; es probable que en el futuro, cuando estudien la actualidad con perspectiva histórica, se pregunten *¿y cómo vivieron sin inteligencia artificial hasta entonces? ¿lo hacían manualmente?*

Uno de los mayores problemas del ámbito de la tecnología, incluso de la didáctica, es la excesiva publicación basada en modas, superficialidad o rapidez. Por lo tanto, la presente versión del libro pretende ser fiel al enfoque original: basarse en los fundamentos y en la teoría, aquello que puede perdurar, aquello que tiene sentido ajustarse y desarrollar. Así, se han evitado realizar listados de recursos o de herramientas que fácilmente se desactualizan en el mundo educativo actual y se ha apostado por ir a las bases y a los pilares del conocimiento. El libro sigue versando, por tanto, sobre *teoría educativa*.

El primer tema ha sido bastante ampliado, desarrollando una visión bastante más analítica y extensa, tanto de los modelos de aprendizaje como del conductismo en concreto. Igualmente, se ha añadido todo un apartado respecto a los fundamentos curriculares, que permitirá desarrollar competencias prácticas en el alumnado lector de este libro. Cabe mencionar que, como la ley educativa española ha cambiado, se han realizado las actualizaciones pertinentes. En el tema dos se ha reescrito algunos apartados por mayor claridad y especialmente se ha añadido un nuevo epígrafe sobre ambientes y espacios en base al nuevo currículum de educación infantil.

Se ha actualizado y ampliado especialmente el tema cuarto, dando definiciones más precisas de la tecnología que permitan pensar en la actualidad y en la docencia como profesión. Igualmente, se ha dotado de mayor exhaustividad a la competencia digital docente y se han extendido las aplicaciones y explicaciones sobre los materiales y recursos digitales. Se ha desarrollado un apartado teórico de inteligencia artificial que permite pensar esta nueva revolución tecnológica y social.

De igual manera, se ha dedicado bastante atención a las aportaciones que se han hecho sobre técnicas didácticas en educación infantil ampliando el trabajo por proyectos, los talleres y la asamblea y se han desarrollado de manera más exhaustiva algunos de los materiales más típicos en educación infantil. Especialmente, dada la sociedad estetizada y audiovisual en la que se encuentra tanto el alumnado como los lectores se ha explicado cómo desarrollar una buena presentación visual para entender el lenguaje audiovisual y compararlo con el textual.

En general, es de esperar que este libro sirva para aprender más y mejor. Para el autor ha sido de enorme placer el poder pensar y repensar las ideas plasmadas en el texto. Pero, en todo caso, este libro no es un fin, sino un medio. Y así se debe entenderse desde el punto de vista docente y del aprendizaje.

Como en la primera edición, en el presente texto también se ha optado por un uso económico de la lengua, utilizando en la medida de lo posible palabras que refieran a conjuntos de personas, como «alumnado» y «profesorado». Sin embargo, dado que no siempre ha sido posible, se ha optado por el uso de un solo género de la palabra —por ejemplo: la maestra, o el profesor—, pero con la intención en la escritura de ser lo más incluyente posible. Este libro está dedicado a todas las personas interesadas en la didáctica de la educación infantil, y especialmente al alumnado de Magisterio de la Universidad de Zaragoza.

Introducción

Este libro es una apuesta decidida por la formación de las maestras de educación infantil, las cuales deben ser competentes a nivel teórico (saber), técnico (saber hacer) y práctico (saber ser y saber estar). El libro es un material básico de estudio y reflexión asociado a la asignatura «Materiales y recursos didácticos», que se imparte con carácter troncal en segundo curso del Grado en Magisterio de Educación Infantil de la Universidad de Zaragoza.

El enfoque del libro es doble; por un lado, se desarrollan a nivel pedagógico y filosófico todos los aspectos educativos que son objeto de estudio, para de esta manera adquirir un grado de saber universitario necesario para el buen desarrollo de la profesión docente; por otro lado, se desarrolla un nivel didáctico y propedéutico que aborda los contenidos de manera más técnica y práctica, dotando de una capacidad de selección y manejo de materiales y recursos en educación infantil. En este sentido, se asume que una asignatura universitaria tiene un enfoque diferente a los estudios de formación profesional.

Esta obra pretende facilitar el desarrollo de competencias clave para el ejercicio de una maestra de educación infantil: conocer qué materiales y recursos emplear en la didáctica, cómo llevarlo a cabo, y cómo dotarles de sentido en una posible programación de aula. Tiene tres grandes temáticas de contenido: la tecnología educativa —el fenómeno tecnológico—, el juego —el fenómeno lúdico—, y los ambientes educativos —el fenómeno ecológico—. Estos tres grandes bloques, sobre lo tecnológico, lo lúdico y lo ecológico, se integran en un enfoque más amplio, que es el de analizar todo tipo de materiales y recursos didácticos. Un material didáctico es «todo tipo de medio, soporte o vía que facilita la presentación y tratamiento de los contenidos objeto de enseñanza-aprendizaje» (Escamilla, 2009, p. 134). Así, se abordarán los tipos de materiales y técnicas didácticas, algunos criterios clasificatorios, y se desarrollarán específicamente aquellos más frecuentes —no por ello más adecuados— en educación infantil: los centros de interés, los rincones, los talleres, o la asamblea. En todo caso, estos no se estudiarán de forma descontextualizada, mostrando un compendio de todos ellos de forma abstracta y esperando que se vaya a ver en el futuro un contexto donde aplicarlos. Los materiales educativos son un solo elemento didáctico, por lo que solo adquieren sentido si se integran e interpretan junto al resto de variables.

En el Tema 1 se desarrollan los fundamentos pedagógicos y psicológicos que toda maestra debe tener en cuenta para realizar la programación de aula y adoptar decisiones didácticas respecto a qué recursos y materiales usar, así como cuándo, cómo, desde qué enfoque, etc. Se desarrollan los paradigmas y métodos de la educación infantil, así como los fundamentos curriculares. También se explican, más esquemáticamente, los fundamentos de la psicología evolutiva en educación infantil y los modelos de aprendizaje principales.

El Tema 2 expone una revisión y reconsideración de los espacios didácticos, partiendo de la reflexión sobre los mismos. Se desarrolla la idea de ambiente de aprendizaje, y se aportan recursos y materiales para diseñar y organizar un espacio educativo desde un enfoque no solo pedagógico, sino estético. El espacio deberá tenerse en cuenta en la programación educativa de la maestra y en el proyecto educativo del centro (Vecchi, 2006, p. 17), pues responde a la pregunta «¿dónde enseñar?» (Muñoz & Zaragoza, 2008, p. 152). No obstante, se debe pensar el espacio educativo más allá de esa pregunta, y entender que el espacio no es solo un requisito en el que estar, un sitio donde casualmente tienen lugar las actividades de enseñanza-aprendizaje —como tradicionalmente se ha pensado—, sino que el espacio forma parte del propio proceso de enseñanza-aprendizaje, por lo que es especialmente relevante saber dónde se enseñe-aprenda y cómo rediseñar espacios. Los ambientes educativos habituales siempre han perjudicado a cierto tipo de alumnado — el creativo, el especial, el inquieto…—, y beneficiado a otro —el obediente, el callado, el ordenado…—. El educando genera sus primeras vivencias e ideas de la realidad en contacto con el medio y las personas que le rodean (Castro et al., 2016, p. 119). De hecho, el alumnado infantil no aprenderá solo de las tareas o recursos que se le propongan, sino que será una *esponja* que absorberá todo lo que viva en el espacio de aprendizaje, por lo que es fundamental reflexionar sobre el espacio. El fenómeno ecológico se desarrollará en MRD de la mano de artísticas y expertos en reforma de ambientes educativos, como es Siro López (2018), o maestras de infantil en ejercicio como Beatriz Trueba (2015). Estas experiencias prácticas se fundamentarán en pedagogías como las de Francesco Tonucci (2016) —esto se hace más relevante aún al ser Huesca una de las "ciudades de las niñas y los niños"—, Loris Malaguzzi (Reggio Emilia) o Rudolf Steiner (pedagogía Waldorf), así como en la estética como disciplina —se recuerda que la belleza es uno de los valores que vehiculan este proyecto docente—.

El Tema 3 aborda el fenómeno del juego desde una perspectiva filosófica, antropológica, pedagógica, psicológica y didáctica. Se expone una concepción del juego, algunas propuestas de clasificación y un análisis de su presencia en el currículo. Mediante un análisis crítico y exhaustivo del fenómeno de la gamificación, se ofrecen recursos para pensar y entender el diseño de cualquier juego, y de esta forma tener autonomía para seleccionar o crear un juego adecuado para cualquier situación. Un universal antropológico es el juego, el cual refiere a la relación del ser humano con lo posible. Uno de los posibles orígenes del juego es la fantasía, que no es solo interior, sino compartida. La fantasía y la imaginación de otro mundo u otra realidad distintas al presente actual. El juego consiste en manipular las posibilidades dado que permite *fingir* otra realidad, como en los espectáculos y en el teatro. El juego es un *como si* que implica la re-presentación de otro mundo, es decir, hacer presente otro mundo inmerso en el real, pero separado, dado que funciona con reglas simbólicas diferentes. Todo cabe en ese *otro mundo*; es por ello que el juego es el trato con las posibilidades, donde no solo la razón toma parte, sino la imaginación y la fantasía. Una visión del juego es la preparatoria, la funcional, para llegar a ejercer ciertas profesiones en la sociedad. El juego es un derecho para la infancia. Según el punto 7 de la Declaración Universal de los Derechos del Niño, adoptada en la Asamblea General de la ONU el 20 de noviembre de 1959: «*El niño debe disfrutar plenamente de juegos y recreaciones los cuales deberán estar orientados hacia los fines perseguidos por la educación; la sociedad y las autoridades públicas se esforzarán por promover el goce de este derecho*». En este punto donde se recoge el derecho a tener actividades recreativas se comparte el derecho a la educación en general, la cual deberá ser obligatoria y gratuita por lo menos en las etapas elementales. Desde la didáctica, se puede pensar que, aunque un niño no comience a jugar para aprender, realmente acabe aprendiendo por el hecho de jugar. El fenómeno lúdico es uno de los aspectos clave en la formación del magisterio de educación infantil, y en MRD es donde se desarrolla con profundidad. Por ello, estudiarán teorías y marcos conceptuales de especialistas que analizaron el juego, especialmente en educación infantil; se desarrollarán ideas de filósofos como Rousseau (1997), Kant (1981) o Huizinga (1972), sociólogos como Roger Caillois (1986), así como sus aplicaciones prácticas y evolutivas según Piaget (1984) o Vygotski (1978). Específicamente se abordará el fenómeno en auge denominado *gamificación*, uniéndolo con conceptos también presentes en el tema de la tecnología (Quintas, 2020, p. 184).

El Tema 4 está destinado a pensar y entender la tecnología y su aplicación e influencia en la educación. Para ello se expone un análisis sociohistórico de la sociedad de la información y el conocimiento actual. Se aporta también una descripción de algunos materiales y recursos asociados a las tecnologías de la información y la comunicación con un enfoque para la educación infantil.

Actualmente se usa, quizá de forma reduccionista, el término *tecnología* para referirse a los artefactos electromecánicos y digitales. No obstante, casi todo el entorno en el que vive el ser humano hoy en día es tecnología o está tecnificado: la ropa, el suelo, el edificio, las gafas, las calles, etc. Igualmente sucede con la profesión de una maestra de infantil: en su entorno hay más tecnología que «naturaleza». La tecnología es un universal antropológico, esto es, está presente en todas las culturas humanas. La dimensión tecnológica es un tipo de relación entre el ser humano y el ambiente natural, en la cual el ser humano lo transforma, convirtiéndolo en artificial. Por todo ello, conocer y estudiar lo tecnológico, y más en concreto lo digital, se vuelve clave en la formación de una maestra, dado que va a ejercer la profesión, con muy alta probabilidad, en un contexto tecnologizado y digitalizado. Este contexto espacial y temporal se denomina actualmente Sociedad de la Información y el Conocimiento. Para abordar este fenómeno, se estudiarán teorías y marcos conceptuales de especialistas actuales en este campo, como son los pedagogos Jordi Adell (2018a), Manuel Area (2020) y Linda Castañeda (2018) a nivel nacional, o el neuropsiquiatra Serge Tisseron (2016), el filósofo Pier Cesare Rivoltella (2017), la pedagogía Sara Lo Jacono (Lo Jacono, 2018) o el sociolingüista Paul Gee (2003). Estos conceptos se vincularán con el reciente Marco Común de Competencia Digital Docente (2017, 2022) del Instituto Nacional de Tecnologías Educativas y Formación.

El Tema 5 resume cuáles son las principales técnicas didácticas utilizadas en educación infantil en la actualidad, y desarrolla teóricamente los materiales didácticos. Igualmente, desarrolla los fundamentos para hacer un buen material digital-visual, tanto para presentaciones, como para infografías o murales.

Tema 1. Fundamentos de la educación infantil

Quiero que no tenga otro maestro que la naturaleza, ni más modelo que la naturaleza; quiero que tenga ante los ojos el original mismo y no el papel que lo representa.

Jean-Jacques ROUSSEAU

Para ser una maestra autónoma y competente en lo referido a materiales y recursos en educación infantil, deben quedar claros los fundamentos que ha tenido la educación infantil desde su nacimiento. Esto prevendrá de ser un profesional-robot que aplica recursos mecánicamente en sus clases, evitando que se usen por una cuestión de moda, de actualidad. Así, los fundamentos educativos permitirán a la maestra explicitar el enfoque desde el cual toma la decisión de usar unos recursos y no otros, así como programar y justificar su docencia. Aquellas maestras más efectivas, comprometidas y apasionadas se ha demostrado que son las que tienen, entre otros aspectos, una comprensión profunda de cómo aprenden los niños y, en general, las personas (Hattie, 2017, p. 36), y a ello está dedicado este tema.

Estos fundamentos han debido ser ya adquiridos en asignaturas previas del Grado en Maestra de Educación Infantil. Los fundamentos pedagógicos se abordaron en «Educación social e intercultural» y la «Escuela infantil como espacio educativo», y los fundamentos psicológicos en «Psicología de la educación» y «Psicología del desarrollo».

Sería aconsejable repasar los estudios del primer curso, y de esta manera adoptar una estrategia de estudio *en espiral*. Este enfoque educativo-cognitivista de Bruner (1961), concibe la programación de objetivos y contenidos no como un conjunto seriado de temas —donde los anteriores se van olvidando y tienen poca relación con los posteriores—, sino como un proceso de enriquecimiento y profundización, que da más importancia a lo *esencial*. A lo estructural de la asignatura de «Materiales y recursos didácticos», se irá añadiendo progresivamente lo *superficial* (datos, hechos, ideas concretas) según surja la necesidad. Aunque es conveniente ese repaso de las asignaturas de primer curso del Grado, a continuación, se refleja un resumen de los fundamentos pedagógicos y psicológicos que se van a utilizar en esta asignatura para, posteriormente, adoptar criterios y enfoques respecto a los materiales y recursos didácticos en educación infantil.

1.1. Fundamentos pedagógicos

1.1.1. Paradigmas y métodos escolares

1.1.1.1. La escolástica medieval

El sistema escolástico religioso (conocido simplemente como escolástica) fue un gran movimiento de escuelas que se dieron en la Edad Media, especialmente en los siglos XIII y XIV, si bien perduró con progresiva decadencia hasta el s. XVIII. Las primeras manifestaciones se dieron en las escuelas monacales del s. XII, donde al maestro se le conocía como *scholasticus* (escolástico), que dieron lugar a las escuelas catedralicias en el s. XIII, y estas a las universidades, sobre todo en el s. XIV. La universidad era la *universitas scholarum*, a saber, el conjunto de las escuelas, incluido el profesorado y el alumnado, y la aparición de las mismas fue forzada por la necesidad de aumentar la formación del clero (Quintas *et al.*, 2016). La escolástica educaba en latín —y no en la lengua materna de cada país— y solo para algunos sectores de la sociedad. La escuela actual presenta elementos en su estructura que perduran de la escolástica —como tener que pasar exámenes, el orden y la disciplina, o la distancia entre el centro escolar y la realidad social—.

En la Europa medieval, la educación estaba reservada a élites eclesiásticas y, en menor medida, a sectores privilegiados de la nobleza, y por tanto no se acercaba a la concepción moderna de la educación como derecho universal o fase necesaria del desarrollo humano. En este marco, no puede hablarse propiamente de una «educación infantil» institucionalizada, ya que no existían estructuras escolares pensadas para la infancia como etapa con valor en sí misma. Los niños, en su gran mayoría, permanecían en el ámbito doméstico o agrícola, integrados en los ritmos productivos del mundo rural, y solo en contadas ocasiones se incorporaban a monasterios o escuelas catedralicias, donde la instrucción respondía a fines estrictamente religiosos. Así pues, la infancia no era concebida como una etapa educativa diferenciada, sino como un tránsito hacia la adultez espiritual, en el caso de los varones destinados al clero, o hacia funciones doméstico-productivas en el caso de las niñas y los niños sin linaje (Negrín *et al.*, 2018, pp. 143-146).

Los principios pedagógicos de la época descansaban sobre una visión teocéntrica del mundo, donde la educación no era sino un medio de salvación. El niño no era considerado un sujeto autónomo de derechos ni de intereses educativos, sino un alma imperfecta que debía ser conducida hacia Dios mediante la disciplina moral, la repetición mecánica y la obediencia a la autoridad. La pedagogía medieval atribuía valor formativo a la memorización (carácter nemotécnico), a la obediencia al maestro (magistrocentrismo), y a la subordinación del cuerpo a los fines espirituales (visión psicofísica). En un entorno donde la fe se consideraba superior a la razón, el saber no se justificaba por su utilidad práctica, sino por su capacidad de orientar la voluntad hacia el bien último (Negrín *et al.*, 2018, pp. 130-142). Si bien en esa época la educación no se caracterizaba por estar *institucionalizada* o ser *escolar*, seguía habiendo educación, y era especialmente a través de los cuerpos.

El cuerpo infantil se convirtió progresivamente en objeto de intervención pedagógica, sometido a un conjunto de dispositivos que, aunque en sus orígenes se dirigían exclusivamente a la infancia aristocrática —dentro del espacio doméstico y privado—, acabarían por extenderse posteriormente al conjunto de la población con la consolidación de la institución escolar. Durante el siglo XVII, esta pedagogía del cuerpo carecía aún de una sistematización explícita o de una arquitectura institucional robusta. Más bien se manifestaba en forma de prácticas fragmentarias, en hábitos disciplinarios que, sin reconocerse como tales, operaban como técnicas de corrección somática. La relación pedagógica era decididamente unidireccional: la acción partía del adulto —de su mano firme, correctiva, rectora— y se dirigía hacia el cuerpo del niño, concebido como materia pasiva, informe, incapaz de autorregulación (Vigarello, 2005). Esta dirección asimétrica se legitimaba en la imagen de un cuerpo aún no constituido, lleno de flujos e inestabilidades, como en la concepción humoral, o en la metáfora del cuerpo-máquina cartesiano, susceptible de ser calibrado, enderezado, intervenido. De ahí el uso generalizado de artefactos coercitivos —corsés, fajas, sillas con dispositivos de sujeción, la prohibición del uso de almohadas— cuya finalidad era rectificar la forma del cuerpo, comprimir su deriva anatómica, contener su plasticidad, todo ello bajo una estética del decoro vinculada al orden social. Así, la educación corporal no se pensaba en términos de salud, sino de morfología y de urbanidad: un niño bien educado era aquel cuyo cuerpo se mantenía erguido, firme, contenido, portador de una postura que ya prefiguraba la sumisión al orden político y moral. En el reverso de esta lógica encontramos la mirada clasista: fue la deformidad de los cuerpos obreros —curvados, prematuramente vencidos por el trabajo— la que funcionó como contraste trágico que urgía la rectificación de los cuerpos dominables, aún modelables, de los niños de las élites (Quintas, 2023).

1.1.1.2. La Escuela Tradicional

La llamada *Escuela Tradicional* derivó de una cristalización paulatina de diversas prácticas instruccionales que ya existían al servicio del naciente poder estatal. En este sentido, no se puede entender su génesis sin vincularla con el proceso de conformación de los Estados modernos, que buscaron en la escolarización un instrumento para la homogeneización cultural, la centralización del poder y la disciplinamiento de la población. Así, la escuela se constituyó como un aparato ideológico del Estado, encargado de producir sujetos obedientes, alfabetizados y funcionales al nuevo orden civil-burgués. Se podría decir, de hecho, que la escuela como institución modera es el dispositivo que más disciplina, obediencia y orden social ha producido en toda la historia de la humanidad.

Se podría decir que surgió durante el siglo XVII, y especialmente el XVIII. Su ideario pedagógico supuso una ruptura con la escolástica medieval. La Escuela Tradicional proponía una educación menos estricta, desarrollada en la lengua materna, y la extensión de la escolarización. Este modelo escolar se estructuró sobre una tríada que definía su esencia: la centralidad del maestro como emisor de verdades; el currículo como corpus cerrado de contenidos que debían ser transmitidos y repetidos; y la disciplina, concebida como una técnica de control del tiempo, del espacio y del cuerpo del alumno. El aula se organizaba como un espacio simbólicamente sacralizado, donde la palabra del maestro no se discutía y el error era sancionado, no explorado. La enseñanza consistía en la exposición oral de lecciones, que el alumnado debía copiar, memorizar y recitar. El aprendizaje, por tanto, era un proceso de recepción, en el que la actividad intelectual del estudiante quedaba subordinada a la repetición mecánica (Negrín et al., 2018, pp. 253-286). Las características clave de esta concepción pedagógica fueron (Negrín *et al.*, 2011, pp. 206-207):

— El magistrocentrismo: el maestro es lo importante en educación.

— Enciclopedismo: debe transmitirse un cuerpo —extensísimo— de conocimientos de la tradición mediante el libro de texto. Para ello es necesario la organización y programación total de la clase.

— Verbalismo: el método docente consiste en impartir lecciones, lecturas.

— Pasividad: el alumnado adopta un papel receptor y pasivo.

Los fines de esta escuela no eran tanto la emancipación intelectual o el desarrollo de la autonomía del sujeto, sino la transmisión y reproducción de un saber legitimado y la reproducción de un orden social determinado (Bourdieu y Passeron, 1976). La evaluación cumplía una función selectiva y excluyente, y no era infrecuente que se usaran castigos corporales como técnica disciplinaria —esta idea no estaba sostenida por los ideólogos como Comenius, pero la propia institución escolar pareció empujar a convertir un poder simbólico en un poder físico—. En principio, la Escuela Tradicional estaba pensada para todos, si bien se pudo teorizar solo para una élite masculina, urbana y letrada, quedando la mayoría de la infancia —especialmente las niñas y los hijos de campesinos o artesanos— excluida de este sistema formal de enseñanza, como la misma obra de Rousseau (1997) *Emilio, o de la educación* muestra.

Uno de los primeros y más grandes de la Escuela Tradicional fue Comenius, el cual no solo defendió la misma, sino que analizó por escrito cuáles podían ser sus directrices. En su obra *Didáctica Magna*, de 1632, usó la metáfora entre la enseñanza y el arte de la tipografía, pues el modelo era *unidireccional,* del saber del enseñante al saber del estudiante:

"Vamos a continuar el ejemplo del arte tipográfico ampliando la comparación que hemos hecho con el armónico artificio de este nuevo método, a fin de que se vea claramente que las ciencias pueden inculcarse en las inteligencias del mismo modo que se imprimen exteriormente en las hojas de papel. Esta es la razón de que no sea un despropósito inventar y aplicar a esta Didáctica nueva un nombre parecido al de Tipografía, llamándola Didacografía. El arte tipográfico tiene sus elementos y operaciones propias. Los elementos son principalmente:
papel, tipos, tinta y prensa. Las operaciones: preparación del papel; composición de los tipos conforme al original; disolución de la tinta, investigación de las erratas; impresión; desecación, etc., para todo lo cual existen procedimientos infalibles que, rigurosamente observados, producen resultado eficaz." (1998, p. 127).

Comenius comparó el antiguo arte de copiar libros, que se hacía a mano y costaba mucho, y la reciente —entonces— arte y técnica de la tipografía, con los antiguos métodos de enseñar y la *didáctica magna* que él propone, asociada posteriormente a la Escuela Tradicional. Ella se basa en la universalización de la enseñanza, así como la estandarización de un método, según el cual el docente que sabe, debe hacer que los alumnos sepan, con un método *magistral* (basado en el docente, se diría ahora) que permitiría dar clase de forma eficaz a muchos estudiantes a la vez, y de esta manera extender el conocimiento y la alfabetización: *"servirá para instruir a muchísimos con aprovechamiento más seguro y mayor complacencia que con el actual y corriente desorden"* (1998, p. 126). Según Comenius, este nuevo método tenía las siguientes ventajas:
— con menor número de preceptores, se instruye mayor número de alumnos que por los procedimientos en la actualidad empleados;
— saldrán verdaderamente instruidos;
— con erudición perfecta y llena de belleza;
— esta cultura puede alcanzar, incluso a quienes están dotados de entendimiento más torpe y sentidos más tardos;

— por último, todos serán aptos para enseñar, incluso aquellos que carecen de condiciones naturales.

Didáctica Magna supone, entonces, una de las primeras obras que sistematizan propiamente esta disciplina, la didáctica, y por tanto reflexionan sobre ella, dictaminan el proceder de la enseñanza, y la acota como objeto de estudio. Igualmente, supone una visión técnica de la misma, es decir, algo que se puede operativizar, estandarizar y replicar, en busca de mayor eficacia para el mayor número de personas; y en parte, históricamente, lo consiguió.

El primer material didáctico que se ha estudiado, por tanto, es el libro de texto o libro didáctico. Comenius lo analiza como un instrumento indispensable para la buena enseñanza, y deja entrever cierta noción paidocéntrica, en tanto que el buen libro didáctico debe ajustarse al nivel de comprensión del discente, por lo que entre sus características deben estar el ser claro, ordenado, solo con información relevante, fragmentado/guionizado, etc.: *"son los libros didácticos y demás instrumentos preparados para este trabajo, gracias a los cuales ha de imprimirse en los entendimientos con facilidad todo cuanto ha de aprenderse. La tinta es la voz viva del Profesor que traslada el sentido de las cosas desde los libros a las mentes de los discípulos (…) Del mismo modo hay que dar a los niños aquellos libros únicamente que han de necesitar en su clase para que no se distraigan con los demás y sufran confusión"* (1998, p. 27). De hecho, este material se ha mostrado tan eficaz, que es una de las razones por la que se ha mantenido tres siglos después como el principal material educativo para la enseñanza, si bien a partir de la educación primaria.

En el siglo XVIII, la corriente pedagógica de la Escuela Tradicional se complementaba con las circunstancias sociales de la revolución industrial. Si la escolástica medieval surgió para mejorar la formación del clero, la Escuela Tradicional buscó la expansión de la escolarización por necesidades de la nueva industria y de los recién nacidos Estados, a saber, aumentar la formación técnica y laboral de la clase trabajadora (Quintas y Latre, 2016).

Tres fueron las exigencias asignadas a la Escuela Tradicional para el naciente Estado moderno. En primer lugar, operó como un instrumento de homogeneización cultural, imponiendo una lengua común, una narrativa histórica oficial y un conjunto de valores legitimados por la ideología hegemónica (Negrín et al., 2018, pp. 253-286). En segundo término, funcionó como mecanismo de disciplinamiento corporal y temporal: reguló los horarios con precisión milimétrica, fragmentó el saber en asignaturas jerarquizadas y promovió la obediencia a través de sistemas de evaluación que convertían la vigilancia en hábito interiorizado (Vigarello, 2005). Finalmente, sirvió como dispositivo de reproducción social, naturalizando la desigualdad entre gobernantes y gobernados y formando sujetos aptos para ocupar lugares funcionales —laborales, cívicos o burocráticos— dentro de una estructura socioeconómica capitalista que exigía orden, previsibilidad y sumisión (Bourdieu *et al.*, 1976). A las razones económicas —crear trabajadores por la nueva industria—, y nacionalistas —crear patriotas para el nuevo Estado—, se sumó la razón militar —crear soldados para la guerra— y política —educar a los hijos de la nueva clase burguesa—. Las pretendidas visiones emancipatorias de la Ilustración no tuvieron peso real en la conformación sistémica de la escuela en el siglo XVIII, cuyos pensadores pedagógicos, como Rousseau, se referían a la educación aristocrática de los pocos. Sin embargo, sí servirán de precursores para la Escuela Nueva.

1.1.1.3. La Escuela Nueva

El movimiento pedagógico de la Escuela Nueva —o Escuela Activa en Latinoamérica— se inició a finales del siglo XIX, influenciado por valores políticos democráticos y de libertad. Revolucionó los principios pedagógicos en los que se basaba la Escuela Tradicional. La Escuela Nueva supuso una reacción crítica frente al formalismo pedagógico y al intelectualismo abstracto que marcaron el paradigma escolástico de la enseñanza tradicional. Su proyecto educativo partió de una concepción antropológica integradora del niño, al que no se reduce a un ente cognitivo, sino que se reconoce como sujeto global cuya afectividad, inteligencia y voluntad deben ser consideradas de forma articulada en todo proceso de formación (Pozo, 2011, p. 169-173). Esta pedagogía activa se fundamenta, por tanto, en el respeto a los ritmos individuales de aprendizaje y en la incorporación del trabajo colectivo como estructura esencial del desarrollo humano (Negrín *et al.*, 2018, p. 289).

Entre los postulados que vertebran esta corriente se encuentran: la necesidad de situar la escuela en continuidad con la vida —superando su clausura institucional—; la orientación de la enseñanza en función de los intereses reales del niño —y no de programas abstractos ajenos a su experiencia vital—; la centralidad de la acción, la experimentación y la manipulación como formas legítimas de conocimiento; la transformación de la escuela en una comunidad orgánica de aprendizaje y convivencia; y, finalmente, la revalorización del rol docente como figura mediadora, investigadora y organizadora de ambientes formativos. Lejos de limitarse a transmitir contenidos, el maestro en este enfoque deviene responsable de posibilitar condiciones para el desarrollo integral del sujeto en un contexto socialmente significativo. Las nuevas bases se podrían resumir con las siguientes directrices:

— Paidocentrismo: ahora es el discente, y no el docente, el protagonista de la educación, en torno al cual giran los contenidos, los valores, los objetivos, etc.

— Apertura de la escuela: la escuela se intenta abrir a la realidad del mundo social.

— Dinamización docente: ahora no es un lector que imparte clases y transmite conocimiento, sino que debe adoptar un papel más observador, de guía, de dinamizador y de creador de actividades de enseñanza-aprendizaje.

— Universalización de la escuela: se crean las primeras escuelas públicas.

— Actividad: el alumno no solo memoriza, sino que deduce, experimenta, manipula, critica, etc.

Los antecedentes de la Escuela Nueva es la concepción liberal e ilustrada de pensadores como Rousseau (s. XVIII) —quien en *Emilio o De la educación* (1762) formuló la necesidad de respetar los tiempos y procesos naturales del desarrollo infantil—, Pestalozzi o Froebel (XVIII-XIX). A finales del siglo XIX y primer tercio del siglo XX surgen las principales pedagogías de la Escuela Nueva, cuyas propuestas de educación integral y de centralidad del afecto y la intuición prepararon el terreno para las innovaciones del siglo XX.

A partir de finales del siglo XIX y durante el primer tercio del XX, se consolidan las principales corrientes de la Escuela Nueva, encarnadas en autores como John Dewey (con su filosofía pragmatista), Maria Montessori (con su enfoque sensorial y autocorrectivo), Ovide Decroly (con la organización global de los intereses), Célestin Freinet (con su pedagogía del trabajo) y Rudolf Steiner (con la pedagogía Waldorf). Todas ellas —con sus matices ideológicos, metodológicos y antropológicos— ejercieron una influencia determinante sobre la educación infantil contemporánea. Estas aportaciones enriquecieron especialmente a la educación infantil, y por ello varias de sus aportaciones (métodos, técnicas, recursos…) se abordarán en los próximos temas. Entre las objeciones más recurrentes dirigidas al movimiento de la Escuela Nueva o educación progresiva, cabe señalar un conjunto de críticas que han sido formuladas tanto desde posturas conservadoras como desde posiciones reformistas decepcionadas con ciertos desarrollos prácticos del modelo. Estas críticas suelen converger en cinco núcleos argumentales (Negrín *et al.*, 2018, p. 292): en primer lugar, se reprocha al movimiento un cierto grado de improvisación metodológica, fruto —según sus detractores— de la ausencia de una planificación rigurosa y sistemática; en segundo lugar, se advierte una aparente insuficiencia en la transmisión de contenidos conceptuales sólidos, lo cual debilitaría la función cultural de la escuela; en tercer lugar, se denuncia un antiintelectualismo latente, que habría desplazado el cultivo del pensamiento riguroso en favor de una visión excesivamente lúdica y espontaneísta del aprendizaje (Moreno, 2006); en cuarto término, se cuestiona la prioridad concedida a la actividad física o manual, percibida en ocasiones como un menosprecio del saber teórico; y, por último, se critica la falta de estructuras disciplinarias claras, lo que habría generado entornos educativos desordenados o ineficaces desde el punto de vista formativo (Invest, 2014).

Como John Dewey se puede considerar el principal teórico sistemático de la escuela nueva, se va a comentar brevemente sus ideas directrices.

A continuación, se expone un resumen de los principales reformadores y sus aportaciones (Tabla 1) (Moreno, 2010; Muñoz *et al.*, 2008, p. 39):

Tabla 1. Aportaciones pedagógicas de la Escuela Nueva a la educación infantil

Autor/a	*Aportaciones*
Rousseau	Experimentación con la naturaleza Educación no solo intelectual, sino corporal: educación de los sentidos Educador no directivo
Pestalozzi	La escuela como medio complementario en la educación Aprendizaje comprensivo, no memorístico
Froebel	Importancia de la escuela infantil en el desarrollo: Jardín de Infancia (*kindergarten*) El juego como material básico de aprendizaje Elaboración de materiales para la estimulación
Dewey	La educación no consiste en preparar para la vida, sino que es la vida misma. Se aprende de forma pragmática, interactuando de forma natural con el entorno, dado que el pensamiento es una interacción.
Agazzi	El medio ambiente como elemento principal de estímulos: crear el *hogar infantil* Materiales de la vida cotidiana (inicio de los rincones)
Montessori	Materiales estructurados y secuenciados: el niño aprende del ambiente Observación sistemática del pequeño, maestra como mediadora Los niños deben aprender a leer, escribir, contar y sumar antes de los 6 años
Decroly	Aprendizaje globalizado: el niño comprende la realidad como un todo Enseñanza individualizada según la diversidad de los niños Centros de interés: la necesidad crea el interés que crea la motivación Uso del juego
Freinet	Escuela activa: experimentación y manipulación Talleres Técnica de proyectos (periódico o revista escolar, para educación primaria) Espacios abiertos: paseos por la naturaleza y visitas a artesanos locales
Steiner	Pedagogía Waldorf Educación espiritual Creatividad y artes «Cabeza, corazón y manos» Evaluación no competitiva Escuelas sin director/a

Para comparar más visiblemente la escuela tradicional y la nueva, se muestra a continuación en la *Tabla 2* con sus principales diferencias, si bien se debe tener en cuenta que tiene un fin propedéutico, por lo que se expresa de forma simplista y con pocos matices entre las dos escuelas —que los hay—.

Tabla 2. Diferencias entre la Escuela Tradicional y la Escuela Nueva

Categoría	Escuela Tradicional	Escuela Nueva
Concepción del alumno	Sujeto pasivo, receptor de contenidos	Sujeto activo, centro del proceso educativo
Rol del maestro	Figura de autoridad, transmisora del saber	Guía, observador, mediador del aprendizaje
Método de enseñanza	Exposición magistral, repetición, memorización	Métodos activos, globalización, descubrimiento
Organización del conocimiento	Fragmentado en asignaturas, enfoque analítico	Integrado y relacional, enfoque interdisciplinar
Relación con el entorno	Escuela cerrada al entorno, separada de la vida extraescolar	Escuela abierta al medio aprendizaje contextual
Evaluación	Exámenes escritos, evaluación estandarizada	Evaluación formativa, cualitativa y continua
Finalidad educativa	Reproducción social, disciplina, formación, jerarquía	Emancipación, autonomía, justicia social
Concepción del cuerpo	Control corporal, pedagogía correctiva	Pedagogía del movimiento, del juego, de la experiencia
Concepción de la infancia	Infancia vista como preparación para la adultez	Infancia como etapa con valor propio
Relación con el Estado	Instrumento de homogeneización nacional	Instrumento de cambio social y democrático
Uso de la lengua	Predominio del latín o lengua culta	Uso de la lengua materna del niño
Disciplina	Disciplina externa y vigilancia constante	Disciplina interiorizada, autorregulación
Inicio del aprendizaje	En etapas superiores o alfabéticas	Desde la primera infancia
Referencia antropológica	Antropología racionalista y normativa (hobbesiana)	Antropología humanista y vitalista (rousseauniana)

1.1.1.4. Movimientos de Renovación Pedagógica

Tras el florecimiento de las propuestas de la Escuela Nueva en las primeras décadas del siglo XX —movimiento internacional que agrupó a figuras como John Dewey, Maria Montessori, Ovide Decroly o Célestin Freinet— el impulso de renovación pedagógica fue abruptamente interrumpido por el auge de los totalitarismos, el debilitamiento de los sistemas democráticos y, en particular, por la devastación provocada por las dos guerras mundiales.

Así, las novedades que implantó la Escuela Nueva en el primer tercio del siglo XX se vieron truncadas con el auge de los totalitarismos y las guerras. Después de la Segunda Guerra Mundial, y tras la destrucción física (edificios de los colegios) y cultural, en los años 60 y 70 comenzó a haber iniciativas que pretendían volver a los perdidos principios pedagógicos de la Escuela Nueva con el fin del cambio social. Tras ello, comenzó a imponerse un modelo tecnocrático, autoritario y defensivo que dejó en suspenso muchas de las conquistas pedagógicas anteriores.

Sin embargo, a partir de los años sesenta y setenta del siglo XX, comienza a emerger en Europa Occidental y en América Latina un nuevo ciclo de *Movimientos de Renovación Pedagógica* (MRP), cuya aspiración era mejorar las condiciones escolares, y recuperar —y en muchos casos radicalizar— los principios olvidados de la Escuela Nueva: la centralidad del niño —el paidocentrismo comentado en el punto anterior—, la importancia de la experiencia vivida, el valor de la actividad colaborativo y la dimensión ética y política de la enseñanza. Este impulso fue inseparable del contexto sociopolítico: movimientos obreros, luchas estudiantiles, feminismo, pedagogías anticoloniales y procesos de democratización contribuyeron a resignificar el papel de la escuela como espacio de transformación social (Negrín *et al.*, 2011).

En el caso español, los MRP nacieron en un contexto de dictadura y clandestinidad, y adquirieron fuerza en los primeros años de la transición democrática, articulando una pedagogía crítica con fuerte base colectiva, horizontal y participativa (Puelles Benítez, 1999). Estos movimientos se inspiraron en las prácticas de Freinet, en la pedagogía institucional francesa (Lobrot, Oury), en la teoría de la desescolarización de Ivan Illich y en las primeras traducciones de Paulo Freire. Así, la renovación no se centraba tanto en una cuestión metodológica, como en un acto de resistencia ante la cultura pedagógica del autoritarismo, de la pasividad y del saber como transmisión unidireccional.

Desde la investigación educativa actual, se ha subrayado la vigencia de estos movimientos. Los MRP han parecido representar construcción pedagógica de sentido frente a las reformas impuestas desde arriba, apostando por una escuela más democrática, más humana, más crítica (Gimeno Sacristán, 2001). Las prácticas de los MRP supusieron una forma de antipedagogía frente a la tecnificación neoliberal del currículum (Torres, 2018): pretendieron —y pretenden, en los pequeños grupos que perduran— ser formas de resistencia que generan comunidad, que promueven la participación real del profesorado y que recuperan la memoria pedagógica que el sistema quiere borrar.

En el ámbito de la Educación Infantil, los MRP han jugado un papel determinante al poner en el centro el cuerpo, el juego, la expresión plástica, el vínculo afectivo y la organización del espacio como dimensión educativa. Experiencias como las de las escuelas italianas de Reggio Emilia, impulsadas por

Loris Malaguzzi tras la guerra como se verá a continuación, o los movimientos de renovación en Cataluña en los años 70 y 80, demuestran que a la educación infantil no se le consideró una etapa auxiliar ni preparatoria, sino un terreno privilegiado para experimentar nuevas formas de relación pedagógica.

A lo largo de las últimas décadas, los MRP han atravesado una transformación ambivalente: nacidos como proyectos colectivos con una fuerte carga ética, política y comunitaria, parecen haber ido perdiendo fuerza e influencia institucional en el contexto actual. Tal como indica Santos Guerra (2017), asistimos a una especie de *ocaso* de estos movimientos, no tanto por agotamiento interno, sino por las condiciones estructurales que los rodean: la burocratización de la escuela, la presión del rendimiento medible, la tecnocracia curricular y la mercantilización del saber han desplazado el horizonte emancipador que los MRP representaban. En lugar de una pedagogía crítica basada en la cooperación, el compromiso docente y la justicia social, se impone ahora un modelo funcionalista, centrado en estándares, *rankings* y competencias. Se van a analizar brevemente algunos movimientos concretos de MRP especialmente centrados en la educación infantil.

1.1.1.4.1. Escuelas Reggio Emilia

Una de esas iniciativas, especialmente importante para la educación infantil, fue la que produjo el pedagogo Loris Malaguzzi y una comunidad de familias comprometidas con una educación democrática, crítica y emancipadora en la ciudad de Reggio Emilia (en el norte de Italia), la cual sigue teniendo influencia hoy en día. Este modelo no fue una "teoría" sistematizada en su origen, sino una praxis pedagógica construida dialógicamente entre docentes, infancia y entorno, anclada en los principios del humanismo progresista, del constructivismo sociointeraccionista y de una antropología infantil activa y plural (Hoyuelos, 2006).

Existe una antropología educativa en este enfoque que concibe al niño como sujeto competente, constructor de sentido, protagonista de su aprendizaje desde el nacimiento. Esta idea hila toda la propuesta, desde la organización del aula hasta la forma de documentar los aprendizajes (Cagliari, Barozzi & Giudici, 2020).

Como buena representación de la Escuela Nueva, en las Escuelas de Reggio Emilia el rol del adulto se redefine desde un instructor o evaluador externo, a un compañero de investigación; observa con atención, escucha con rigor, interpreta con sensibilidad. Se convierte en generador de contextos de aprendizaje, y en cuidadoso mediador entre los intereses del niño y el entorno. Esta figura del *maestro investigador* implica una postura ética antes que técnica, en la que se privilegia el respeto por los ritmos infantiles y la disponibilidad para el asombro compartido (Edwards, Gandini & Forman, 2012).

Uno de los conceptos más relevantes de este enfoque es el de los *cien lenguajes del niño* (Malaguzzi, 1996). Con ello se hace referencia a la multiplicidad de formas expresivas —verbal, gestual, gráfica, corporal, sonora, simbólica, matemática, visual— con las que los niños piensan, representan y comparten su mundo. Las escuelas Reggio no jerarquizan estos lenguajes, sino que los interrelacionan en proyectos interdisciplinares que surgen de las preguntas de los propios niños, y que se desarrollan a través del juego, la conversación y la producción simbólica.

Frente a las formas tradicionales de evaluación, Reggio Emilia plantea la documentación pedagógica como herramienta central. Se trata de una práctica que articula observación, interpretación y visibilización de los procesos de pensamiento infantil. Fotografías, transcripciones de conversaciones, producciones plásticas, hipótesis escritas… Todo ello conforma un archivo de la experiencia, que permite al profesorado tomar decisiones más fundamentadas, y otorga al niño la posibilidad de mirarse a sí mismo como sujeto que piensa, construye y transforma (Malaguzzi, 2021).

La arquitectura pedagógica de Reggio Emilia —como se verá en el siguiente tema en más profundidad— otorga al ambiente un estatuto didáctico: el espacio es el *tercer maestro* (Strong-Wilson y Ellis, 2007). Cada rincón, cada disposición material, cada objeto reciclado, cada juego de luces y sombras está pensado para invitar a la exploración estética, cognitiva y sensorial. Esta perspectiva no es decorativa, sino epistemológica: el entorno comunica, provoca, orienta la experiencia.

La formación del profesorado no se considera en este enfoque una etapa previa a la docencia; se defiende como un proceso continuo, colegiado y reflexivo. En las escuelas Reggio, los docentes se reúnen periódicamente en grupos de estudio, analizan la documentación, comparten dilemas y elaboran teoría desde la práctica. Esta coformación entre iguales permite sostener un proyecto pedagógico complejo sin recurrir a recetas técnicas ni a jerarquías rígidas (Hoyuelos, 2006).

Desde un punto de vista práctico, la influencia del enfoque Reggio Emilia en la educación infantil se ha traducido en una serie de innovaciones concretas: el uso de materiales naturales y no estructurados, la creación de ateliers (espacios de experimentación artística y científica), la disposición del aula en pequeños grupos de trabajo, la apertura a proyectos emergentes y no planificados, y la documentación como instrumento de pensamiento colectivo. Estas prácticas han sido replicadas y adaptadas en múltiples contextos internacionales, si bien con mayor o menor fidelidad a los principios originales (Cagliari *et al.*, 2020). Por tanto, a los principios de la Escuela Nueva, la pedagogía de Malaguzzi añade los siguientes:

— aumento de la posibilidad de exploración de los infantes;

— trabajo mediante proyectos de investigación, que pueden durar días, semanas o meses;

— reorganización estética del centro escolar y el aula, pasando a concebir *ambientes* de aprendizaje;

— además de las maestras, en la educación infantil están los *atelieristas* o talleristas que ayudan en las actividades del taller;

— el niño no se concibe de modo aislado, sino en su relación con la comunidad (otros niños, padres, profesores…).

1.1.1.4.2. Instituto Pikler-Lóczy

Otra gran aportación a la educación infantil vino de la mano de la psiquiatra Emmi Pikler. Su Instituto representa una de las propuestas más significativas en la historia de la educación infantil del siglo XX, especialmente por su planteamiento antropológico como por la coherencia de su praxis. Fundado en Budapest en 1946 bajo la dirección de la pediatra Emmi Pikler, el centro respondía al desafío de criar a niños huérfanos o sin cuidados familiares estables sin caer en la patologización emocional ni en la despersonalización institucional. Su hipótesis de partida era tajante: es posible —y deseable— que un niño pequeño desarrolle un vínculo estable, una motricidad autónoma y una identidad personal sin depender necesariamente de la figura materna, siempre que el entorno adulto adopte una pedagogía del cuidado íntima, respetuosa y constante (David & Appell, 1973).

El núcleo filosófico del enfoque Pikler se articula en torno a dos principios fundamentales: por un lado, la autonomía motriz del niño, que debe explorar, desplazarse, manipular y conquistar su espacio por sí mismo, sin instrucciones ni ayudas innecesarias; por otro, la calidad relacional del cuidado adulto, que debe organizarse como una experiencia de atención individualizada, afectiva y predecible, capaz de generar confianza y seguridad. Así, el niño no es tratado como un receptor de cuidados técnicos, sino como una subjetividad en construcción que aprende el mundo a través del cuerpo y de la relación (Pikler, 2000). Así, y a diferencia de otras corrientes centradas en lo didáctico, Pikler situó el foco en las condiciones mismas de la vida cotidiana y en la forma en que el adulto cuida, observa y se vincula con el niño (Pikler, 2006). Este vínculo se ha comprobado después en actos tan naturales como el amamantamiento; se sabe que la media de coeficiente intelectual bebés amamantados supera hasta en diez puntos a la media de los criados con biberón, y se atribuye este efecto especialmente al efecto de la interacción maternofilial que conlleva la lactancia, y quizá no tanto al valor nutritivo de la propia leche (Abril *et al.*, 2016, p. 300)[1].

En la institución de Lóczy se diseñó un entorno que favorecía la libre actividad: espacios amplios, objetos manipulables y ausencia de barreras artificiales para el movimiento. Sin embargo, lo que realmente convirtió a este centro en una referencia internacional fue la metodología del cuidado: cada niño era atendido por adultos de referencia estables, con los que establecía un vínculo progresivo. El cambio de pañal, la comida o el baño no eran acciones técnicas, sino momentos relacionales, "rituales afectivos" donde el niño era mirado, esperado, comprendido y escuchado (Szanto-Féder, 2002). Estas prácticas dotaban de sentido a la cotidianidad, y contrarrestaban el déficit afectivo que en otros contextos institucionales provoca regresiones, pasividad o conductas autoestimulantes.

Cabe destacar, por último, que este modelo ha sido transferido con éxito a escuelas infantiles, no solo en Hungría, sino en Francia, Italia o España, gracias al trabajo de instituciones como la Asociación Pikler-Lóczy de Francia o la AIPL (Asociación Internacional Pikler-Lóczy). La práctica pedagógica inspirada en Lóczy no requiere grandes recursos, sino una formación rigurosa en observación, afectividad y respeto por el ritmo propio de cada criatura.

---

[1] En todo caso, también se han hallado beneficios de la propia leche materna para el neurodesarrollo del bebé (Enseñat, García, y Roig, 2023, pp. 59-60). Diversos estudios han aportado evidencia sólida en torno a una asociación positiva entre la lactancia materna y el desarrollo intelectual infantil. En concreto, ocho de cada diez investigaciones poblacionales, así como tres estudios centrados en recién nacidos con bajo peso, han hallado que los niños alimentados al pecho muestran, en promedio, mayores capacidades cognitivas en comparación con aquellos alimentados con fórmula artificial. Este efecto parece intensificarse proporcionalmente con la duración de la lactancia. Además, algunos hallazgos apuntan a que la leche materna fresca conserva propiedades beneficiosas que se pierden con la pasteurización —como los ácidos grasos poliinsaturados de cadena larga—, y que su impacto positivo sobre el desarrollo intelectual se mantiene incluso cuando no es administrada directamente al pecho, sino mediante sonda (Golding, Rogers, y Emmett, 1997). Sin embargo, uno de los mayores estudios aleatorizados realizado en el área de la lactancia materna humana, no halló evidencia de riesgos ni beneficios de la lactancia materna prolongada y exclusiva para el comportamiento materno e infantil (Kramer *et al.*, 2008).

Pikler describió varios principios especialmente para la primera infancia que siguen siendo referencia actual:

— Movimiento libre del niño. La maestra debe adaptarse a la iniciativa del niño a moverse y al cómo moverse. Para ello, se priorizará el suelo sobre otro tipo de espacios (en altura, sobre todo).

— Juego autónomo.

— Valor de una relación afectiva privilegiada: la maestra debe acompañar al niño para crearle un clima de seguridad, afecto y aceptación.

— Respeto al ritmo de desarrollo natural del niño. Ello tiene consecuencias en la elaboración de ambientes de aprendizaje que respondan a muchos niños con diferentes ritmos.

1.1.1.4.3. Programa High Scope

David Weikart fundó el modelo *High Scope Educational Approach* en los años sesenta a raíz de su experiencia educativa en contextos sociales desfavorecidos (EE. UU.), donde el rendimiento académico era muy bajo y el fracaso escolar muy alto. Su origen se encuentra en el *Proyecto Perry Preschool*, una iniciativa orientada a la intervención temprana en contextos socioeconómicos desfavorecidos, y que posteriormente cristalizó en un modelo educativo replicable. El propósito de dicho programa era claro: reducir las desigualdades sociales a través de una educación preescolar de calidad, científicamente evaluada y basada en el aprendizaje activo del niño.

Como indica el propio autor Weikart en *Pensamiento Educativo* (1996), su motor inicial fue preguntase si podría una experiencia educativa entre los tres y los cuatro años modificar de modo duradero la trayectoria vital de los menores, y describe la rigurosa asignación aleatoria de 123 participantes y su subsecuente seguimiento longitudinal hasta los 27 años. El diseño experimental se completaba con un grupo de control que permanecía en el hogar con apoyo comunitario, lo que otorgó al estudio una legitimidad estadística poco frecuente en la investigación pedagógica de la época.

Fundamentado en la epistemología genética de Jean Piaget —y retrotrayéndose hasta las intuiciones de Froebel— el currículo se vertebra en el aprendizaje activo: el niño construye conocimiento mediante la interacción con objetos y conjeturas lógicas, mientras el adulto facilita un entorno rico y dialoga para profundizar la reflexión. Esta concepción propició la renuncia a ejercicios repetitivos de alfabetización precoz: la heterogeneidad de ritmos y la iniciación autónoma de proyectos se convirtieron en principios irrenunciables.

La rutina diaria se basaba en planear-hacer-revisar, confiriendo al aula una cadencia previsible, y ofreciendo instantes de planteamiento, ejecución, orden y rememoración. En este modelo la figura docente se convierte en un acompañante-guía que interpela con preguntas abiertas —"*¿Cómo hiciste eso?*"— y documenta el progreso individual desde la observación participante. Esta iniciativa era claramente constructivista-piagetiana.

Para orientar esa praxis, High/Scope codifica diez categorías de *experiencias esenciales*: representación creativa, lenguaje oral-escrito, iniciativa y vínculos sociales, movimiento, música, clasificación, seriación, número, espacio y tiempo (Weikart, 1996, p. 41). Además, las categorías subdivididas en actividades concretas como reconocer objetos con los cinco sentidos o construir modelos tridimensionales. Dicho aparato categorial, lejos de encorsetar, libera al educador de manuales estandarizados y facilita una evaluación cualitativa mediante el *Child Observation Record* (Epstein, Schweinhart y Mcadoo, 1996). El modelo High Scope parece que desarrolló dos factores que posteriormente se han valorado como altamente eficaces en la educación infantil y etapas posteriores: la disciplina y el afecto, como ya analizó Lemov (2017). La disciplina aporta una *enseñanza explícita*, donde hay altas expectativas docentes iniciales —recuérdese que el contexto era poco favorable a nivel económico—, mucha implicación y participación, y correcciones constantes e inmediatas (Petty, 2023, p. 296). Esto, por otro lado, parece alejar al modelo de High Scope con algunos de los ideales de la Escuela Nueva.

Al ser la disciplina y la rutina uno de los focos fuertes de este modelo, se van a mencionar aquí cuáles son los principales (Weikart, 1996, pp. 37-40):

— Tiempo de planteamiento: el alumnado verbaliza propósitos y sopesa alternativas en diálogo con la docente, quien clarifica ideas, anticipa contingencias y sugiere apoyos discretos.

— Tiempo de trabajo: es lapso más extenso de la jornada, durante el cual los niños ejecutan sus proyectos; el adulto observa la recolección de información, las interacciones y la resolución de problemas, e interviene para ampliar significados, plantear hipótesis y proponer retos.

— Tiempo de orden y limpieza: tras la acción, los materiales regresan a estantes abiertos y rotulados con pictogramas; el gesto supone un ejercicio de clasificación y seriación que devuelve armonía al ambiente y confiere al alumnado sensación de dominio espacial y responsabilidad comunitaria.

— Tiempo de recuerdo: fase conclusiva en la que la experiencia se representa —mediante dibujo, modelado, dramatización o relato oral— y se coteja con el plan original; esta retrospección trabaja el lenguaje, cimenta la memoria de trabajo y afianza la conexión entre intención y resultado.

— Tiempo de grupo pequeño: la docente presenta un tema cultural, estacional o artístico, pero los niños exploran materiales a su ritmo, eligen caminos propios y resuelven cuestiones emergentes; la intervención posterior, a base de preguntas abiertas, extiende sus hallazgos y pluraliza las soluciones.

— Tiempo de grupo grande: durante un cuarto de hora la comunidad se congrega para cantar, dramatizar, danzar o recrear experiencias; este ceremonial nutre la pertenencia, legitima el liderazgo distribuido y brinda un foro donde cada participante comparte ideas y negocia sentidos colectivos.

En el proyecto *Perry Preschool* se encontró que los beneficios de una educación preescolar estructurada, activa y planificada para niños en situación de pobreza no se limitan al rendimiento académico, sino que se extienden a lo largo de la vida adulta: mayor estabilidad laboral, menor implicación en delitos y mejor salud emocional. Las constataciones longitudinales parecen ser elocuentes: a los 27 años, los participantes registraban tasas de arresto quintuplicadas inferiores al grupo de control, ingresos superiores, mayor acceso a vivienda propia y un 71 % de graduación secundaria frente al 54 % de sus pares. En todo caso, estas cifras se deben asumir con cautela, por el hecho de que están extraídas por el propio fundador de la propuesta.

Basado, como se ha mencionado, en el constructivismo de Piaget, este modelo se rige, pues, por los siguientes principios:

— enseñanza activa,

— autonomía del niño,

— respeto al desarrollo desigual de los niños,

— foco en las fortalezas más que en las debilidades de los niños,

— rutinas diarias,

— implicación y coordinación con las familias,

— formación del profesorado.

Actualmente, existe una concepción educativa que integra muchas de las aportaciones pedagógicas mencionadas anteriormente —Reggio Emilia, Pikler-Lóczy y High Scope—, y entiende que la educación infantil del niño debe abordar las siguientes dimensiones humanas —el orden no indica mayor o menor importancia— (Muñoz y Zaragoza, 2008, p. 28):

— los sentidos,

— la cognición,

— la motricidad,

— la autonomía personal,

— el lenguaje,

— la sociabilidad,

— la personalidad.

El currículo actual recoge muchas de las propuestas pedagógicas resumidas en este apartado, y otras nuevas: la biblioteca, el material sensoriomotriz, el taller, los rincones, las asambleas de clase, los murales, los centros de interés, etc. Estas técnicas y recursos se generaron en pedagogías que tenían originalmente pretensiones revolucionarias (social y políticamente hablando), sin embargo, en la actualidad han perdido esa significación. Así, hoy en el mundo educativo (redes sociales, comunidad científica, blogs, universidades) se habla extendidamente sobre métodos, recursos y técnicas, y se obvia el *para qué* y el *porqué*. Ello se debe a que hoy impera una concepción implícita, aunque de manifestaciones muy tangibles, que responde a esas dos preguntas: la tecnocracia.

1.1.1.5. La Escuela Tecnocrática

Antes, en las sociedades tradicionales (las del Antiguo Régimen, del siglo XVII y anteriores) la población se dividía en estamentos y la legitimación era de tipo religioso; en las sociedades modernas capitalistas (con la caída del Antiguo Régimen, y las revoluciones liberales de la burguesía) los estamentos se sustituyeron por las clases sociales, y la legitimación religiosa dio paso a la económica. Un tipo de sociedad más actual es la del tardocapitalismo, la cual se produjo cuando, a inicios del siglo XX los Estados implantaron sistemas económicos más intervencionistas, y por lo tanto se cubrieron ciertas necesidades materiales de la población, aunque surgieron otras nuevas necesidades. En esta nueva sociedad tardo capitalista, Jürgen Habermas (1986) planteó que la legitimidad social se encuentra ahora en la técnica y la ciencia, es decir, se considera que la nueva función de la población es servir al progreso técnico-científico-económico, entendiendo incluso que la política no necesita valores o ideologías, sino técnicos competentes. La *tecnocracia* —término acuñado por William Henry Smyth en 1919 para designar el "gobierno de los expertos"— identifica un régimen de racionalidad donde la legitimidad política se transfiere de la deliberación pública al dictamen especializado.

En el ámbito educativo esto implica la reducción de toda ética o política a parámetros de eficacia optimizados, donde la maestra no es educadora, sino instructora eficaz. El pensamiento de Jürgen Habermas —que es conocido por su propuesta de una *ética del discurso* o *ética comunicativa*— matiza esta deriva señalando que, cuando la racionalidad instrumental coloniza la esfera comunicativa, las decisiones colectivas se deslizan hacia un imperio de datos cuyo lenguaje excluye la argumentación axiológica. La tecnocracia se manifiesta así como fetichización de la medición: pruebas estandarizadas, indicadores de "rendimiento" y rankings internacionales sustituyen la reflexión pedagógica por auditorías numéricas. El currículo se reorganiza —o, para evitar su verbo proscrito, se reordena— según competencias transversales cuantificables, mientras la dialéctica maestro-discente se ve condicionada por protocolos de "calidad total" importados de la gerencia empresarial. Cuando la deliberación pedagógica se subroga al cálculo predictivo, el aula corre el riesgo de trocarse en mero espacio de gestión de flujos informacionales.

La escuela tecnocrática es aquella que se fundamenta, sobre todo, en la técnica, la tecnología y la ciencia, las cuales se conciben como neutrales, es decir, axiológicamente neutrales. Manifestaciones de esta concepción son el gran número de cursos de formación específicos, continuos nuevos recursos tecnológicos para la escuela, instituciones, organizaciones y bancos que repentinamente se interesan por el sistema educativo, etc. La escuela tecnócrata no se centra en debates clásicos en pedagogía sobre la ética, la política o la filosofía educativas, sino que oculta los debates. Esquiva las clásicas antinomias educativas (Malón, 2017, pp. 14-18) o cualquier debate reflexivo de tipo ético-político. Una de las consecuencias será que todo recurso tecnológico será siempre bienvenido en el sistema educativo, dado que se justifica *per se*, y la innovación educativa no será nunca de objetivos, planteamientos o finalidades, sino de métodos y recursos.

Para entender el contexto de la escuela tecnocrática, que se lleva fraguando décadas, se debe comparar con modelos culturales previos, en base al régimen de producción y la antrología dominante (Arroyo, 2017):

— modelo ilustrado, regido por el *Homo sapiens*, donde el ideal es "saber para ser" y el conocimiento declarativo legitima la ciudadanía;

— modelo industrial, bajo la égida del *Homo faber*, que desplaza la finalidad cultural hacia la formación de capital humano y privilegia el saber procedimental;

— modelo contemporáneo de consumo digital, presidido por el *Homo consumens*, en el que el objetivo es sustentar el mercado mediante un inquietante "hacer sin saber" y la lógica de la competencia mercantil.

Tanto aportaciones de la Escuela Tradicional como de la Escuela Nueva se han fusionado con este modelo tecnocrático en su derivación consumista actual, y por ello no es de extrañar que actualmente se hable tanto del modelo *competencial* —es prioritario que el niño sepa hacer cosas, para que se dedique a trabajar cuanto antes y producir *cosas...*que otros deben consumir— y el enfoque transversal —pues se requiere trabajadores genéricos que puedan ser intercambiados en varios tipos de puestos de trabajo—, y donde el conocimiento tiene poca cabida —pues no se considera necesario *pensar* con ideas fundamentadas, sino *hacer, moverse, estar activo*. La corriente de las llamadas *metodologías activas* sigue precisamente esta corriente, por otro lado muy industrialista y laboralista.

La Escuela Tecnocrática actual, cuyas ideas están claramente en los currícula oficiales, se manifiesta en dos pilares: la *sociedad de consumo* y la *digitalización* del conocimiento —que se analizará en el tema 4—. Ambas confluyen en un sujeto educado para consumir manufacturas y datos, sometido a la obsolescencia programada de dispositivos y saberes, y vaciado de criterio crítico. La escuela, lejos de inmunizar, deviene correa de transmisión que naturaliza ese ciclo y adoctrina al discente desde la primera infancia en el "plus-consumo" que el sistema exige. El alumno *activo* del que hablaban las corrientes de la Escuela Nueva mentadas anteriormente no es precisamente la noción de discente que se tiene ahora; el estudiante debe *estar activo*, entendiendo en este caso la actividad como producción, y como antónimo de *contemplación,* como bien analiza en un ensayi Byung-Chul Han (2023) elogiado la inactividad. La vida activa es contraria a la vida contemplativa. Casi se podría añadir que el *alumno pasivo* que se asocia a la Escuela Tradicional, por lo menos, podía *contemplar* parte del conocimiento.

1.2. Fundamentos psicológicos

En la primera infancia (0-3 años) se debe dejar al niño explorar y manipular objetos con diferentes colores, texturas, olores, sonidos. De esta manera se permite su estimulación multisensorial y fomenta las conexiones sinápticas entre neuronas, las cuales influyen en el desarrollo cognitivo (Alarcón, 2017, pp. 18-19).

En la segunda infancia (3-6 años) se deben proponer actividades que provoquen diferentes elementos de la psicomotricidad en el niño (coordinación, equilibrio, lateralidad...). Para ello se puede aprovechar cualquier situación del espacio educativo, y no solo trabajarla en sesiones y aulas específicas de psicomotricidad.

Los fundamentos psicológicos refieren a un enfoque desde la mente, psique, o cognición del individuo, y no tanto desde la didáctica o la intervención educativa como en los fundamentos pedagógicos. Por ello, el tema de interés es la conducta, el comportamiento, y el aprendizaje —entendido de diferentes maneras según el modelo—, mediante un acercamiento más fisiológico y biológico respecto a la pedagogía. Por ello, se exponen a continuación las principales aportaciones de la psicología evolutiva en la etapa infantil y la psicología de la educación.

1.2.1. Psicología evolutiva en educación infantil

Para pensar qué materiales y recursos se pueden y deben usar en la educación infantil, es necesario conocer esquemáticamente cómo se desarrolla el ser humano en su infancia en las dimensiones básicas de interés: cognición, afectividad, motricidad y relación social.

1.2.1.1. Desarrollo cognitivo

Según Piaget, se producen dos periodos de desarrollo en la franja de edad que va de los 0 a los 7 años, y que se esquematizan a continuación junto a periodos posteriores (Sáez *et al.*, 2009, p. 182) (véase Tabla *3*).

Tabla 3. Desarrollo cognitivo de la infancia

Periodo	Edad (años)	Descripción
Sensoriomotor	0-2	— Predominan los sentidos y de la acción. — Descubrir del propio cuerpo y sus posibilidades. — Diferenciar yo del no-yo. — Descubrir los objetos y la posibilidad de manipularlos (permanencia del objetivo).
Preoperacional o representativo	2-7	— Desarrolla la función simbólica (representaciones de representaciones). — Lenguaje y comunicación. — Desarrollo preconceptual (2-4 años): de lo particular a lo particular («se me perdió el lápiz porque no escribía»). — Desarrollo intuitivo (4-7 años): inicio de conservación de la cantidad y otras cualidades.
Operativo concreto	7-11	— Trabaja con clases y relaciones — Noción de conservación
Operativo formal	12-	— Conceptos. — Establece hipótesis. — Abstracción.

A partir de las nociones básicas del desarrollo evolutivo de la cognición, se pueden establecer las siguiente indicaciones educativas a nivel genérico (Sáez *et al.*, 2009, p. 186):

— Primer año: la cognición se trabaja de manera muy sensitiva y motriz, mediante la sensación (visual, táctil, auditiva… también de temperatura, presión, etc.). El conocimiento del propio cuerpo y del medio externo será mediante la motricidad, la sensación y la repetición, para lo cual habrá que acondicionar los espacios y facilitar una gran diversidad de materiales (diferentes colores, texturas, tamaños, etc.).

— Segundo año: se introducirán juegos de exploración sensomotriz (manipulación de objetos, apilables, juegos de encaje, puzle de dos o tres piezas...) y juegos que favorezcan el desarrollo del lenguaje (imitación diferida, seguimiento de órdenes, narración de pequeñas historias...).

— Tercer y cuarto año: juegos de comparar y agrupar objetos, contrastando y relacionando sus cualidades, narración simple (que cuente lo que le gusta hacer, lo que hizo ayer, etc.), y juegos simbólicos (imitar situaciones no presentes.

— Quinto y sexto año: mismos juegos que en la etapa anterior, pero con mayor nivel de profundidad, es decir, con criterios más firmes para comparar, con roles a imitar más complejos, narrar sucesos más detallados, etc.

1.2.1.2. Desarrollo afectivo

La afectividad infantil se caracteriza por ser voluble, es decir, al niño le afectan pequeños acontecimientos —en comparación con los adultos—, pudiendo pasar por ejemplo del llanto a la alegría rápidamente. También se caracteriza por ser una afectividad intensa, expresándose las emociones de forma exagerada y sin dominar el razonamiento, por ejemplo, las rabietas o berrinches infantiles. Y por último se caracteriza por ser una afectividad impulsiva, manifestada de manera ansiosa en muchas ocasiones (Sáez *et al.*, 2009, pp. 129-137). Algunas de las principales dificultades afectivas que puede experimentar un infante son la falta de apego —no necesita solo cuidados materiales sino afectivos—, los miedos infantiles o los celos fraternos.

En la infancia, se producen las siguientes etapas evolutivas de la afectividad:

— Estadio impulsivo (0-3 meses): se establece un contexto afectivo de comunicación a través de gestos, actitudes, movimientos, en que satisface física y emocionalmente al bebé.

— Estadio emocional (3 meses-1 año): hacia los 6 meses el niño es capaz de expresar alegría, dolor, cólera. Se establece una comunicación fluida de base afectiva con el adulto más cercano.

— Estadio sensoriomotor y proyectivo (1-3 años): el desarrollo motriz le va a permitir aumentar las posibilidades sociales y, por tanto, afectivas, afirmando su personalidad.

— Estadio del personalismo (3-6 años): predomina la búsqueda de la independencia y el enriquecimiento del yo, reconocimiento también a los otros.

El apego, según la teoría de John Bowlby que desarrolló en 1969, y Mary Ainsworth y sus colaboradores posteriormente en 1978, es el lazo afectivo que el niño establece con sus figuras de cuidado, principalmente con sus progenitores o cuidadores principales. Este vínculo no es meramente una respuesta emocional pasajera, sino una estructura interna duradera —un "modelo operativo interno"— que regula la percepción de uno mismo y de los otros en las relaciones interpersonales (Bowlby, 1998). Este vínculo es fundamental para el desarrollo emocional, social y cognitivo del niño y se manifiesta a lo largo de la vida en las relaciones interpersonales. En educación infantil, la comprensión del tipo de apego es esencial para la intervención didáctica, si se quiere conseguir el bienestar y la estabilidad emocional del niño.

Esta teoría se consolidó gracias a un experimento sociopsicológico diseñado por Mary Ainsworth y sus colaboradores, conocido como la *Situación Extraña* (Ainsworth, Blehar, Waters y Wall, 2015). Este procedimiento experimental tenía como objetivo evaluar la calidad del vínculo de apego en niños de entre 12 y 18 meses, a través de una situación estandarizada que pusiera en juego la activación del sistema de apego del infante. Consistía en una serie de ocho episodios de aproximadamente tres minutos cada uno, en los que se alternaban la presencia del cuidador, un extraño (generalmente una mujer adulta) y la ausencia de ambos. La secuencia comenzaba con el ingreso de la madre y el niño a una sala de juegos, donde el niño tenía oportunidad de explorar. Posteriormente, ingresaba el extraño y comenzaban las separaciones: primero la madre salía, dejando al niño con el extraño; luego, el niño quedaba completamente solo; y por último, se producía el reencuentro con la madre. La clave interpretativa residía, sobre todo, en cómo el niño reaccionaba ante las separaciones y —más aún— en cómo se comportaba durante los reencuentros: si buscaba consuelo, si se calmaba con facilidad, si evitaba a la madre, si mostraba confusión, etc. A partir de estas observaciones sistemáticas, Ainsworth clasificó a los niños en tres grandes categorías de apego: seguro, inseguro-evitativo e inseguro-ambivalente. Más adelante, Main y Solomon (1986) añadieron una cuarta categoría, el apego desorganizado, para aquellos casos que presentaban conductas paradójicas, contradictorias o directamente atípicas —como acercarse a la madre caminando hacia atrás, quedarse congelado, o colapsar emocionalmente ante el reencuentro—, propias de infancias marcadas por negligencia grave o trauma. Este experimento no solo supuso un hito metodológico en la psicología del desarrollo, sino que legitimó con contundencia la hipótesis de Bowlby: que la calidad del apego temprano configura patrones internos estables que condicionan la vida afectiva futura del individuo.

El apego seguro se caracteriza por una relación de confianza y disponibilidad afectiva que permite al niño explorar el entorno con autonomía y regresar al adulto cuando lo necesita, constituyendo una base segura. Por contraste, el apego evitativo emerge cuando el cuidador ha sido insistentemente indiferente o rechazante, y el niño, en consecuencia, inhibe sus emociones y evita el contacto para protegerse del desamparo. En el apego ambivalente, el cuidador ha sido impredecible, generando una constante ansiedad en el niño que lo lleva a una dependencia intensa e inestable. Finalmente, el apego desorganizado —el más grave en términos clínicos— refleja una paradoja insoluble: la figura de apego es simultáneamente fuente de protección y de temor, lo que da lugar a comportamientos incoherentes, desorientados y sin una estrategia clara de regulación emocional —y por ello la importancia de enfoques como los comentados del *amor severo* o la *disciplina afectiva* (Lemov, 2017)—. En la Tabla *4* se muestra un resumen de las principales características.

Tabla 4. Estilos de apego y sus principales características

Dimensión	Apego seguro	Apego ansioso-ambivalente	Apego evitativo	Apego desorganizado
Respuesta ante la separación	Muestra leve angustia, pero se calma fácilmente.	Llora intensamente, tarda en calmarse.	No muestra angustia aparente.	Muestra reacciones contradictorias o de pánico.
Comportamiento en el aula	Explora con confianza, regresa al adulto cuando necesita seguridad.	Tiende a quedarse cerca de los adultos, evitando la exploración.	Parece autosuficiente y evita el contacto emocional.	Conductas impredecibles, miedo o agresión.
Forma de regular emociones	Expresa emociones de forma equilibrada.	Tiene dificultades para calmarse tras una situación estresante.	Minimiza la expresión de emociones.	Dificultades severas en la regulación emocional.
Interacción con adultos	Confía en los adultos y busca apoyo cuando lo necesita.	Es demandante y busca atención constantemente.	Evita el contacto con los adultos y no busca consuelo.	Relación ambivalente con los adultos: a veces busca ayuda, otras la rechaza.
Interacción con pares	Juega e interactúa con facilidad.	Alterna entre conductas de acercamiento y rechazo.	Prefiere jugar solo y evita la interacción con sus pares.	Puede presentar aislamiento social o conductas agresivas.

Estos patrones, una vez interiorizados, tienden a persistir a lo largo de la vida, afectando las capacidades relacionales y, en el ámbito escolar, influyendo decisivamente en la forma en que los niños enfrentan la separación, la autoridad y el aprendizaje. Como se verá en el tema 5 sobre recursos y materiales didácticos, esta cuestión afectiva es cualitativamente mucho más importante para la educación infantil que un material físico u otro. El *valor* que concede un ser humano a otros ser humano, aunque tenga pocos años, es mucho mayor que cualquier otro objetivo material. De hecho, investigaciones muestran que los niños con apego seguro en el hogar tienden a generar relaciones de apego seguras con sus maestras (DeMulder, Denham, Schmidt y Mitchell, 2000). Sin embargo, el dato más relevante es que los niños con apegos inseguros pueden desarrollar un apego seguro con la maestra si esta se muestra accesible y sensible (Silver et al., 2005; Howes y Matheson, 1992). Esto implica que la relación con la maestra puede constituirse como un factor protector para niños con un historial de apego inseguro, ofreciéndoles una experiencia afectiva positiva que puede contrarrestar modelos internos negativos.

Como un mecanismo de asegurar un apego seguro y sano, habría que tener en cuenta los estilos parentales, que refieren son formas estables de relación que configuran cómo los adultos se vinculan con sus hijos en términos de afecto, control y exigencia normativa. Se suelen distinguir cuatro modalidades principales: el estilo autoritario (alto control y baja calidez), el permisivo (alta calidez y bajo control), el negligente (baja calidez y bajo control) y el estilo democrático (alta calidez y control equilibrado). Cada una de estas formas implica una determinada manera de ejercer la autoridad[2] y de expresar el cuidado. Por ejemplo, el estilo autoritario tiende a imponer normas con escasa comunicación emocional, mientras que el permisivo prioriza el afecto pero descuida los límites. En el estilo negligente, se percibe una ausencia casi total de implicación adulta, tanto en el plano afectivo como en el normativo. Por el contrario, el estilo democrático mantiene un equilibrio entre exigencia y afectividad, favoreciendo el desarrollo autónomo del niño, su autoestima y su capacidad para relacionarse de forma ajustada con los demás (Capano, y Ubach, 2013).

Desde el rol docente, habría que detectar estas diferencias y trabajar de forma colaborativa con las familias para promover vínculos educativos que generen seguridad y crecimiento. Se pueden organizar espacios formativos donde se compartan estrategias para establecer límites desde la empatía, fomentar rutinas afectivas, y desarrollar habilidades de comunicación que permitan a los niños sentirse reconocidos. En estos encuentros, el objetivo sería ofrecer modelos de relación que fortalezcan la confianza mutua entre adultos y niños, y que hagan de la experiencia escolar una extensión coherente del entorno familiar. Así, la escuela se convierte en un espacio de aprendizaje infantil y de acompañamiento educativo para quienes ejercen la crianza y la educación.

Por último, cabría indicar el acogimiento cauteloso que se debe hacer de la teoría del apego. Por un lago, suele ocurrir que el establecimiento de *etiquetas psicológicas* fáciles —cada vez más frecuente, parece ser— permite relajar al individuo o allegados, y por tanto justificar y explicar todo lo que hace y siente debido a esa etiqueta —es decir, su tipo de apego—. En este sentido, se debe entender que el apego puede ser dinámico y cambiar a lo largo del tiempo, y ser dependiendo del contexto. Los seguimientos longitudinales indican, además, que la capacidad predictiva del apego resulta modesta cuando se aísla de variables mediadoras del desarrollo. Incluso su instrumento empírico emblemático, la "Situación Extraña", podría estar captando expectativas de consuelo más que anticipaciones de peligro, lo que llama a revisar su validez categorial. Por ello,

---

[2] *Autoridad* provien del latín *auctoritas*, esto es, hacer creer, hacer progresar, asociado a la influencia moral y el prestigio de una persona; y no debe referir en este contexto educativo a ejercer poder, que sería más bien *potestas*.

sigue siendo más predictivo y explicativo la teoría del conductismo y que la teoría del apego (Núñez, Abalo, Estal, Froxán, 2020, pp. 63-71). Por otro lado, esta inflación del etiquetaje favorece diagnósticos controvertidos, como la catalogación indiscriminada de *trastorno de apego* en contextos de adopción. Galán (2026) propone algunos ajustes para hacer más aceptable esta teoría del apego: a) ubicar el apego dentro de una red motivacional personal, compleja y dinámica, que orienta al individuo hacia el encuentro interpersonal; b) precisar la clase de seguridad perseguida en la relación de apego, diferenciando la salvaguarda ante amenazas físicas de la contención de vivencias emocionales perturbadoras; c) deslindar el apego de la intersubjetividad, entendida como la necesidad de compartir estados afectivos y representaciones internas; y d) reconocer la heterogeneidad del apego, concibiéndolo como un sistema motivacional estratificado que articula varios niveles y, en consecuencia, necesidades diferenciadas.

1.2.1.3. Desarrollo motor

El desarrollo motor refiere especialmente a la motricidad del niño, sin embargo, se considera necesario ampliar la mirada a una pedagogía del cuerpo más amplia. La pedagogía corporal es aquella *educación del cuerpo mediante el cuerpo* (Quintas, 2018), es decir, tiene el objetivo de enseñar-aprender el cuerpo, usando como medio el propio cuerpo. Esta concepción va más allá de la educación física actual, la cual se basa solo en la capacidad móvil del ser humano, y se fundamenta en la organización y lógica deportiva, por lo que casi todos sus contenidos refieren a *acciones motrices* o la actividad física humana. La motoriedad del cuerpo es solo una de sus posibilidades, sin embargo, existen tantas otras que no dejan de ser cuerpo —las emociones, las sensaciones, las percepciones, las nociones del propio cuerpo, etc.—. La concepción más amplia de la pedagogía corporal se ajusta más al currículo actual de la educación infantil, la cual destina uno de sus bloques a «1.1. El cuerpo y la propia imagen». Así, las maestras de educación infantil se convierten en pedagogas del cuerpo, y no debe delegarse esta función a especialistas en educación física, si por esta se entiende solo la manifestación móvil del ser humano y no el cuerpo globalmente.

La pedagogía corporal deberá tener en cuenta las tres dimensiones corporales:

— La dimensión introyectiva implica la idea de un cuerpo identificado que se genera a partir de la interacción con uno mismo (el mundo intrapersonal).

— La dimensión extensiva implica la idea de un cuerpo situado en las coordenadas de espacio y de tiempo y se genera a partir de la interacción con los materiales y objetos circundantes (mundo objetual).

— La dimensión proyectiva traduce un cuerpo adjetivado, a partir de las interacciones continuadas que establecemos con los demás y otros seres animados (el mundo interpersonal) (Castañer *et al.*, 2006, p. 76).

Por otro lado, existe una concepción de la psicomotricidad que se puede desarrollar dentro de esta pedagogía corporal. La psicomotricidad —o motricidad a secas, dado que no hay motricidad sin cognición— es toda manifestación de la dimensión corporal humana de carácter cinésico, simbólico y cognitivo (Castañer y Camerino, 2006, p. 17). Por tanto, motricidad y movimiento no son lo mismo. Lo que le interesa educar a la motricidad no es solo el movimiento en sí —el cual es objeto de estudio de los físicos, no de los pedagogos—, sino también lo que hay detrás del movimiento voluntario, a saber, cognición y simbolismo. Las manifestaciones básicas de la motricidad se pueden dividir en perceptivo-motrices, físico-motrices y socio-motrices.

Las capacidades perceptivo-motrices son las que se derivan del sistema nervioso, es decir, cuyo elemento neurológico es muy relevante para la motricidad. Son la *somatognosia*, la *exterognosia* y las capacidades soporte. Se enumeran y definen a continuación (Castañer y Camerino, 2006, pp. 69-119):

— Somatognosia: conocimiento del propio cuerpo; de sus aspectos morfológicos, sensoriales y funcionales. Elementos a trabajar:

     — Imagen corporal: conjunto de ideas y concepciones que tenemos del propio cuerpo.

     — Esquema corporal: percepción global y segmentaria del propio cuerpo, basado en el morfotipo y en las estructuras musculares y esqueléticas.

     — Concepción corporal: es la combinación y contraste continuado entre las dos anteriores.

     — Respiración (mecánica, no celular): reflejo que regula el oxígeno y el dióxido de carbono en la sangre en relación con las necesidades de trabajo muscular del organismo. Tenemos cierto control voluntario de su funcionamiento.

     — Relajación: situación transitoria caracterizada por la eliminación de tensiones. las tensiones pueden ser biofisiomecánicas (disminución del tono muscular), o socioemocionales (disminución de tensiones emocionales y pensamientos estresantes).

     — Actitud postural: es la intención de regular y controlar constantemente la postura corporal. Influyen el sistema nervioso y el musculo-esquelético.

— Exterognosia: conocimiento de los elementos espaciotemporales externos y contextuales en los cuales el cuerpo se ambienta.

— Espacialidad: es la noción de espacio que hace el cuerpo. puede ser propio, próximo o lejano. en educación infantil será un espacio figurativo y no representativo, es decir, basado en las vivencias corporales inmediatas.

— Lateralidad: es el dominio de un lado del cuerpo sobre otro, debido a la dominancia del hemisferio cerebral contrario a la parte corporal en uso, la maduración del sistema nervioso (sobre los 7 años), o por la experimentación. su buen desarrollo es dependiente de la espacialidad.

— Temporalidad: es la noción de tiempo que hace el cuerpo. implica el manejo de la secuencialidad, simultaneidad y regularidad del tiempo.

— Ritmo: es la capacidad para identificar o expresar manifestaciones de la temporalidad. es fundamental para el aprendizaje de automatismos motrices.

— Capacidades soporte: se encuentran presentes tanto en la somatognosia como en la exterognosia, y ayudan a su desarrollo.

— Coordinación: capacidad para generar movimiento corporal de forma controlada y ajustada. Puede ser coordinación dinámica general (p. e. andar) o coordinación dinámica específica (p. e. óculo-manual para escribir). Dependerá del buen funcionamiento entre el sistema nervioso y el sistema músculo-esquelético.

— Equilibrio: capacidad para controlar el propio cuerpo y recuperar la postura correcta tras la intervención de un factor desestabilizador. Puede ser equilibrio estático (p. e. bipedestación con un solo pie) o dinámico (p. e. ir en bici).

Las capacidades físico-motrices son las que se derivan del sistema músculo-esquelético y fisiológico del organismo. Sin embargo, requieren de las perceptivo-motrices siempre (por ello no hay motricidad que no sea psicomotricidad). Sus manifestaciones básicas son la fuerza, la resistencia, la velocidad y la flexibilidad, que se enumeran y definen a continuación (Castañer y Camerino, 2006, pp. 121-146):

— Fuerza: capacidad neuromuscular del cuerpo para soportar o vencer una resistencia interna o externa. es básica para la autonomía de cualquier persona.

— Resistencia: capacidad corporal para soportar la fatiga y aplazar su aparición, prolongando las tareas corporales durante largo tiempo.

— Velocidad: capacidad corporal consistente en realizar movimientos en el menor tiempo posible.

— Flexibilidad: capacidad corporal que permite realizar un movimiento con la máxima amplitud posible en una articulación determinada.

Las capacidades sociomotrices derivadas de las vivencias corporales y el entorno sociocultural. Las principales capacidades sociomotrices son la interacción-comunicación, la imaginación y la proyección-creación.

— Interacción: intercambio constante de información entre emisor y receptor, de manera no voluntaria. Puede ser de tres tipos:
  — Con uno mismo (mundo interior). Cuerpo introyectado.
  — Con los objetos (mundo inanimado). Cuerpo extensivo.
  — Con los demás (mundo animado-social). Cuerpo proyectivo.

— Comunicación: intercambio de información entre emisor y receptor, de manera voluntaria. Existen los mismos tipos que en la interacción, pero con voluntariedad. Así, surgen dos tipos de relación, la cooperación y la oposición.

Las resultantes de las capacidades sociomotrices serán las emociones, el juego, la imaginación, la expresión corporal y la creatividad. Como existe un tema específico sobre el juego, se profundizará más adelante sobre estos conceptos.

A nivel de desarrollo motor, se refleja a continuación un resumen esquemático en la etapa infantil (*Tabla 5*):

Tabla 5. Desarrollo motor en la edad infantil. Extraído de (Sáez et al., 2009, p. 172)

Edad (meses)	Desarrollo motor
1	Aprieta con fuerza el dedo u objeto que es introducido en su mano.
5	Puede permanecer sentado en el regazo del adulto. Sostiene objetos con las manos y juega con ellos. La cabeza está erguida y es capaz de girarse en la cuna o cama.
6	Permanece sentado en una silla. Se mueve en todas las direcciones en la cama o la cuna, sosteniéndose a cuatro patas.
7	Se sienta solo en la cuna, suelo o parque. Todavía no opone el pulgar al agarrar los objetos con toda la mano.
8	Puede ponerse de pie, agarrándose; se arrastra y coge objetos oponiendo el pulgar.
9	Cogiéndole por las axilas, efectúa movimientos de marcha.

10	Gatea. Se pone de pie solo, permaneciendo en esa posición si posee un apoyo. Empieza a dar pasos laterales.
11	Suele andar con ayuda, sujetándolo de una o de las dos manos. Es capaz de pasar de la posición de pie a la de sentarse solo en el suelo.
12	Se mantiene de pie sin apoyo, comienza a caminar. Coge objetos con pulgar e índice.
15	Anda solo y trepa las escaleras a cuatro patas. Es capaz de subir escalones cogido de la mano.
18	Anda solo con cierta rigidez y precipitación. Es capaz de trepar.
24	Corre, sube y baja escaleras solo, salta con los dos pies, monta en triciclo de pedales y puede dar patadas al balón.

1.2.1.4. Desarrollo lingüístico

El desarrollo de la comunicación lingüística es tan importante que puede facilitar o dificultar el desarrollo de las otras dimensiones, como la cognitiva o la relacional. Vivimos en una sociedad lingüística, donde la cultura es principalmente lenguaje, por lo que el desarrollo de la lengua en los infantes es la principal socialización que van a establecer. A continuación, se esquematizan las principales características del desarrollo lingüístico en educación infantil (véase tabla 4):

Tabla 6. Desarrollo del lenguaje en educación infantil (Sáez et al., 2009, p. 210)

Nivel	*Desarrollo*	*Intervención educativa*
Fonoarti-culatorio	Balbuceo (1,5 meses) Laleo —imita fonemas— (6 meses) Ecolalia —imita fonemas— (10 meses) Consonantes /p/, /t/, /m/ (12 meses) Ejercitación de sonidos (1 a 2 años) Usa vocales, entona (24 meses) Donima el sistema fonoarticulatorio (5 años)	Rimas, canciones, retahílas, cuentos... Actividades de atención auditiva Juegos de psicomotricidad bucofacial Trabalenguas o juegos de diferenciación fonética
Semántico	Protoconversación (Desde mes 1) Gestos con significado (6 meses) 10 palabras (12 meses) Progreso rápido (20-24 meses) Repetición pautada de formatos («Ya está») Descubre la convencionalidad del lenguaje Palabra con valor referencial (18 meses) Progresiva adquisición del significado	Contar y comentar cuentos Juegos de nombrar objetos del entorno Juegos que consisten en agrupar palabras por familias Juegos de nombrar los opuestos Juegos de asociación Juegos de adivinanzas
Sintáctico	Holofrase (1 año) Dos palabras. Primeras flexiones de género y número y conjugación verbal (18 meses) Flexiones y conjugación de verbos. Hiperregularizaciones: «he decido» Oraciones de 3 o 4 elementos (2 años) Oraciones simples completas (4 años)	Juegos de comprensión de órdenes Juegos de construcción de frases (dar una palabra y que el niño diga una frase) Memorizar retahílas asociadas a juegos Inventar historias

Algunas consideraciones didácticas respecto al desarrollo lingüístico serían las siguientes (Sáez *et al.*, 2009, p. 210):

— crear interacciones afectivas de calidad,

— aprovechar cualquier situación para desarrollar su lenguaje (escuchar, hablar, leer y escribir),

— favorecer la expresión oral del niño,

— crear ambientes que propicien situaciones lingüísticas.

1.2.1.5. Desarrollo social

El hogar es el primer lugar de socialización del niño, y en la educación infantil regulada (colegios, centros infantiles) se produce la socialización secundaria. Este contexto es cualitativamente distinto al familiar y supone el aprendizaje de normas de conducta asociadas a los hábitos de convivencia. A continuación, se expone un resumen de los aprendizajes que se deben desarrollar en la educación infantil a nivel social (Sáez *et al.*, 2009, p. 143):

— relacionarse con los iguales a temprana edad,

— superar gradualmente el egocentrismo,

— asumir la importancia de las reglas,

— aprender a cooperar y a compartir,

— hacerse responsable de su conducta,

— solucionar conflictos de la vida en grupo,

— tener confianza en sí mismo,

— adquirir hábitos que le ayuden en el desarrollo de su autonomía.

1.2.2. Modelos de aprendizaje

No ha habido una única forma de entender el aprendizaje, como demuestra la larga historia de la filosofía, y más recientemente de la psicología. Por ello, existen diferentes corrientes dentro de la psicología del aprendizaje, las cuales definen el aprendizaje de diversa forma, y por tanto realizan prescripciones educativas también distintas. Actualmente, la neuropsicología está realizando modestas aportaciones, dado que es un campo de estudio muy específico y de difícil transferibilidad a contextos naturales educativos. Es importante conocer estos fundamentos porque la didáctica debe ajustarse a los mismos. A continuación, se resumen los fundamentos de la psicología del aprendizaje desarrollados en los últimos ciento veinte años.

1.2.2.1. El modelo conductista clásico

1.2.2.1.1. Conductismo clásico.

El modelo conductista concibe el aprendizaje de manera asociativa y relacional, basado en el paradigma E-R (estímulo-respuesta). El aprendizaje se produce cuando el niño asocia uno o varios estímulos previos del ambiente entre sí, o con una respuesta. Por ello, el aprendizaje del niño viene determinado por su interacción con el ambiente (un material, un recurso, un espacio, un maestro, otros niños), y por tanto el conductismo es contextualista-ambientalista. John Watson es uno de los sistematizadores del conductismo, y es muy citado el siguiente fragmento de su libro *El conductismo:*

> «Ahora desearíamos avanzar otro paso y decir: "Dadnos una docena de niños sanos, bien formados y un mundo apropiado para criarlos, y garantizamos convertir a cualquiera de ellos, tomado al azar, en determinado especialista: médico, abogado, artista, jefe de comercio, pordiosero o ladrón, no importa los talentos, inclinaciones, tendencias, habilidades, vocaciones y raza de sus ascendientes» (1945, p. 130).

Watson postula aquí la idea de la *plasticidad absoluta del ser humano*, es decir, la convicción de que todo comportamiento —y por extensión toda identidad profesional, moral o social— es el resultado de las influencias del ambiente. El niño, en esta concepción, es considerado como un organismo abierto, maleable, capaz de ser *modelado* completamente por medio de la educación y la experiencia, con independencia de su herencia biológica o social. No hay en esta perspectiva un «yo» innato que deba ser descubierto o cultivado —y por tanto se alejaba del planteamiento del psicoanálisis de Freud, y otros enfoques introspectivos—; hay, más bien, un sujeto en construcción continua a partir de estímulos y respuestas. Para Watson, educar no es acompañar un proceso natural ni liberar potenciales internos, sino construir hábitos, establecer asociaciones, condicionar respuestas. Por tanto, el entorno del aula —los materiales, las rutinas, los refuerzos, las reacciones del adulto— no es un mero acompañamiento del desarrollo, sino más bien su matriz misma.

Pero antes que Watson el fisiólogo ruso Iván Pávlov ya había desarrollado grandes avances experimentales, por lo que este conductismo se llama también *conductismo pavloviano*. Así, el condicionamiento clásico designa un tipo de aprendizaje de naturaleza asociativa, caracterizado por el emparejamiento sistemático de estímulos con independencia de la conducta voluntaria del sujeto. En este paradigma, el niño no necesita realizar ninguna acción específica para que el aprendizaje se produzca; basta con que dos eventos aparezcan contiguamente en el tiempo.

De forma prototípica, se presenta un estímulo inicialmente neutro (EN) —esto es, que no provoca ninguna respuesta relevante por sí mismo— seguido de un estímulo incondicionado (EI), el cual desencadena de manera natural una respuesta incondicionada (RI). Tras repetidas asociaciones temporales entre el EN y el EI, el primero acaba adquiriendo la capacidad de evocar por sí mismo una respuesta —denominada en este caso respuesta condicionada (RC)—, pasando a ser identificado como estímulo condicionado (EC). El aprendizaje, según el condicionamiento clásico o pavloviano, es el que se produce cuando se presentan dos estímulos con independencia de la conducta del sujeto. Otra manera de explicarlo es que cuando el sujeto recibe presentaciones de un EN seguido de un EI, provoca una respuesta por sí mismo, es decir, una RI. Tras varios emparejamientos con el EI, el EN se convierte en EC capaz de provocar una respuesta condicionada (RC) (Ortega, 2018). Es relevante poner un ejemplo contextual.

Imagínese que cada vez que la maestra va a dar comienzo a la asamblea de la mañana —una situación que suele generar en los niños una disposición tranquila, de atención y expectativa—, enciende una pequeña lámpara de mesa que hasta ese momento no se había utilizado con ningún propósito específico. En este caso, la luz de la lámpara actuaría como estímulo inicialmente neutro (EN), mientras que el inicio de la asamblea, con su tono pausado, la interacción ordenada y la atención conjunta al adulto, constituye el estímulo incondicionado (EI), dado que provoca de forma natural una respuesta incondicionada (RI) en el niño: reducción de la actividad motriz, mirada sostenida, escucha activa. Después de varios días en que el encendido de la lámpara precede inmediatamente al inicio de la asamblea, el niño comienza a anticipar el momento simplemente al ver la luz encendida. La lámpara, en ese punto, ha dejado de ser un estímulo neutro y se ha convertido en estímulo condicionado (EC), ya que por sí misma desencadena una o varias respuestas condicionadas (RC): el niño se sienta, guarda silencio y dirige la atención hacia la maestra, aun cuando esta aún no ha iniciado formalmente la actividad. Esta técnica, aplicada de forma estratégica, permite que ciertos elementos del entorno adquieran un valor anticipatorio que ordena el comportamiento sin necesidad de instrucciones constantes. La conducta se automatiza por asociación, y no por intervención verbal directa; de hecho, uno de los factores más relevantes para educar, la disciplina —junto al afecto—, puede ser conseguida gracias a este planteamiento conductista clásico.

Cabe advertir que en este tipo de aprendizaje pueden producirse, al menos teóricamente, dos formas distintas de asociación: la que se establece entre el estímulo condicionado y la respuesta incondicionada (modelo E-R, es decir, estímulo-respuesta), o la que vincula directamente el estímulo condicionado con el estímulo incondicionado (modelo E-E, estímulo-estímulo). La mayor parte de la literatura científica (Pellón et all., 2014), sin embargo, sostiene que lo habitual es que se consolide una asociación de tipo E-E, donde el estímulo condicionado adquiere un valor predictivo respecto al estímulo incondicionado, generando expectativas en el organismo.

Dentro del conductismo clásico existen varios procedimientos de condicionamiento, pero se van a comentar dos principales que pueden ser útiles para la maestra de infantil: el condicionamiento excitatorio y el condicionamiento inhibitorio.

El condicionamiento pavloviano excitatorio se produce cuando el estímulo condicionado (EC) anticipa la aparición de un estímulo incondicionado (EI), es decir, cuando el EC se convierte en un indicio fiable de que va a acontecer una situación significativa para el organismo. En este tipo de aprendizaje asociativo, el factor temporal —esto es, el orden y el solapamiento entre los estímulos— adquiere una relevancia determinante, pues de él depende en gran medida la fuerza con que se consolide el aprendizaje. Existen varios procedimientos temporales para provocar este tipo de condicionamiento: el de demora, el de huella, el simultáneo y el hacia atrás (Ortega, 2018). Aunque todos ellos han sido objeto de estudio experimental, no todos muestran la misma eficacia. Entre ellos, el que mejor resultado produce en términos de adquisición es el condicionamiento de demora. En este procedimiento, el estímulo condicionado se presenta primero y permanece durante un intervalo de tiempo hasta que comienza el estímulo incondicionado. Puede incluso solaparse con este último o cesar justo en el momento en que el EI irrumpe, siendo esta última configuración la que produce mayor eficacia en la asociación. La clave está en que el EC funcione como una señal clara y anticipatoria del EI, lo cual no solo mejora el aprendizaje, sino que lo vuelve más rápido y estable.

Para ilustrar este procedimiento en un entorno educativo infantil, se podría imaginar que, todos los martes, antes de comenzar una actividad especialmente estimulante —el taller de cocina, por ejemplo—, la maestra enciende una pequeña lámpara de lava sobre la mesa central. La lámpara, que no tiene ninguna funcionalidad práctica directa, se convierte con el tiempo en una señal anticipatoria: su encendido precede sistemáticamente al inicio del taller, donde los niños manipulan ingredientes, mezclan masas y observan transformaciones sencillas pero llamativas. Al cabo de pocas semanas, basta con que la lámpara se encienda para que los niños comiencen a mostrar signos de expectación: se acercan a la mesa, bajan el volumen de su voz, comentan entre ellos que "hoy toca cocina". Este es un claro caso de condicionamiento excitatorio: la lámpara —estímulo inicialmente neutro— se ha convertido en estímulo condicionado (EC) porque ha sido asociada de manera sistemática con un estímulo incondicionado (EI) apetitivo —la actividad de cocina—, el cual genera una respuesta incondicionada (RI) de entusiasmo o participación. Ahora, la mera presencia de la lámpara (EC) suscita una respuesta condicionada (RC) similar. Así, sin necesidad de instrucciones verbales reiteradas, el ambiente se organiza en torno a asociaciones regulares que el propio niño aprende a leer.

Se ha dicho que en la repetición y contigüidad de la presencia de un estímulo incondicionado —lo que se denomina condicionamiento excitatorio—, el sujeto, puede anticipar la aparición de un acontecimiento relevante; el aprendizaje consistiría en esta capacidad de anticipación. Sin embargo, desde el punto de vista adaptativo, resulta igual de significativo —y en ciertos casos incluso más— que el organismo sea capaz de anticipar cuándo no se va a presentar tal acontecimiento. En estos casos, lo que se produce es un *condicionamiento inhibitorio*, un aprendizaje que indica la ausencia prevista de un estímulo incondicionado.

Este tipo de aprendizaje resulta fácilmente comprensible cuando el estímulo incondicionado es aversivo. En contextos de miedo, por ejemplo, si un sonido determinado (EC excitatorio) ha sido emparejado repetidamente con una experiencia desagradable —como una descarga eléctrica en experimentación animal o, en el contexto educativo, un grito inesperado o el sonido de la alarma de incendios—, dicho sonido provocará una respuesta emocional intensa (miedo o ansiedad). En cambio, si aparece de forma consistente otro estímulo —una luz, por ejemplo— justo cuando el estímulo aversivo no va a presentarse, esa luz se convertirá en un EC inhibitorio: su presencia amortigua la respuesta de miedo, pues señala un contexto de seguridad. Así, el niño —o el animal, en general— no solo aprende qué le genera malestar, sino también qué le protege del mismo.

Ahora bien, este aprendizaje inhibitorio no se restringe a contextos de evitación del daño. También puede producirse cuando el estímulo incondicionado es apetitivo. Se va a retomar el ejemplo anterior de la lámpara de lava y el taller de cocina. Pero supongamos ahora que, en ciertas ocasiones —por ejemplo, cuando el centro organiza una actividad alternativa o cuando por razones logísticas no es posible llevar a cabo el taller—, la maestra coloca un cartel en el corcho de entrada al aula, donde se representa con pictogramas la secuencia del día. Si ese cartel incluye un símbolo de "cambio de rutina" (por ejemplo, una flecha ondulada o un pictograma de asamblea extendida), y aparece *junto con* la lámpara encendida, los niños aprenden progresivamente que ese día no habrá cocina, a pesar de la señal previa. La asociación repetida entre el cartel y la *ausencia* del taller permite que dicho pictograma actúe como un *estímulo condicionado inhibitorio*: su aparición junto al EC (la lámpara) bloquea o modula la respuesta condicionada habitual. El entusiasmo disminuye, algunos niños expresan dudas («¿hoy no hay cocina?»), y la activación conductual tiende a ajustarse a una nueva expectativa.

Este aprendizaje inhibitorio, como puede apreciarse, solo es posible si previamente se ha establecido una asociación excitatoria sólida. Sin la experiencia repetida del taller tras el encendido de la lámpara, el cartel no tendría ningún efecto diferencial. La inhibición, en este contexto, es una forma de aprender que *algo esperado ya no sucederá*, y como tal requiere de una memoria de lo vivido. Así, este conductismo clásico se puede asociar a cierta *didáctica de la anticipación* basada en la disciplina —tan relevante en educación infantil— que no se reduzca únicamente a generar señales positivas que preparen al niño para lo que va a ocurrir, sino también a permitirle representar la no ocurrencia de algo. De este modo, se favorece una mejor comprensión del tiempo, de la contingencia y de la frustración, y se contribuye al desarrollo emocional desde una lógica asociativa que no requiere de explicaciones verbales extensas, sino de una arquitectura sensorial y ambiental cuidadosamente construida.

Pero si el aprendizaje condicionado es una forma de adaptación activa al medio, entonces también debe considerarse como una forma adaptativa la capacidad de *desaprender*, es decir, de extinguir una asociación que ya no responde a la realidad del entorno.

Supongamos ahora que, debido a cambios en la planificación o a una reestructuración de las actividades del aula, la maestra decide suspender indefinidamente el taller de cocina. Sin embargo, por hábito o por descuido, continúa encendiendo la lámpara de lava cada martes, tal y como solía hacer antes. Durante las primeras semanas, los niños, al ver la lámpara encendida, reaccionan con la respuesta condicionada ya consolidada: se emocionan, se acercan, preguntan si hoy cocinarán. Pero al comprobar que semana tras semana no aparece el estímulo esperado (el taller), su conducta comienza a cambiar. Se aproximan con menos entusiasmo, algunos se desentienden por completo, y la lámpara va perdiendo progresivamente su valor como estímulo señal. Ya no genera por sí misma la respuesta condicionada. Este fenómeno es lo que se denomina *extinción*: el estímulo condicionado (la lámpara) se presenta en repetidas ocasiones sin ir

seguido del estímulo incondicionado (el taller), lo que conduce a una reducción —
o incluso desaparición— de la respuesta aprendida.

Es importante subrayar que la extinción no equivale a un *borrado* de la
asociación aprendida. Hay múltiples evidencias experimentales —y también
educativas— que indican que la asociación EC–EI no desaparece por completo.
Puede producirse, por ejemplo, una *recuperación espontánea* semanas después: si
en algún momento, sin explicación previa, se enciende de nuevo la lámpara un
martes cualquiera, algunos niños podrían volver a mostrar signos de expectativa,
aunque se hubiera extinguido ya esa conducta. Del mismo modo, si el taller se
reactiva después de un periodo de extinción, la asociación se recupera con rapidez
(*reinstauración*), o incluso puede cambiar dependiendo del lugar donde se presente
la lámpara (*renovación contextual*) (Ortega, 2018). En la se puede ver un resumen
de los conceptos explicados sobre el conductismo clásicos.

Tabla 7. Principales conceptos del condicionamiento clásico

Concepto	*Definición*
Estímulo Incondicionado (EI)	Acontecimiento ambiental que provoca de forma natural y automática una respuesta, sin necesidad de aprendizaje previo (p. ej., la comida, un sonido fuerte).
Respuesta Incondicionada (RI)	Conducta o reacción que se produce de manera automática ante un estímulo incondicionado (p. ej., salivación ante comida, miedo ante ruido).
Estímulo Condicionado (EC)	Estímulo inicialmente neutro que, tras ser repetidamente asociado al estímulo incondicionado, adquiere la capacidad de provocar una respuesta aprendida.
Respuesta Condicionada (RC)	Conducta o reacción que se produce ante el estímulo condicionado, como resultado de la asociación previa con el estímulo incondicionado.
Condicionamiento Excitatorio	Tipo de aprendizaje en el que el estímulo condicionado señala la *presencia* futura del estímulo incondicionado. El EC funciona como señal anticipatoria.
Condicionamiento Inhibitorio	Tipo de aprendizaje en el que el estímulo condicionado señala la *ausencia* prevista del estímulo incondicionado, dentro de un contexto previamente excitatorio.
Extinción	Proceso mediante el cual, tras la presentación repetida del estímulo condicionado sin el estímulo incondicionado, la respuesta condicionada disminuye o cesa.

A pesar de las múltiples críticas que ha recibido el conductismo dentro de la
educación, sigue siendo un modelo explicativo, comprobado y eficaz. Y se podría
añadir que legítimo; las críticas venidas de corrientes consideradas más
psicoanalíticas, holísticas o humanísticas dentro de la psicológica en ocasiones

adolecen de ciertas perspectivas. La primera, un desconocimiento real y profundo de la profundidad experimental del conductismo; es decir, generalmente cuando se critica al conductismo se suele hacer de forma global, pero no a ninguno de sus procedimientos concretos, para los cuales se ha requerido entender y profundizar bastante. La segunda, caer en la falacia argumental del *hombre de paja*[3], asociando al conductismo presupuestos filosóficos que no tiene. De hecho, se podría afirmar que el conductismo es un humanismo. Conocer al ser humano en su contexto natural, y entendiéndolo como parte de la naturaleza, permite establecer metas nobles tanto en la sociedad, la política como en la enseñanza. Conviene leer a uno de los fundadores y máximos defensores del conductismo, John Watson:

> «El castigo corporal en la educación del niño, en el hogar y en la escuela, es motivo de periódica discusión. Creemos que nuestros experimentos resuelven el problema casi por completo. [...] El castigo, en el sentido bíblico de "ojo por ojo" y "diente por diente", penetra toda nuestra vida social y religiosa. El castigo de los niños no constituye por cierto un método científico. Como padres, maestros y juristas, únicamente debería interesarnos favorecer el establecimiento social de pautas de comportamiento que encuadren dentro de la conducta social. Se habrá advertido ya que el conductista es un determinista estricto: el niño o el adulto no pueden hacer sino lo que hacen. Sólo podemos conseguir que se comporten diferentemente, desentrenándolos primero y reentrenándolos luego. Si niños y adultos realizan cosas en discordancia con las normas de la conducta establecida en el hogar o por el grupo, es porque ni uno ni otro han entrenado suficientemente al individuo en su período de formación» (1945, pp. 215-216).

Como se lee, Watson aboga por una formación bien orientada, y capaz de conseguir las metas que establezca la sociedad en cada momento; y por otro lado, resitúa al castigo en un lugar mucho menor al que, ya en su época de hace más de un siglo, tenía. Como complementará posteriormente Skinner al final de su obra *Sobre el conductismo*: «Ahora el hombre puede controlar su propio destino porque conoce lo que debe hacer y cómo hacerlo» (1986, p. 266).

En el ambiente aparecen estímulos de manera predecible, por ejemplo, cuando se ven nubes negras después suele llover, y por ello se ajusta la conducta nada más ver las nubes negras para estar mejor preparado. En el ámbito escolar, acostumbrar a los niños a ciertos estímulos habituales mediante el entorno —olores, grado de luminosidad, grado de ruido, etc.— permitirá que se preparen mejor de manera

---

[3] La denominada *falacia del hombre de paja* se produce cuando un interlocutor no responde al argumento real de su oponente, sino que construye una versión deformada, simplificada o caricaturesca del mismo —más vulnerable, más ridícula o extrema—, para así poder refutarla con mayor facilidad. En lugar de confrontar la tesis auténtica, se combate una figura retórica ficticia, diseñada ad hoc para ser derrotada, eludiendo así el núcleo del razonamiento original. Se trata, por tanto, de una forma encubierta de manipulación argumentativa que distorsiona el diálogo racional.

automática, es decir, digieran mejor los alimentos, se duerman antes, etc. La maestra no tendrá que estar dando siempre instrucciones o recordando las reglas (EI), porque, si maneja bien el ambiente del niño (EC), puede conseguir el aprendizaje deseado (RC).

1.2.2.1.2. Conductista operante: Skinner

El modelo de Skinner refiere más a un modelo de conducta (general) que de aprendizaje. Se sitúa, como el condicionamiento clásico, en el paradigma E-R, pero en lugar de focalizarse tanto en los estímulos previos del ambiente, se centra más en las consecuencias de las respuestas del individuo. Es decir, la conducta del sujeto está determinada, más que por el estímulo previo (condicionamiento clásico), por las consecuencias de la conducta pasada la última vez que el sujeto estuvo en esa situación en interacción con el ambiente. Se llama *operante* porque en este condicionamiento el sujeto puede operar o intervenir sobre el ambiente, modificándolo a la vez que es modificado por él (Miguéns, 2018, p. 163). Este modelo explica que las personas aprendan a obtener consecuencias favorables y a eliminar las consecuencias desfavorables del ambiente —la llamada Ley del Efecto, que ya se conocía desde la ética epicúrea en la Antigüedad—. Cuanto más favorable sea la consecuencia que consigue un niño con una conducta, más la va a repetir en el futuro, y cuando más desfavorable sea la consecuencia que consigue un niño con una conducta, menos la va a repetir (Miguéns, 2018, p. 131).

Así, podemos introducir una definición de aprendizaje desde el conductismo especialmente relevante para la etapa de educación infantil, dado que es un periodo especialmente conductual, y quizá menos *conceptual* o *intelectual*: el aprendizaje es «cualquier cambio duradero en el repertorio conductual de un organismo que tiene lugar como resultado de la experiencia con los acontecimientos ambientales» (Pellón et all., 2014).

Este modelo de aprendizaje del condicionamiento operante es útil tanto para la intervención directa de la maestra en clase, como para el diseño de los ambientes de aprendizaje. La principal aportación de este modelo a la didáctica es el mecanismo de refuerzos y castigos, los cuales pueden ser a su vez positivos o negativos. *Refuerzo* refiere al mecanismo por el cual la conducta se repetirá con más probabilidad en el futuro, al manejar un consecuencia «apetitiva» para el niño. *Castigo* refiere al mecanismo por el cual la conducta se repetirá con menos probabilidad en el futuro, al manejar una consecuencia «aversiva» para el niño. *Positivo* significa *puesto* —del latín *positus*—, es decir, dado (por el ambiente o la maestra). *Negativo* refiere a lo contrario de positivo, es decir, no-puesto o quitado.

Entre estos cuatro conceptos, se pueden dar cuatro combinaciones que la maestra podrá utilizar, y que se esquematizan a continuación (véase *Tabla 8*):

Tabla 8. Refuerzos y castigos en educación infantil

Técnica	*Descripción*	*Ejemplo*
Refuerzo positivo	Dar algo a un alumno que él percibirá como apetitivo, después de su conducta, para que la vuelva a hacer en el futuro con más probabilidad.	Dar un *choca-los-cinco* a una alumna que acaba de ayudar a otra alumna a resolver una tarea.
Refuerzo negativo	Quitar algo a un alumno que él percibirá como aversivo, después de su conducta, para que la vuelva a hacer en el futuro con más probabilidad.	Darle al estudiante otra tarea similar, ya que la primera no la quería hacer, todo ello en respuesta a su buen comportamiento. El alumno tira la basura de clase para evitar el mal olor.
Castigo positivo	Dar algo a un alumno que él percibirá como aversivo, después de su conducta, para que la vuelva a hacer en el futuro con menos probabilidad o incluso desaparezca.	Dar un punto rojo de mal comportamiento a un niño que se ha saltado una regla importante de convivencia.
Castigo negativo	Quitar algo a un alumno que él percibirá como apetitivo, después de su conducta, para que la vuelva a hacer en el futuro con menos probabilidad o incluso desaparezca.	Quitar un juguete a un alumno porque no lo quería compartir.

Es necesario mencionar que el uso de castigo en educación en muchos casos es inmoral, y en otros casos tiene efectos colaterales. Por ello, la maestra debería intentar usar, en la medida de lo posible, los refuerzos para modular el comportamiento del alumnado. El propio Skinner desaconsejaba el uso de procedimientos aversivos para cambiar la conducta de alguien:

> «El castigo es la técnica más comúnmente utilizada en la vida moderna. El patrón es familiar: si un hombre no se comporta como deseas, golpéalo; si un niño se porta mal, dale un cachete; si la gente de un país se comporta mal, bombardéala» (Skinner, 1953, p. 43).

1.2.2.2. El modelo cognitivista

Los cognitivistas consideraron que el modelo E-R de explicación del aprendizaje era simplista e insuficiente. Por ello, añadieron la cognición del sujeto como variable que interviene en el aprendizaje, entendida como procesamiento interno de la información. Así, el ambiente no determinará directamente la conducta del niño, sino que intervienen también procesos internos, por los cuales un mismo ambiente puede ser interpretado de forma diferente por diferentes niños. El aprendizaje se entenderá ahora de manera constructivista, donde la experiencia del alumno es importante para el aprendizaje, e incluso se convierte en el protagonista de su propio aprendizaje —ya no lo es tanto el ambiente, aunque influya—.

1.2.2.2.1. Piaget: asimilación y acomodación

Piaget (1984) describió dos procesos fundamentales por los cuales el niño aprende:

— Asimilación: a través de los conocimientos que el niño ya tiene, integra las experiencias nuevas y le da un sentido, incorporándose al esquema o estructura de conocimiento que ya poseía. Es un cambio cuantitativo de aprendizaje, y dependiente del entorno, de lo observado. El niño no se interesa como tal en el objeto o fenómeno percibido, sino en cuanto puede servir a un esquema cognitivo previo que ya poseía. Este proceso de aprendizaje, cuando percibe un nuevo fenómeno no le rompe los esquemas. La asimilación se puede presentar bajo dos procesos complementarios: a) en forma de repetición activa y reproductora, y b) en forma de procesamiento de la información (esquematizando). Ejemplo: normalmente a un niño se le han dado pelotas de goma para jugar. Y cuando recibe una de trapo, la identifica como tal, por tener un tamaño y una forma similares. Es decir, el niño ha aplicado el esquema previo de «pelota» que ya tenía, y lo ha aplicado a un nuevo fenómeno.

— Acomodación: el niño reorganiza el esquema o estructura de conocimiento que poseía una vez ha asimilado los conocimientos y experiencias nuevas, interpretándolos de manera diferente. Es un cambio cualitativo de aprendizaje, donde el niño se acomoda a la realidad percibida, con nuevos esquemas o enfoques si es necesario. Por ejemplo: el mismo niño intenta botar la pelota de trapo, y observa que no rebota en el suelo como esperaba. A partir de allí, rompe su esquema previo de «pelota», ampliando el concepto y adaptándose a la nueva realidad.

1.2.2.2.2. Ausubel: el aprendizaje significativo

Ausubel (1960), también desde el modelo cognitivista y constructivista, planteó que al clásico aprendizaje por repetición había que añadirle otro tipo de aprendizaje significativo. El aprendizaje significativo se fundamenta en la incorporación de nuevos contenidos a la estructura cognitiva del alumno, relacionándolos con los que ya posee. El término «significativo» refiere aquí a «relacionado con» el resto de contenidos que previamente tenía ya adquirido el alumno.

Para saber si un aprendizaje ha sido significativo, hay que comprobar que el alumno es capaz de asociar los nuevos contenidos de aprendizaje que estamos intentando que aprendan con algún otro contenido previo que el alumno tenía. Esto no implica que el aprendizaje repetitivo deba desaparecer, dado que la memoria de trabajo es una capacidad ejecutiva básica, sino que se deben complementar y, en todo caso, se deben buscar contenidos que supongan algo para la experiencia y la biografía del alumnado.

1.2.2.2.3. Bruner: aprendizaje por descubrimiento

Bruner (1963) concibió tres tipos de representación cognitiva, que se pueden dar a la vez o por separado, y que implican tres tipos de formas diferentes de aprender:

— Representación enactiva: es la representación que elabora la persona mediante la acción directa sobre la realidad. Cuanto más corporal —y menos intelectual— sea una tarea de aprendizaje, más se promoverá este tipo de representación. Se ajusta más a la primera infancia (0-3), pero se puede y debe dar en cualquier etapa de la vida.

— Representación icónica: es la representación que elabora la persona mediante una imagen o icono, con independencia de la acción real o interacción con la realidad en la que tuvo lugar. El icono tiene cierta relación con la acción real que representa. Ejemplo de icono: el concepto «cuatro» se representa por la imagen de «cuatro bolitas» (hay relación entre ambos fenómenos).

— Representación simbólica: es la representación que elabora la persona mediante símbolos, los cuales tienen una relación aleatoria con la acción o evento que representan. Esta representación es la más común usada en el lenguaje. Ejemplo de símbolo: el concepto «cuatro» se representa por la imagen del número «4» (hay relación entre ambos fenómenos); otro ejemplo, la imagen de un semáforo en verde *simboliza* el concepto de que puedes pasar.

Algunas de las aportaciones a la educación de la psicología de Bruner (1963) son:

— Motivación: cuanto más motivador sea una tarea de aprendizaje, más implicación pondrá el niño, y más aprendizaje cognitivo conseguirá.

— Aprendizaje por descubrimiento: en lugar de buscar una memorización sin sentido, se deben plantear situaciones donde el niño deba resolver problemas

—de un nivel adecuado, que suponga un reto no imposible—, mediante su descubrimiento.

— Andamiaje: en el proceso de aprendizaje, el niño va construyendo unos

— andamios, que son la estructura a partir de la cual irá añadiendo futuros aprendizajes, apoyándose en esa estructura.

— Currículum en espiral: en lugar de trabajar contenidos educativos de manera lineal —olvidando contenidos anteriores a medida que se avanza en la programación—, la maestra debe programar contenidos en forma de espiral, es decir, teniendo en cuenta realmente los anteriores y volviendo todo el rato a ellos, para que el niño construya el andamiaje y vaya profundizando conocimientos.

— Primero la estructura: mediante la resolución de problemas y el descubrimiento, el niño debe concebir los patrones o estructuras de las cosas, no tanto los hechos concretos. Es por ello un modelo donde el niño construye el conocimiento.

1.2.2.3. El modelo social

Este tipo de modelos se centran especialmente en el aspecto social del ambiente de aprendizaje: las personas que rodean al niño, que suelen ser el profesorado, los padres, los trabajadores del centro, las personas que ven por la televisión o en cualquier otro medio.

1.2.2.3.1. Vygotski: el aprendizaje social

Vygotski (1978), el fundador de la psicología histórico-cultural, tuvo un enfoque muy diferente del aprendizaje respecto al individualismo del conductismo y el cognitivismo. La visión del aprendizaje del niño es mucho más interaccionista y social. Es decir, el aprendizaje no depende solo de una cuestión individual, sino de la cultura social en el que se envuelve el niño. Vygotski diferenció entre:

— Zona de desarrollo real: lo que el niño puede realizar solo, por sí mismo y sin ayuda.

— Zona de desarrollo potencial: lo que el niño es capaz de hacer con ayuda de los demás —otro compañero más capaz en esa tarea, o un adulto—.

— Zona de desarrollo próximo: es una zona que está entre las dos anteriores. Por tanto, es una zona en la que el niño aún no sabe hacerlo solo, pero puede lograrlo con una pequeña ayuda o guía exterior. La maestras deberán diseñar las tareas de aprendizaje atendiendo a esta zona de desarrollo, lo que permitirá que una tarea que estaba en la zona de desarrollo potencial del niño, pase a estar en la zona de desarrollo real, es decir, pase de hacerlo con ayuda a poder hacerlo solo.

1.2.2.3.2. Bandura: el aprendizaje por observación

Bandura (1987) propuso un modelo que incluye aspectos compatibles con el conductismo operante y con el cognitivismo, pero le añadió un importante enfoque social. Su sociocognitivismo consiste en el aprendizaje por observación o por modelaje. Así, la maestra, los padres, etc. sirven de modelos continuamente al niño, de forma que aprenderá por imitación de los mismos. Bandura resta un poco de importancia al razonamiento interno del participante, y concede mayor relevancia al aprendizaje por imitación social, que se rige por cuatro procesos:

— Atención: proceso mediante el cual se observa la conducta de otros y de esa forma se aprenden.

— Retención: capacidad que tienen los individuos para codificar y almacenar en la memoria los eventos modelados.

— Reproducción motriz: es la ejecución abierta, por parte del observador-aprendiz, de las conductas modeladas.

— Procesos motivacionales: no basta con estar atento, almacenar la conducta observada; lo que finalmente determinará que una conducta se manifieste es la motivación.

Este modelo permite reflexionar sobre la importancia de la maestra como modelo de aprendizaje para el niño, a la cual imita y observa constantemente, influyendo en todos los aprendizajes.

1.2.2.4. El modelo de inteligencias múltiples

El término *inteligencia* proviene etimológicamente de *inter* (entre) y *legere* (leer, escoger) (Coromines, 1986, p. 338), es decir, elegir entre dos o más opciones-caminos (de manera no azarosa, sino con algún fundamento o criterio). La realidad de tener que escoger entre dos opciones o más puede ser considerado un problema, fácil o difícil de resolver, pero que en todo caso hay que poner en juego cierta capacidad. Por capacidad se entenderá, al modo aristotélico, potencialidad para realizar una conducta valorable en términos de eficacia. Es decir, podemos entender por inteligencia la capacidad general para escoger eficazmente en una situación problemática consistente en la existencia de dos o más opciones.

Clásicamente, primero en la filosofía y en las matemáticas, y posteriormente en la psicología, como hemos visto en los apartados anteriores, los problemas en los cuales la inteligencia debía manifestarse o comprobarse eran de tipo cognitivo-mental. Ello ha producido que la inteligencia se haya asociado solamente con la capacidad cognitiva, además de con un carácter fijo e innato. Sin embargo, Gardner (1994) amplia más el concepto de inteligencia, no restringiéndolo solo al procesamiento de la información o a procesos cognitivos, sino de manera más amplia y dinámica —es decir, que puede cambiar y mejorar—. Concibe la inteligencia como la capacidad de resolver diferentes tipos de problemas —no solo cognitivos— o de crear productos de muy diferente tipo —una canción, un robot, un salto triple mortal o una ecuación matemática...—. Todo ser humano tiene diferentes tipos de inteligencia en diferentes grados, y puede destacar en una o varias de ellas, dependiendo de si el entorno socioeducativo en el que se envuelva lo facilita. Así, diferencia los siguientes tipos de inteligencia:

— Inteligencia lingüística: se manifiesta en tareas de escribir, leer, contar cuentos, etc.

— Inteligencia lógico-matemática: se manifiesta en tareas de medir, de cálculo, de identificación de patrones y relaciones, etc.

— Inteligencia visual y espacial: se manifiesta en tareas de dibujar y diseñar, de orientarse espacialmente, etc.

— Inteligencia musical: se manifiesta en tareas de identificación o creación de patrones sonoros.

— Inteligencia corporal cinestésica: se manifiesta en tareas psicomotrices de percepción, sensación y movimiento corporal.

— Inteligencia interpersonal: se manifiesta en tareas de relación social y situaciones emocionales entre personas.

— Inteligencia intrapersonal: se manifiesta en tareas de identificación, control y regulación de la vida interior.

En la educación infantil, muchas veces es difícil identificar si un alumno tiene una inteligencia innatamente desarrollada, dada la naturaleza global de las situaciones de enseñanza-aprendizaje. En todo caso, lo relevante es desarrollar todas ellas sin pretender buscar especializaciones en el alumnado, aunque permitiendo el libre desarrollo desigual entre ellas.

A continuación, se expone un cuadro a modo de resumen de las principales aportaciones psicológicas a la educación infantil (*Tabla 9*):

Tabla 9. Principales aportaciones psicológicas a la educación infantil

Modelo de aprendizaje	Autor	Aportaciones
Conductista	Pávlov	Aprendizaje por asociación Aprendizaje por repetición Control de los estímulos del entorno
	Skinner	Aprendizaje por las consecuencias Control de la conducta por refuerzos y castigos
Cognitivista	Piaget	Aprendizaje por asimilación y acomodación Aprendizaje específico por etapas evolutivas
	Ausubel	Aprendizaje significativo
	Bruner	Aprendizaje por descubrimiento Aprendizaje enactivo, icónico y simbólico
Social	Vygotski	Aprendizaje en sociedad Aprendizaje en la zona de desarrollo próximo Aprendizaje mediante andamiaje
	Bandura	Aprendizaje por imitación Aprendizaje por modelaje

1.3. Fundamentos curriculares

1.3.1. ¿Qué es el currículum?

El currículum es una configuración y concreción de saberes, prácticas, expectativas y valores que articula lo que una sociedad considera deseable, legítimo y necesario transmitir a las nuevas generaciones. No refiere únicamente a un conjunto de contenidos, sino a una estructura cultural, epistémica y política que orienta los procesos de enseñanza y aprendizaje en un sistema educativo determinado. Si la educación ha existido siempre —es un fenómeno humano—, y ha existido educación sin currículum, no se puede decir lo mismo del sistema educativo. El currículum se asocia especialmente a la concreción y desarrollo del sistema educativo —la *escuela*—.

Los elementos curriculares responden a las preguntas educativas: ¿para qué educar? (objetivos), ¿qué educar? (contenidos), ¿cómo educar? (métodos), ¿se ha educado? (evaluación). Los elementos curriculares deben guiar al docente para escoger unos materiales, recursos y espacios u otros, aunque son necesarios también criterios externos al currículo que se abordarán en temas posteriores de la asignatura. En todo caso, cada decisión de escoger un material, espacio, recurso, etc. debe estar justificado curricularmente, es decir, debe referir al currículo oficial. No tendría sentido conocer y entender un material educativo concreto, sin un contexto didáctico en el que incluirlo, o toda la perspectiva curricular en caso de estar en un centro educativo; de esta manera, cualquier decisión sobre un material o recurso debe tener en cuenta el resto de elementos didácticos mencionados: objetivos, contenidos, métodos y evaluación. Estos elementos son los básicos para pensar cualquier acto de enseñanza, pero en muchas ocasiones, por cuestiones sociológicas e ideológicas, se cambia constantemente el currículum de un país o región pensando que de esta forma va a cambiar la didáctica; pero resulta que la esencia didáctica suele permanecer, y por tanto los cambios curriculares en muchas ocasiones son cambios de *palabras*, pero no cambios de *conceptos*.

Desde una perspectiva técnico-pedagógica, el currículum puede definirse como el conjunto de objetivos, competencias, contenidos, métodos, criterios de evaluación que estructuran la acción de enseñanza en una etapa o nivel de enseñanza. No obstante, esta definición funcional debe ser ampliada si se quiere captar la densidad filosófica y social del término. De hecho, el currículum no es solo lo que está prescrito, sino también lo que se omite, lo que se silencia, lo que se relega a los márgenes. El currículum es un campo de disputa ideológica, un texto político que refleja las tensiones entre grupos sociales, entre visiones del mundo, entre formas de concebir el conocimiento y la ciudadanía. En este sentido, toda decisión curricular —por ejemplo, qué contenidos se consideran "básicos" y cuáles quedan fuera— es también una toma de posición sobre la infancia, la cultura y el futuro.

En el ámbito de la teoría crítica del currículum, se ha señalado la existencia de distintos niveles: el currículum prescrito (el que emana de la normativa), el currículum enseñado (el que realmente se desarrolla en el aula), el currículum oculto (el conjunto de normas implícitas, valores y jerarquías que se transmiten sin declararse) y el currículum vivido (la experiencia subjetiva que el alumnado tiene del proceso educativo). Esta distinción se podrá asociar posteriormente con el concepto de *transposición didáctica*, en el tema 5. Estos niveles permiten comprender que el currículum no es unívoco ni neutro, sino una red de mediaciones culturales.

Respecto al currículum oculto específicamente, piénsese, por ejemplo, en una clase de educación infantil o primaria donde los niños y niñas permanecen sentados, la mayor parte del tiempo, en silencio, orientados hacia una única figura adulta —la maestra—, que regula la actividad, el uso de la palabra y el ritmo de trabajo. Aunque el currículo oficial promueva la participación, la creatividad o la autonomía como objetivos explícitos, el mensaje implícito que reciben los niños en dicha organización es otro: aprenden que la autoridad emana de quien detenta el control del espacio y del tiempo; que su voz solo puede emerger cuando es autorizada; que el conocimiento tiene una dirección vertical —de arriba abajo—, y que el orden es más valioso que la iniciativa personal. Este tipo de configuración transmite, sin decirlo, valores de obediencia, jerarquía, pasividad y disciplina —es decir, una forma específica de socialización—. Nada de esto aparece formulado en los decretos curriculares. No hay ninguna competencia clave que diga: "el alumno debe aprender a inhibir su espontaneidad y acatar instrucciones sin cuestionarlas". Sin embargo, este es, en muchos casos, el aprendizaje más duradero que la escuela genera.

Obviamente, el currículum, especialmente asociado al desarrollo de la Escuela Tradicional, permite una homogeneización y estandarización del quehacer docente y discente, es decir, una *formación* disciplinar eficaz en los habitantes de un país. Igualmente, permite la homologación y legitimación de los títulos formativos que se emiten, de forma que el ciudadano pueda alegar posteriormente su formación en otro lugar diferente al que realmente se ha instruido.

Así, el currículum es el entramado estructural y simbólico que organiza, jerarquiza y legitima los saberes y procedimientos escolares, definiendo no solo qué se enseña y cómo, sino también qué tipo de sujeto se espera formar, en qué marco axiológico, y con qué horizonte social.

En concreto, en España la ley más reciente es la Ley Orgánica 3/2020, de 29 de diciembre, por la que se modifica la Ley Orgánica 2/2006, de 3 de mayo, de Educación (LOMLOE), y en su artículo 6 afirma que "se entiende por currículo el conjunto de objetivos, competencias, contenidos, métodos pedagógicos y criterios de evaluación". De forma más concretada aún, en la ORDEN ECD/853/2022, de 13 de junio, por la que se aprueban el currículo y las características de la evaluación de la Educación Infantil y se autoriza su aplicación en los centros docentes de la Comunidad Autónoma de Aragón, también en su artículo 6, se entiende por currículo el conjunto de objetivos, competencias clave, competencias específicas, criterios de evaluación, saberes básicos, orientaciones para la enseñanza y orientaciones didácticas y metodológicas que han de regular la práctica docente y el diseño de las situaciones de aprendizaje hacia el desarrollo integral de las capacidades del alumnado.

1.3.2. La concreción curricular

En los sistemas jurídicos como el español —aunque con equivalencias en muchas democracias parlamentarias— las normas se estructuran jerárquicamente, en función de su rango, de su materia y de la autoridad que las promulga. Esta jerarquía es el modo mediante el cual se garantiza la coherencia del ordenamiento jurídico y se establece qué norma prevalece en caso de conflicto; no es, por tanto, un mero formalismo técnico. Un docente debe conocer esta jerarquía básica pues, especialmente si se trabaja en centros educativos públicos o concertados, deberá programas su docencia ajustándose a esta legislación.

En la cúspide normativa se encuentra la Constitución, norma suprema del Estado, que fija los principios fundamentales de convivencia, los derechos y deberes de la ciudadanía, y el marco de organización del poder. Por debajo de ella, se sitúan las leyes orgánicas, que según el artículo 81 de la Constitución Española, son necesarias para regular materias especialmente sensibles, como los derechos fundamentales o el sistema educativo. La LOMLOE mentada antes es precisamente uno de estos textos fundamentales: establece el modelo educativo general del país, los niveles de enseñanza, los principios pedagógicos, y las competencias del Estado y de las comunidades autónomas.

Un escalón por debajo se encuentran las leyes ordinarias, que regulan materias que no exigen ley orgánica, y que pueden desarrollar lo dispuesto en estas. A continuación, se sitúan los reales decretos, como el Real Decreto 95/2022, de 1 de febrero, por el que se establece la ordenación y las enseñanzas mínimas de la Educación Infantil, que se comentará posteriormente. Los reales decretos son normas dictadas por el Gobierno, y su función es reglamentar con mayor concreción lo dispuesto en las leyes superiores. Su contenido es ejecutivo y tiene valor general, pero no puede contradecir una ley.

Después se encuentran los decretos autonómicos, que son normas de similar rango pero dictadas por los gobiernos de las comunidades autónomas. En el ámbito educativo, estos decretos son fundamentales para adaptar y completar el currículo a nivel regional, respetando las enseñanzas mínimas fijadas por el Estado pero desarrollando contenidos propios y ajustándolos a su contexto lingüístico y cultural.

Posteriormente, una Orden es una norma dictada por un ministerio —a nivel estatal— o por una consejería autonómica —a nivel regional—, en ejercicio de sus competencias específicas. En educación, las órdenes suelen establecer aspectos técnicos o procedimentales: por ejemplo, una Orden del Ministerio puede determinar los elementos mínimos que debe contener un informe de evaluación; o una Orden autonómica puede regular los criterios de admisión en centros sostenidos con fondos públicos. Aunque subordinadas a los decretos y reales decretos, las órdenes tienen fuerza normativa obligatoria.

Por debajo de las órdenes se sitúan las resoluciones, que son actos administrativos dictados por órganos jerárquicamente inferiores —por ejemplo, una dirección general o una secretaría—. Su finalidad no es regular situaciones generales, sino concretar la ejecución de lo que establecen las normas de rango superior. Una resolución puede establecer, por ejemplo, la convocatoria anual para la concesión de becas, el calendario escolar para un curso académico, o los procedimientos para inscribirse en una prueba oficial. En la *Tabla 10* se muestra lo comentado de forma más visual.

Tabla 10. Rangos normativos y autoridades que las desarrollan y aprueban

Rango	Autoridad de desarrollo	Autoridad de aprobación
Constitución (Carta Magna)	Cortes Generales (texto) + Gobierno (sanción)	Pueblo español (por referéndum constitucional)
Leyes orgánicas	Gobierno (propone), Cortes Generales (sanciona)	Congreso de los Diputados (mayoría absoluta)
Leyes ordinarias	Gobierno (propone) o iniciativa parlamentaria	Congreso y Senado (mayoría simple en cada cámara)
Reales decretos	Consejo de Ministros (Gobierno del Estado)	No requiere votación parlamentaria
Decretos autonómicos	Consejo de Gobierno autonómico	No requiere votación parlamentaria
Órdenes ministeriales o autonómicas	Ministros o Consejeros (según el ámbito)	No requiere votación parlamentaria
Resoluciones	Direcciones Generales, Secretarías u órganos técnicos	No requiere votación parlamentaria

Así, el sistema legal opera como una arquitectura normativa en cascada, donde las leyes de mayor rango fijan los principios generales y las normas de rango inferior concretan, desarrollan y ejecutan dichos principios en ámbitos más específicos. Esta estructura no solo permite una distribución funcional del poder legislativo y ejecutivo, sino que también habilita la articulación entre lo general (el marco estatal) y lo particular (las realidades autonómicas o escolares).

En el ámbito educativo, obviamente, esta jerarquía también se aplica, como se muestra en la Tabla *11*, mostrándose un ejemplo de cada tipo de norma asociado a su rango.

Tabla 11. Ejemplos de las normas asociadas a la educación en el caso español

Rango	Norma
Constitución	Constitución Española. Artículo 27 (sobre la educación).
Leyes orgánicas	Ley Orgánica 3/2020, de 29 de diciembre, por la que se modifica la Ley Orgánica 2/2006 de Educación (LOMLOE)
Leyes ordinarias	Ley 53/1984, de 26 de diciembre, de Incompatibilidades del personal al servicio de las Administraciones Públicas.
Reales decretos	Real Decreto 95/2022, de 1 de febrero, por el que se establece la ordenación y las enseñanzas mínimas de la Educación Infantil
Decretos autonómicos	DECRETO 164/2022, de 16 de noviembre, del Gobierno de Aragón, por el que se modifica el Decreto 188/2017, de 28 de noviembre, del Gobierno de Aragón, por el que se regula la respuesta educativa inclusiva y la convivencia en las comunidades educativas de la Comunidad Autónoma de Aragón.
Órdenes ministeriales o autonómicas	Orden ECD/853/2022, de 13 de junio, por la que se aprueban el currículo y las características de la evaluación de la Educación Infantil y se autoriza su aplicación en los centros docentes de la Comunidad Autónoma de Aragón.
Resoluciones	Resolución de 21 noviembre de 2017, del Director General de Innovación, Equidad y Participación, por la que se facilitan orientaciones para el desarrollo de la competencia socioemocional del alumnado de los centros públicos y privados concertados de la Comunidad Autónoma de Aragón

Para entender la estructura curricular del sistema educativo español, es imprescindible tener en cuenta que el currículo no se define en un único documento, ni en una única instancia de poder, sino que se desarrolla en distintos niveles de concreción, desde el diseño general estatal hasta su despliegue práctico en el aula. En todo caso, no todo lo que se debe legislar son cuestiones curriculares, pues deben concretar también, por ejemplo, quién puede ejercer la docencia, la organización escolar básica, o cuestiones presupuestarias; pero el currículum es un aspecto bien legislado, y que tiene varias concreciones, es decir, normas en las que el currículum se hace cada vez más específico y concreto. Existen varias fuentes que varían en el número de niveles de concreción curricular —clásicamente se consideraban tres (Alvarez, 2011) —, no obstante, lo importante es entender que el currículum puede y debe ser concretado para que tenga más sentido contextual y operativo aquello que se enseña y aprende. Existen cuatro niveles de concreción curricular (véase *Tabla 12*).

Tabla 12. Niveles de concreción curricular.

Nivel de concreción curricular	Responsable	Documento
Primero	Gobierno de España / Ministerio	Reales Decretos de enseñanzas mínimas
Segundo	Comunidades Autónomas / Consejerías	Decretos y Órdenes autonómicas de currículo
Tercero	Centros educativos	Proyecto Educativo de Centro (PEC) Proyecto Curricular de Etapa (PCE) Programación General Anual (PGA) Programación Didácticas (PD)

Cuarto	Aulas / Profesorado	Programaciones de aula (PA) Unidades didácticas (UD) o proyectos Situaciones de enseñanza-aprendizaje (SEA, o SdA), y adaptaciones didácticas

El primer nivel desarrolla el currículo básico, y lo establece el Ministerio de Educación y Formación Profesional. Tiene como finalidad garantizar una formación común para todo el alumnado del Estado. Aquí se definen las enseñanzas mínimas de cada etapa, recogidas en reales decretos. Estos documentos establecen elementos curriculares como las competencias clave, las competencias específicas por área, los criterios de evaluación o los saberes básicos. Además, el Ministerio se encarga de la programación general del sistema educativo, la política de becas, la innovación educativa, el estatuto del profesorado, y las funciones de alta inspección, entre otras. Se trata del nivel más normativo y uniforme, donde se articulan los mínimos comunes que después serán desarrollados en los siguientes niveles.

El segundo nivel refiere al desarrollo curricular autonómico, por lo que corresponde a las Consejerías de Educación de las Comunidades Autónomas, que adaptan y amplían el currículo estatal en función de sus competencias. Este desarrollo se plasma en decretos u órdenes autonómicas, donde se concretan los elementos curriculares —competencias específicas, criterios de evaluación, saberes básicos— y se incorporan contenidos de identidad territorial, como las lenguas cooficiales o elementos culturales propios. Además, se delimitan los porcentajes horarios, y se introducen mecanismos de evaluación interna, diagnóstico y seguimiento de los centros. Es un nivel que permite respetar la diversidad del Estado sin romper la cohesión del sistema.

El tercer nivel se concreta a nivel de centro educativo. El currículo, en este nivel, a través de sus propios documentos de planificación, se adapta a su realidad sociocultural, pedagógica y organizativa. Esta autonomía se expresa en el Proyecto Educativo de Centro (PEC), la Programación General Anual (PGA), y las programaciones didácticas de las áreas o materias. Estos documentos integran principios metodológicos, planes específicos (como el Plan de Convivencia, el Plan Digital, o el Plan de Acción Tutorial), medidas de atención a la diversidad, estrategias de evaluación y objetivos de mejora educativa. El PEC, elaborado por el equipo directivo y aprobado por el Consejo Escolar, refleja las líneas pedagógicas del centro y su apuesta por una enseñanza competencial, inclusiva y en valores. Este nivel es fundamental porque articula las directrices oficiales con las necesidades concretas del alumnado y el entorno del centro.

Por último, el cuarto nivel se sitúa en el aula, donde el profesorado traduce el currículo institucional en experiencias de aprendizaje ajustadas a su grupo-clase.

Aquí toma forma la programación de aula, esto es, la concreción de todo lo que el docente quiere desarrollar a nivel educativo y curricular en su grupo-clase a lo largo del curso escolar. Esta programación debe contemplar adaptaciones curriculares —individuales o grupales—, y las estrategias para el desarrollo de todas las competencias. Hay que tener cautela de no confundir la programación didáctica —que se realiza a nivel de ciclo, y entre varios profesores, por lo que es una coordinación docente vertical—, con la programación de aula —que lo hace el docente respecto a su grupo-clase, si bien puede coordinarse también con otros profesores que impartan clase a otros grupos-clase del mismo nivel-curso, representando así una coordinación horizontal. Igualmente, la programación aula, se puede coordinar con el Departamento de Orientación. La programación de aula puede estar compuesta de unidades didácticas, y estas a su vez en situaciones de enseñanza-aprendizaje (las clásicas *actividades*). Este nivel representa el punto de contacto entre el currículo legal y la realidad educativa: es donde se produce el aprendizaje real, con todas sus contingencias, resistencias y posibilidades. Se podría considerar, desde ciertos enfoques educativos, que las adaptaciones que se realiza a un solo alumno o grupo de alumnado dentro del aula podría ser el quinto nivel de concreción curricular.

Desde el punto de vista de un maestro particular, participa en diferentes fases tercer y cuarto nivel curricular, como se muestra en la FIGURA *1.*

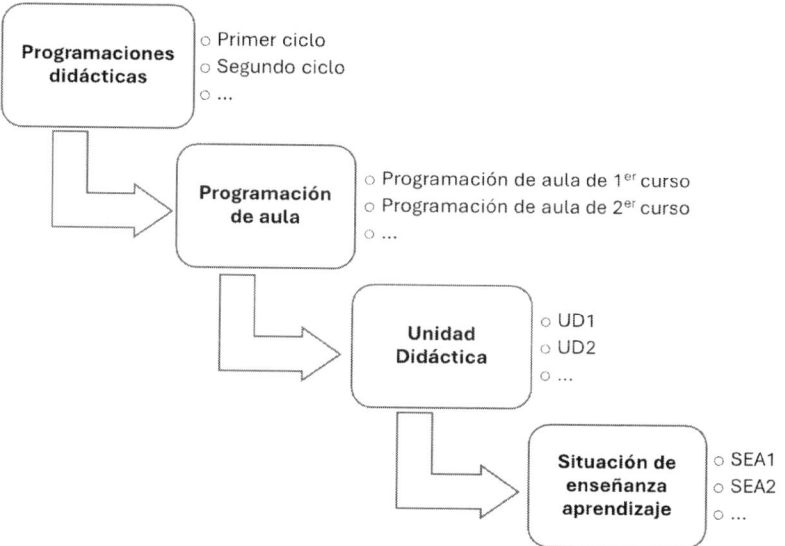

FIGURA 1. Desarrollo curricular en el que colabora un maestro.

1.3.3. El currículo de educación infantil

En el contexto español, el currículo de infantil llevaba 14 años sin reformularse, hasta que en 2022 se legisló el Real Decreto 95/2022, de 1 de febrero, por el que se establece la ordenación y las enseñanzas mínimas de la Educación Infantil, cuya esencia se va a reflejar brevemente en este apartado.

El preámbulo deja ver con nitidez la voluntad de inscribir la norma en un marco internacional: se alude a la Convención sobre los Derechos del Niño —que fue aprobada en 1989 con el aval de distintas sociedades, religiones y culturas—, a la UNESCO y a los objetivos de la Unión Europea para la década 2020-2030. Este anclaje transnacional recuerda que la infancia, más allá de su localización geográfica o cultural, debe ser objeto de derechos globales y principios pedagógicos universales. De ahí que se explicite, entre los fines de la educación, "el cumplimiento efectivo de los derechos de la infancia [...], la inclusión educativa y la aplicación de los principios del Diseño Universal para el Aprendizaje" (Preámbulo).

Este decreto tiene, además, una peculiaridad notable, pues extiende por primera vez su regulación también al primer ciclo de la etapa, el que va de los 0 a los 3 años. Así, se entiende la Educación Infantil como "una etapa educativa única, con identidad propia y organizada en dos ciclos que responden ambos a una misma intencionalidad educativa" (Preámbulo). Este reconocimiento implica, ni más ni menos, una revalorización del cuidado como forma de educación, y una reivindicación del vínculo afectivo y la corporeidad como fundamentos primeros del conocimiento. Esta idea lleva aparejada, a la vez, una reformulación de quién es o debe ser una maestra de infantil: ya no es una técnica dedicada a *criar* o *cuidar* a los pequeños, sino una Maestra que debe educar e instruir, y por tanto la que debe tener fundamentos de todo tipo, a los que pretende aportar algo este libro.

El artículo 1 es escueto pero fundamental: "establecer la ordenación y las enseñanzas mínimas de la etapa de Educación Infantil". Obsérvese que no habla de mera "preparación" para etapas posteriores, sino que se toma en serio la especificidad pedagógica de esta franja etaria. Si bien en la etapa universitaria se sigue llamando en muchas ocasiones al alumnado de los magisterios los *futuros maestros*, realmente esta indicación deja entrever que el profesorado universitario no ve al alumnado como estudiantes *actuales*, sino como maestros *en potencia* —en términos de Aristóteles—; ello implica, en muchas ocasiones, no respetar la psicología ni sociología de un estudiante universitario, que también tiene sus necesidades, tendencias, anhelos, etc. En educación infantil, por suerte, ya se reconoce que de un ser humano hay que esperar de él lo que su naturaleza le permite.

El artículo 2 introduce definiciones que se van a reflejar directamente aquí:

a) Objetivos: logros que se espera que el alumnado haya alcanzado al finalizar la etapa y cuya consecución está vinculada a la adquisición de las competencias clave.

b) Competencias clave: desempeños que se consideran imprescindibles para que el alumnado pueda progresar con garantías de éxito en su itinerario formativo, y afrontar los principales retos y desafíos globales y locales. Son la adaptación al sistema educativo español de las competencias clave establecidas en la Recomendación del Consejo de la Unión Europea de 22 de mayo de 2018 relativa a las competencias clave para el aprendizaje permanente.

c) Competencias específicas: desempeños que el alumnado debe poder desplegar en actividades o en situaciones cuyo abordaje requiere de los saberes básicos de cada área. Las competencias específicas constituyen un elemento de conexión entre, por una parte, las competencias clave y, por otra, los saberes básicos de las áreas y los criterios de evaluación.

d) Criterios de evaluación: referentes que indican los niveles de desempeño esperados en el alumnado en las situaciones o actividades a las que se refieren las competencias específicas de cada área en un momento determinado de su proceso de aprendizaje.

e) Saberes básicos: conocimientos, destrezas y actitudes que constituyen los contenidos propios de un área y cuyo aprendizaje es necesario para la adquisición de las competencias específicas.

f) Situaciones de aprendizaje: situaciones y actividades que implican el despliegue por parte del alumnado de actuaciones asociadas a competencias clave y competencias específicas, y que contribuyen a la adquisición y desarrollo de las mismas.

Quizá, el elemento curricular más importante aquí es el de competencia clave; se podría considerar el pilar sobre el que todo lo demás debe girar. Un estudiante de infantil —aunque también de primaria o secundaria— podría salir de la escolaridad sin haber conseguido un saber básico, un criterio de evaluación, o haber superado con éxito una situación de aprendizaje; pero habría que evitar que un alumno no adquiera una de las ocho competencias clave, dado que son aquellas que le van a permitir *progresar con garantías de éxito en su itinerario formativo*, así como tener éxito en los contextos vitales. No adquirir alguna de las ocho competencias clave supondría ser un *incompetente* en esa área competencial.

Estas competencias suponen una adaptación al sistema educativo español de las competencias clave establecidas en la Recomendación del Consejo de la Unión Europea de 2018. No deben ser tratadas como compartimentos estancos ni como categorías jerárquicas. No hay una competencia que se imponga a las demás ni puede pensarse que existan límites nítidos entre ellas. Muy al contrario: se imbrican, y es precisamente esta naturaleza transversal la que impide asignarlas de forma exclusiva a un área concreta. Cada una se construye y se profundiza gracias a la interacción entre múltiples saberes y experiencias, distribuidas a lo largo de las distintas áreas. Esta transversalidad se alinea perfectamente con la lógica globalizadora de la etapa de Educación Infantil. Se asume, por tanto, que el desarrollo competencial no es el resultado de una suma de aprendizajes disciplinares, sino un proceso holístico que debe preparar al alumnado para habitar el mundo en toda su complejidad. Un mundo en el que se espera que puedan, entre otras cosas, cuidar de su salud física y emocional, comprometerse con la sostenibilidad del planeta, gestionar conflictos sin violencia, actuar como ciudadanos digitales éticos, cuestionar y transformar desigualdades, convivir con la diversidad, reconocer el valor de la cooperación, y construir proyectos comunes en contextos abiertos, plurales y a menudo inciertos. Las ocho competencias clave son las siguientes:

— Competencia en comunicación lingüística.
— Competencia plurilingüe.
— Competencia matemática y competencia en ciencia, tecnología e ingeniería.
— Competencia digital.
— Competencia personal, social y de aprender a aprender.
— Competencia ciudadana.
— Competencia emprendedora.
— Competencia en conciencia y expresión culturales.

En el artículo 3, se establece que la Educación Infantil atiende "a niños y niñas desde el nacimiento hasta los seis años", dividida en dos ciclos. Reconoce, por tanto, al niño desde su nacimiento como sujeto de derecho educativo.

El artículo 4 establece los fines de la educación infantil:

«La finalidad de la Educación Infantil es contribuir al desarrollo integral y armónico del alumnado en todas sus dimensiones: física, emocional, sexual, afectiva, social, cognitiva y artística, potenciando la autonomía personal y la creación progresiva de una imagen positiva y equilibrada de sí mismos, así como a la educación en valores cívicos para la convivencia».

Para conseguir estos fines, obviamente, la maestra debe conocer los fundamentos psicológicos y pedagógicos de cada una de estas dimensiones, por lo que este primer tema del libro es esencial para controlarlos o recordarlos.

El artículo 5, relativo a los principios generales, establece la voluntariedad de la etapa, su gratuidad progresiva, y un principio de equidad que se despliega en varias direcciones: "la compensación de los efectos que las desigualdades de origen cultural, social y económico tienen en el aprendizaje", la "detección precoz" de necesidades educativas, y el uso del Diseño Universal para el Aprendizaje (DUA) como marco organizativo. Esta mención al DUA es una apuesta teórica: se está diciendo que los entornos deben adaptarse a toda la diversidad humana al mismo tiempo desde su diseño inicial, no desde ajustes remediales. Implica, también, generar situaciones de aprendizaje que acojan las necesidades de todo el alumnado, y no solo a la mayoría de él.

En el artículo 6 se explicitan los principios pedagógicos: «*La práctica educativa en esta etapa buscará desarrollar y asentar progresivamente las bases que faciliten el máximo desarrollo de cada niño y de cada niña*» El verbo *buscar* —no imponer, no forzar— señala ya una pedagogía de la facilitación, donde el adulto renuncia a la verticalidad y opta por el acompañamiento. Se enumeran, además, tres ejes sustantivos —experiencias significativas, experimentación y juego—; es decir, se fundamenta en un *pragmatismo epistemológico*, aumentar el conocimiento a través de la interacción práctica con en el entorno, especialmente con interacciones significativas —que es lo que más facilita el juego, como se verá en el tema 3—. Obsérvese también la insistencia en el afecto y la confianza como clima de aula. Se evidencia aquí la huella de la psicología del apego y de las teorías socio-constructivistas. El articulado prosigue delimitando ámbitos a cultivar: desarrollo afectivo y emocional, motricidad, lenguaje, convivencia, descubrimiento del entorno y educación en valores. Es una invitación a comprender la infancia como totalidad orgánica y no tanto como una suma de fragmentos. El propio texto señala la conveniencia de iniciar —sin imposición— la aproximación a lectura, escritura, numeración, tecnologías y lenguajes artísticos. A desarrollar los principios pedagógicos, especialmente didácticos, se dedicará el tema 5.

El artículo 7 establece los siguientes objetivos de etapa (recuérdese que la etapa es de 0 a 6, y cada ciclo implica los tres primeros años, o los tres siguientes):

«a) Conocer su propio cuerpo y el de los otros, así como sus posibilidades de acción y aprender a respetar las diferencias.

b) Observar y explorar su entorno familiar, natural y social.

c) Adquirir progresivamente autonomía en sus actividades habituales.

d) Desarrollar sus capacidades emocionales y afectivas.

e) Relacionarse con los demás en igualdad y adquirir progresivamente pautas elementales de convivencia y relación social, así como ejercitarse en el uso de la empatía y la resolución pacífica de conflictos, evitando cualquier tipo de violencia.

f) Desarrollar habilidades comunicativas en diferentes lenguajes y formas de expresión.

g) Iniciarse en las habilidades lógico-matemáticas, en la lectura y la escritura, y en el movimiento, el gesto y el ritmo.

h) Promover, aplicar y desarrollar las normas sociales que fomentan la igualdad entre hombres y mujeres».

Como se puede leer, hay tendencias explicitadas en los objetivos: la autonomía del niño, de la cual hay que partir pero también promover, y la ética de la convivencia («*en igualdad*», «*resolución pacífica de conflictos*»).

El objetivo 8 especifica las áreas de educación infantil, que se deben entender como grandes ámbitos de experiencia —o campos fenomenológicos—, y son tres:

— Crecimiento en Armonía.
— Descubrimiento y Exploración del Entorno.
— Comunicación y Representación de la Realidad.

Si la educación infantil actual se plantea como integral, globalizadora y holística, la existencia de estas tres áreas de experiencia es coherente; no obstante, en la práctica didáctica diaria, en muchas ocasiones se vuelve a parcializar la experiencia, tornando estas áreas en algo parecido a *asignaturas*; pero no existen las asignaturas en la educación infantil —ni primaria— actual. Esto se puede deber a la experiencia vital de las propias maestras, o a la facilidad para programar, pero llenar el horario semanas de ámbitos muy concretos parecidos a asignaturas — psicomotricidad, lenguaje, ciencias sociales, etc.— se alejaría del enfoque globalizador. De hecho, más adelante en el artículo 11 se especifica lo siguiente:

> 1. El horario en la etapa de Educación Infantil se entenderá como la distribución en secuencias temporales de las actividades que se realizan en los distintos días de la semana, teniendo en cuenta que todos los momentos de la jornada tienen carácter educativo.
> 2. El horario escolar se organizará desde un enfoque globalizador e incluirá propuestas de aprendizaje que permitan alternar diferentes tipos y ritmos de actividad con periodos de descanso en función de las necesidades del alumnado.

El artículo 12 refiere a la evaluación. Y la evaluación suele ser la parte de la didáctica que con más negligencia se suele desarrollar, por desconocimiento, falta de referentes, o reproducción de prácticas vividas u observadas. Este artículo explicita que la evaluación debe ser «global, continua y formativa», basándose como técnica principal en la «observación directa y sistemática» del discente. Esta clara indicación implica que en una programación educativa no se puede reflejar como mecanismo de evaluación simplemente "por observación", ni ser el registro anecdótico la principal técnica de evaluación; es decir, se debe especificar qué se va a observar, cómo, cuánto, con qué criterios, etc. Al indicarse que el referente serán los criterios de evaluación de cada ciclo y área, se refuerza la coherencia entre lo que se enseña y lo que se valora, evitando disociaciones curriculares. El texto introduce, además, un imperativo de metaevaluación docente: «todos los profesionales implicados evaluarán su propia práctica educativa». Por último, la norma exige la participación de las familias en el proceso evaluador. La evaluación deja de ser, por tanto, un trámite burocrático y se transforma en un dispositivo ético de acompañamiento y ajuste didáctico.

El último artículo que se va a comentar es el 13, que versa sobre atención a las diferencias individuales —recuérdese el punto 1.2.3. del libro—. La atención individualizada debe ser una pauta ordinaria de la acción educativa, y no algo excepcional; es relevante que se menciona la atención *individualizada*, que es algo diferente a *personalizada*, pues la primera indica *a cada individuo concreto*, y la segunda a una interacción más personal o entre personas (Quintas *et al.*, 2024). La diversidad —cultural, cognitiva, religiosa...— es una condición ontológica del aula, y no una singularidad que solo a veces ocurre. De ahí que se ordene asegurar «la plena inclusión de todo el alumnado». El precepto exige a las administraciones procedimientos de detección temprana[4] y planes de intervención precoz; al mismo tiempo, las obliga a coordinar a los distintos sectores que atienden a la infancia. Esta coordinación interinstitucional evita la fragmentación de apoyos y refuerza la coherencia de las respuestas educativas.

---

[4] Suele denominarse *atención temprana* quizá por una traducción descuidada del inglés, pareciendo significar en español que se debe intervenir *temprano*, es decir, cuanto antes, o de forma acelerada. Pero no; una fórmula más acertada sería *atención justo a tiempo*, esto es, la detección e intervención justo cuando se requiere, y no más tarde.

Tema 2. Diseño y organización de los espacios didácticos

Cuando una flor no florece, arreglas el entorno en el que crece, no la flor.

Alexander den HEIJER

2.1. Pensar el espacio educativo

Normalmente suelen utilizarse como sinónimos «educación» y «escuela», o «educación» y «sistema educativo». Realmente, la educación como fenómeno antropológico ha tenido lugar allá donde ha habido grupos humanos, mientras que la escuela como institución es una realidad muy reciente y moderna (véase «1.1.1. Concepciones y métodos escolares»), y se caracteriza por marcar mucho más el espacio educativo. Por ello, la escuela refleja un momento sociohistórico concreto, y no un universal antropológico. Como en la actualidad existe mucha más diversidad y libertad de expresión en España que antes, hay múltiples formas de diseñar y organizar los espacios educativos. Cada tipo de diseño y organización reflejará, implícita o explícitamente, una forma de entender la educación. Por ello, los profesionales de la educación deben reflexionar sobre el espacio educativo, fundamentarlo, y justificarlo.

Uno de los índices demostrados de excelencia académica por parte de las maestras es su capacidad para crear y formar escuelas y ambientes escolares donde el error sea aceptado como una oportunidad más para aprender (Hattie, 2017, p. 35). Por ello, es necesario comenzar por una reflexión general sobre la importancia misma del espacio de aprendizaje, para posteriormente buscar estrategias y técnicas concretas que lo optimicen.

El espacio se tendrá en cuenta en la programación de la maestra y en el proyecto educativo del centro (Vecchi, 2006, p. 17), pues responde a la pregunta «¿dónde enseñar?» (Muñoz y Zaragoza, 2008, p. 152). Sin embargo, se debe pensar el espacio educativo más allá de esa pregunta, y entender que el espacio no es solo un requisito en el que estar, un sitio donde casualmente tienen lugar las actividades de enseñanza-aprendizaje —como tradicionalmente se ha pensado—, sino que el espacio forma parte del propio proceso de enseñanza-aprendizaje, por lo que no es irrelevante dónde se enseñe-aprenda. Los ambientes educativos habituales siempre han perjudicado a cierto perfil de alumnado —los especiales, los creativos, los inquietos…—, y beneficiado a otro —el obediente, el callado, el ordenado…—. El niño genera sus primeras vivencias e ideas de la realidad en contacto con el medio y las personas que le rodean (Castro *et al.*, 2016, p. 119). De hecho, el alumnado infantil no aprenderá solo de las tareas o recursos que se le propongan, sino que será una *esponja* que absorberá todo lo que viva en el espacio de aprendizaje, por lo que es fundamental reflexionar sobre el espacio. Por ello es importante entender que el centro educativo no ha de ser un refugio aislado, sino un ecosistema, abierto a procesos de ósmosis en ambas direcciones: de dentro a afuera y de fuera a dentro (López, 2018, p. 12). De esta manera el alumnado puede conectar con su entorno, con el barrio, los otros colegios y la ciudad —siempre con la supervisión necesaria—.

Si bien la disponibilidad de espacios depende mucho del centro donde se trabaje, la voluntad, iniciativa e ilusión de muchas maestras se ha mostrado más fuerte que la escasez económica o el conservadurismo de la comunidad educativa. Por ello, este tema aportará una visión más amplia de las posibilidades que puede tener un espacio educativo, con independencia de que luego la maestra pueda o quiera aplicar las innovaciones en su lugar de trabajo.

Pensando en maestras de educación infantil que trabajen en un colegio de Educación Infantil y Primaria (CEIP) genérico, realizar cambios globales en el colegio suele ser más difícil, aunque no imposible. Sin embargo, cualquier lugar del colegio debe ser un espacio de aprendizaje, por lo que espacios como el aula o el patio de recreo son centros de interés y trasformación clave que están en manos de las maestras. Por otro lado, no hay que cerrarse a pensar en un CEIP convencional —ello implicaría asociar educación con escuela—, dado que existen tantos otros espacios no formales en los cuales la maestra de infantil ejercer la profesión: ludotecas, aulas hospitalarias, centros de atención temprana, centros privados, o circos, entre otros.

La necesidad de reflexionar sobre el espacio educativo —un aula, un patio de recreo, un edificio, etc.— por parte de las maestras exige mantener siempre un enfoque educativo —con los fundamentos psicopedagógicos en mente—, por lo que no hay que caer en proyectos meramente técnicos, que se confundan con las funciones de los ingenieros y los arquitectos. Al final, la maestra debe educar a personas, y por ello el ambiente se debe pensar de manera personal. El aforismo con el que se empieza este tema, si bien es muy poético e invita a pensar, debe matizarse con que los niños no son flores. Tienen en común con ellas que viven en un ambiente, y que este puede influir mucho en su desarrollo.

El espacio en educación infantil debe diseñarse y organizarse para posibilitar y facilitar el desarrollo integral del niño, esto es, para conseguir los objetivos curriculares de etapa (véase «1.1.2. Fundamentos curriculares»). A su vez, el diseño y organización de espacios educativos debe responder no solo a los objetivos, sino también a los métodos educativos, es decir, la experimentación, el juego, la manipulación, la observación, el movimiento, la comunicación, etc.

La maestra Beatriz Trueba (2015, pp. 27-47) concibe cuatro paradigmas educativos desde los cuales una maestra de infantil puede identificarse y pensar el espacio educativo. Estos tienen correlación con los explicados en el apartado «1.1.1. Concepciones y métodos escolares», y se explican a continuación (véase *Tabla* 13):

Tabla 13. Comparación entre los paradigmas educativos presentados en este libro con los modelos educativos explicados por Beatriz Trueba

Paradigmas educativos	Modelos educativos
1.1.1.2. La Escuela Tradicional	Modelo tradicional
1.1.1.3. La Escuela Nueva	Modelo espontaneísta, casual, o activista
1.1.1.4. Movimientos Re. Pedagógica	Modelo interaccionista o coparticipativo
1.1.1.5. La Escuela Tecnocrática	Modelo racionalista o tecnológico

Los paradigmas o modelos escolares son las grandes cosmovisiones de la educación que sustentan la práctica didáctica de las maestras, por lo que influirán tanto en la intervención docente como en el diseño de los espacios educativos. Es interesante comenzar por conocer e identificar en qué paradigma se encuentra la lectora —o lector—, de tal forma que el proceso de diseño de un espacio educativo se inicie desde un posicionamiento, y no desde una visión neutral del mundo educativo. Cada paradigma o modelo se define por una serie de criterios, como la concepción de la infancia, la concepción del aprendizaje, la concepción de la autonomía, el papel social de la escuela, etc. Por ello, puede ser que la lectora se encuentre entre dos paradigmas la vez.

2.2. La escuela infantil

La escuela infantil refiere al tipo más común de centro educativo en el que van a trabajar las maestras de educación infantil, especialmente en la segunda infancia, por estar muy regulado y evaluado a nivel legislativo y administrativo. Sin embargo, no es el único, como se ha comentado más arriba. A continuación, se exponen los espacios más característicos de la escuela infantil (Muñoz y Zaragoza, 2008, pp. 153-157).

2.2.1. El espacio arquitectónico

El espacio arquitectónico refiere al espacio más general de la escuela. Normativamente la escuela infantil debe disponer de un local-edificio de uso exclusivo y con acceso independiente desde el exterior. En los casos más excepcionales —aunque cada vez más frecuentes— de centros infantiles ubicados en centros de trabajo para la conciliación familiar, la normativa establece que el centro infantil mantenga la suficiente distancia del sistema de producción.

El diseño del espacio arquitectónico debe contemplar que no haya barreras arquitectónicas, es decir, dificultades para personas con diversidad funcional debidas a la construcción arquitectónica.

Un criterio para el espacio arquitectónico es que permita el máximo control del alumnado por parte de las maestras —por ejemplo con láminas transparentes— y a su vez se respete la intimidad del alumnado respecto de otros adultos y grupos de alumnos. Es por ello que suele haber paredes mitad opacas mitad transparentes.

Existen múltiples modelos de espacios educativos, dado que tanto la arquitectura como la educación tiene un componente de arte, creatividad y creación. Por ejemplo, ya existen modelos donde todas las aulas se abren al patio exterior, promoviendo la entrada y salida del alumnado a su clase.

2.2.2. El espacio cerrado

La escuela infantil deberá disponer de espacios cerrados, los cuales deberán ser siempre educativos —y no meramente funcionales—, y ello dependerá del equipo docente. A continuación, se detallan los espacios cerrados más habituales:

— El aula: cada grupo de edad debe contar con su propia aula, aunque ello no implica que luego se puedan realizar actividades conjuntas o incluso mezclando espacios. La maestra deberá organizar y re-organizar el aula para que permita trabajar individualmente, en pequeño grupo, y en gran grupo, a su alumnado. La distribución espacial de un grupo de lactantes será bien diferente de un grupo de 5 años.

— Los aseos: cada aula deberá tener una sala anexa de lavabos —aunque depende de cada normativa—, que deberá ser visible y accesible para el alumnado. En la educación infantil los hábitos de higiene y control de esfínteres son uno de los aspectos a educar, por lo que este espacio cerrado no es solo un espacio funcional.

— El comedor: su diseño dependerá del paradigma educativo, pudiendo ser un comedor específico para educación infantil o general para el colegio, estando conectado con las aulas o ser una sala alejada, etc.

— La cocina: normalmente las normativas establecen la necesidad de tener un espacio específico y aislado para la cocina.

— La sala polivalente: suele ser un espacio que se puede acondicionar fácilmente para muy diferentes usos —desde una sala de baile improvisada hasta un dormitorio—, por lo que no suele tener mucho mobiliario específico. Es una buena opción para crear espacios de acción y aventura.

— Los espacios de paso: se refieren a los espacios sin un uso específico más allá de llegar de unos espacios a otros. Según cómo entendamos el espacio escolar, se podría ampliar el ambiente de aprendizaje más allá del aula, y permitir el libre movimiento del alumnado también por los espacios de paso, pero para ello se debe asegurar el control y el acondicionamiento educativo de los mismos.

— Espacios para adultos: se refieren a pequeños espacios donde tienen lugar entrevistas con los padres y madres, o se guarda material del equipo docente.

2.2.3. El espacio abierto

Los espacios abiertos son aquellos no recogidos en el punto anterior, y que se caracterizan por tener mucha más extensión. Han de ser exclusivos del colegio, y separados de otras etapas educativas —primaria, secundaria, FP, Bachillerato—. Normalmente refieren a un patio de recreo o zonas exteriores acondicionadas. Este acondicionamiento puede responder a zonas ajardinadas, zonas duras, zonas con arena, zonas libres de objetos que permitan las actividades en gran grupo, zonas con juguetes, zonas de sol y sombra, etc. El proyecto de la Ciudad de las Niñas y los Niños de Tonucci (2016) —en Huesca, por ejemplo— amplía esta concepción del espacio educativo abierto a toda la ciudad, pero para ello se deben revisar muchos principios pedagógicos y cívicos.

2.2.4. Los ambientes y espacios en el currículo de infantil

El vigente Real Decreto 95/2022, de 1 de febrero, por el que se establece la ordenación y las enseñanzas mínimas de la Educación Infantil, recoge un enfoque ambientalista de la educación infantil. La primera mención sustantiva se da en el artículo 6, en referencia a las orientaciones pedagógicas, cuando se prescribe que la práctica educativa «deberá llevarse a cabo en un ambiente de afecto y confianza»; se vincula, además, a la necesidad de «garantizar [...] una transición positiva desde el entorno familiar al escolar» (p. 5). Se habla de *entorno* en tanto que ambiente, y no un simple cambio físico. Se entiende que educar deviene acompañar la entrada del niño en una comunidad de cuidado donde el apego seguro posibilita el riesgo lúdico, la exploración y, finalmente, la autonomía.

La misma norma, pocas líneas después, invoca un entorno que acoge movimiento, control corporal y manifestaciones expresivas; de ahí que reclame «experiencias de aprendizaje significativas y emocionalmente positivas» (p. 11) fundadas en la experimentación y el juego. Las fuentes de inspiración explicadas en el tema 1, como las asociadas a Pikler o Malaguzzi, están presentes en el Real Decreto.

Por otro lado, la Orden ECD/853/2022, de 13 de junio, por la que se aprueban el currículo y las características de la evaluación de la Educación Infantil, se menciona como un principio metodológico general que «teniendo en cuenta las características y necesidades del alumnado, se considera fundamental para la consecución de los objetivos educativos la adecuada organización de un ambiente favorable que incluya espacios, recursos materiales y distribución del tiempo» (artículo 9).

El aula ha de permitir desplazamientos libres, manipulación de objetos, fugas simbólicas, construcción de refugios y uso variado de materiales. Sin esta plasticidad topológica, el juego se reduce a simulacro domesticado. Al avanzar hacia los anexos didácticos, la palabra *ambiente* reaparece con connotaciones sensoriales: se exhorta a ofrecer «un entorno rico, seguro y estimulante» (Real Decreto, p. 15) donde el niño pueda descubrir el placer que le proporciona la actividad por iniciativa propia. La triada riqueza-seguridad-estimulación marca un equilibrio delicado: demasiado control ahoga la iniciativa, demasiada excitación desborda la autorregulación; solo la combinación ecuánime propicia una exploración serena y fértil, como se desarrollará en los siguientes epígrafes.

El decreto introduce, asimismo, la noción de Diseño Universal para el Aprendizaje (DUA): toda organización del espacio ha de pensarse a priori accesible, sin barreras que segreguen o etiqueten. Por ello, «se prestará especial atención a la accesibilidad del material manipulativo en el aula» (p. 11).

El Real Decreto alude también al descubrimiento del medio natural, al cuidado del entorno y a la educación para la sostenibilidad. Aunque no se detalla la ratio patio-aula; la referencia obliga a repensar los espacios verdes, los huertos escolares o las salidas al barrio como escenarios curriculares tan legítimos como cualquier rincón de psicomotricidad.

Por último, cuando regula horarios y rutinas, este texto legal recuerda que todo momento de la jornada tiene carácter educativo. El comedor, los pasillos, la zona de descanso o el aseo dejan de ser tiempos muertos: se transforman en micro-escenarios de socialización, autonomía y autorregulación.

Afectividad, accesibilidad, estimulación sensorial y vínculo con la naturaleza son las coordenadas que dibujan este Real Decreto respecto a los ambientes y espacios en educación infantil. Corresponde a la maestra —y al centro en su conjunto— traducir la letra normativa en atmósferas tangibles: alfombras que invitan al juego en el suelo, rincones cambiantes que suscitan preguntas, pasillos que se convierten en galerías de arte infantil, patios que permiten el asombro ante la lluvia y el barro. Solo así el espacio dejará de ser contenedor y se convertirá, verdaderamente, en experiencia. A ello se va a dedicar los siguientes puntos.

2.3. La escuela como ambiente

Como dice Beatriz Trueba, «el espacio está lleno de mensajes silenciosos: habla al oído de niños y adultos, expresa y delata la acción educativa (tanto si somos conscientes de ello o no), susurra al oído de niñas y niños sugerencias de acción e intervención» (Trueba, 2015, p. 57). Es decir, el espacio, cuando está relacionado de alguna manera con la humanidad, no es neutral, y siempre envía mensajes a sus habitantes. Por ello, siempre será mejor que esos mensajes sean educativos y estén previamente pensados por las maestras —y no por el funcionalismo del sistema: el electricista, el pintor, el arquitecto, etc.—.

A nivel educativo, se debe pasar del concepto espacio —que es metafísico y físico— al de ambiente. El ambiente implica una elección consciente del espacio, las formas, los colores, la luz, los vacíos, el mobiliario, etc. Un ambiente es un espacio habitable y habitado, permite un encuentro, por lo que debe generar un clima dinámico y abierto a múltiples interrelaciones humanas (Hoyuelos, 2006, pp. 74-76). El ambiente no hospeda al aprendizaje —lo genera—; cada decisión arquitectónica, temporal o digital se puede inscribir en la *piel sensible* de la infancia y se puede convertir en un relato biográfico de quien la habita. El clásico ambiente de la escuela tradicional consistente en un conjunto de mesas direccionadas hacia una tarima y una pizarra, implica un espacio unidireccional, monológico y magistocéntrico. Sin embargo, se ha producido normalización social con el tiempo, hasta el punto de que ese ambiente es el considerado adecuado para que se dé el encuentro entre educación, la maestra, y el alumnado.

La psicología ambiental ha destacado el impacto que tiene el ambiente físico y social no solo en el comportamiento de las personas, sino también en su salud y calidad de vida. Por ejemplo, se ha observado que para conseguir bienestar, el ambiente debe estimular de alguna manera a la persona que lo habita; por otro lado, demasiada estimulación puede causar distracción y sobrecarga de información. ¿Es la pizarra digital interactiva un material para tenerlo a la vista continuamente? ¿Deben ser los *smartphones* un material habitual en la educación infantil?

La investigación en torno a los ambientes de aprendizaje en las aulas se ha ido incluyendo progresivamente en las aulas, por lo que no está especialmente extendido, y tampoco existe mucha investigación rigurosa al respecto. Los entornos educativos modernos deben ser espacios dinámicos donde se facilite una comprensión integral del proceso de aprendizaje. Esto implica variar las experiencias, enriquecer los materiales disponibles, fomentar la comunicación y desarrollar destrezas emocionales e intelectuales que permitan a los estudiantes ser flexibles y aprender a lo largo de toda su vida (López, 2018).

La maestra de infantil Beatriz Trueba propone un escenario escolar desde una imagen de la infancia socioconstructivista e interactiva. Es decir, concibe a los niños como inteligentes y capaces, con cultura propia, creativos, constructores, con múltiples lenguajes creativos, y que crecen en interacción con sus iguales y con los adultos. Partiendo de esta imagen de la infancia, propone proyectar un espacio educativo que dé una armonía facilitadora de los siguientes principios de acción educativa (Trueba, 2015, pp. 61-62):

— Significatividad y escucha: se trata de extrapolar la idea aprendizaje significativo (1.2.2.2.2. Ausubel: el aprendizaje significativo) al espacio educativo. ¿Este espacio promueve aprendizajes significativos? Se deberán pensar espacios reconocidos —que estimulen ideas previas— y espacios interesantes —que estimulen intereses previos—. Además, este principio se basa en la *escucha*, en el sentido de respeto hacia la cultura de la infancia.

FIGURA 2. *Rincón íntimo, conversación privada, refugio secreto, etc. Autor: Richard Leeming, 2014. Reino Unido. Flickr: https://cutt.ly/Ge8fnCd*

— Identidad: los espacios deben favorecer la construcción de la identidad propia del alumno, esto es, cómo se comprende y con qué se identifica. Debe caber una identidad individualizada —cada una es singular y única— compatible con una identidad comunitaria, donde haya respeto, aceptación, confianza, reciprocidad. La identidad de una misma se forja desde la mirada, pero también desde el reflejo de quien nos mira. Así, el espacio influye en la construcción de la identidad. El espacio puede y debe desarrollar la identidad desde lo más extensivo y nominal, por ejemplo, poniendo los nombres en cada percha y en cada abrigo, hasta lo más intensivo y personal, como espacios o detalles personalizados por cada niño.

— Autonomía: tradicionalmente se ha restringido la concepción de la autonomía de la infancia a una autonomía física, es decir, saber realizar solo ciertas habilidades como comer, vestirse, etc. Y ello ha producido cierta actitud de *adiestramiento* en la primera docencia. La autonomía se asocia también a la autonomía cognitiva y moral. De hecho, *autonomía* refiere etimológicamente a norma-propia, es decir, darse las propias normas de conducta. Se debe tener precaución de no caer en posiciones demasiado proteccionistas —limitando la autonomía del niño— o coactivas —presionando y acelerando el aprendizaje de habilidades—, pues ambos casos se saltan los derechos del niño. El currículo actual contempla el tercer bloque de contenido «1. Conocimiento de sí mismo y autonomía personal» y la octava competencia «8. Autonomía e iniciativa personal» (para la segunda infancia). Una receta principal es el diseño del espacio. Debe ser accesible —muebles bajos—, visible-perceptible, y claro —que se distingan unas cosas de otras—. Otra receta principal es el tiempo: la autonomía se cocina a fuego lento (Trueba, 2015, p. 85). Hay que dejar recrearse al alumnado en los procesos, y no buscar conseguir las metas rápidamente. Metafóricamente hablando, habría que cambiar el culto a Cronos, el dios que devora el tiempo, a Kairós, el dios del tiempo oportuno, del tiempo indeterminado —no es el tiempo del tictac continuo— donde sucede lo importante.

— Interacción y comunicación: un espacio puede abrir y promocionar la comunicación e interacción, o puede cerrarlos e inhibirlos. Hay lugares que invitan a dialogar, comunicarse, a jugar, a la intimidad… y otros que, por lúgubres o inhóspitos, nos hacen evitarlos. La maestra debe favorecer espacios que faciliten diferentes tipos de comunicación: comunicación de gran grupo —la asamblea—, de pequeño grupo —el taller—, o para estar solo o dialogar con la maestra —los rincones—. Incluso, puede haber comunicación entre los espacios, usando cristales transparentes, paneles móviles, muebles bajos, biombos, etc. A la maestra ya le vienen construidas las clásicas aulas donde debe trabajar, pero se puede «derribar muros» metafóricamente con gestos como abrir puertas —conectando el aula con lo que haya fuera—, acondicionar zonas intermedias, poner alfombras que conectan, etc.

— Diversidad: refiere tanto a la adecuación y coherencia del espacio educativo para con las diversidades étnica, lingüística, biológica, etc., como a la diversidad de actividades, materiales y tiempos que el espacio educativo debe ofrecer. Debe haber diversidad en la procedencia de los materiales —orgánicos, habituales, inusuales, creados por ellos, de fábrica, etc.—, en el uso de los materiales —¿qué se puede hacer con una caja que es casi como el tamaño de uno mismo?—, en la oferta visual, etc.

— Habitabilidad: refiere a que un espacio educativo sea confortable, seguro, saludable, higiénico y hermoso. Un espacio educativo habitable lo exigen los derechos de la infancia. Como derecho de la infancia se incluye: «Todos los niños tienen el derecho a vivir en un espacio adecuado para su desarrollo».

— Estética y belleza: se tratará más exhaustivamente este principio en el apartado «2.4.1. Estética».

— Orden y equilibrio: un espacio de aprendizaje debe ser equilibrado —en su densidad de materiales y subespacios, en su ubicación, en su color, en su luz, etc.— y ordenado, es decir, «cada cosa en su sitio y un sitio para cada cosa» (Trueba, 2015, p. 132). El equilibrio y el orden transmitirán serenidad al alumnado y a la maestra.

— Complejidad: refiere a lo contrario de simple. Debe estar bien complementado con el principio anterior, el orden. Puede haber complejidad y orden al mismo tiempo, pero requiere esfuerzo y buen diseño de la maestra. El espacio complejo estimula al alumnado, lo provoca y lo llama a interactuar con él. Pueden aportar complejidad los laberintos, los espejos combinados —normales y deformantes—, los caleidoscopios, las mesas-espejo, las mesas de luz, las cajas de luz, juegos de luces y sombras, espacios de acción y aventura, etc.

— Creatividad: un espacio debe ser creativo y a la vez favorecer la creatividad en sus habitantes. Para ello será necesario que no sea un espacio *acabado*, sino que sea flexible y permita reconstruirlo constantemente, tanto por la maestra como por el alumnado y el resto de la comunidad educativa (equipo docente, padres y madres…).

2.4. La estética y espacios

El espacio influye, e incluso determina en muchos casos, la enseñanza de la maestra, los materiales didácticos, los recursos disponibles y el aprendizaje del alumno. Esta apertura de miras exige una visión estética. Una visión estética del aula educativa, y del centro educativo, implica una preocupación específica de la maestra por el espacio-tiempo en el que el alumnado va a aprender, es decir, es una mirada que no obvia el aula, que no la da por sentada, que no se conforma con el aula que le han asignado y en la cual tiene que trabajar. Pero, ¿qué es la estética?

2.4.1. La estética

El término «estética» procede del griego *aesthesis* (sensación, percepción sensible). Lo acuñó por primera vez Baumgarten (1975) en el s. XVIII para designar a la disciplina filosófica que trata del conocimiento de lo sensible, de lo concreto. Este tipo de conocimiento, según Baumgarten, se transmite a través de la poesía; es decir, la experiencia estética significaría lo mismo que experiencia, a saber, el conocimiento que resulta del contacto con los objetos a través de la sensación —esta sería la definición más general—. Esta disciplina la sistematizó Kant como una de las tres grandes ramas de la filosofía (además de la epistemología y la ética). Así entendida, la Estética es una reflexión filosófica que se hace sobre objetos artísticos y naturales, y que produce un «juicio estético».

En la Antigüedad se originó la Gran Teoría de la estética europea, que ha sido una de las más duraderas dentro de la cultura en general, pues perduró hasta el siglo XVIII, cuando fue sustituida debido a la presión que se ejerció en el arte tanto por parte de la filosofía empírica como desde las tendencias románticas. Esta Gran Teoría se basó en que la belleza consiste en las proporciones y en el ordenamiento de las partes y en sus interrelaciones (Tatarkiewicz, 2001, pp. 157-160). La estética de la belleza, aunque no tuviera autonomía propia como disciplina filosófica —pues la belleza se pensaba también desde lo que ahora tratamos únicamente con ética o matemáticas— se diferenciaba claramente del arte. En la actualidad suele unirse el arte y la estética, pero pueden darse por separado, como ha sucedido con varios autores y en diferentes épocas.

Si la estética se ha considerado una rama menor, o un ámbito de estudio inferior, es porque, en su esencia, aborda una cuestión que se suele escapar al dominio: la belleza. Solo recientemente parece que la estética ha resurgido, cuando se ha acogido lo más "productivo" de ella —el convencimiento, la elocuencia, el aumento de ventas, la atracción, la llamada de atención, etc.—, es decir, cuando la tecnocracia actual ha aprendido a explotarla:

> «Curiosamente, la estética ha sido una de las últimas ramas en emerger dentro de la filosofía y sigue siendo un campo relativamente infravalorado y poco desarrollado. Una razón para esto es que se asocia con los aspectos sensibles y empírico-corpóreos de la experiencia. Dado que esto implica cierto caos e incomprensión —la incapacidad de reducir toda la riqueza somático-experiencial a la lógica—, la estética se considera relativa y menos fundamental. Sin embargo, precisamente porque la experiencia estética es universalizable, al mantener conexiones con la naturaleza universalmente corpórea de los seres humanos, las relaciones contemplativas-estéticas que pueden darse entre sujeto y objeto trascienden culturas y épocas. Aunque algunas de estas relaciones están ciertamente influenciadas por el aspecto interpretable de la experiencia estética, que pertenece al ámbito del gusto» (Mosteo y Quintas, 2024, pp. 18-19).

La Estética adquirió en el s. XVIII plena autonomía como disciplina «ilustrada» por antonomasia, como una práctica naciente de la apropiación del mundo y del dominio del ser humano. Antes, en la Antigüedad y Medievo existían, no obstante, experiencias estéticas y ciertos discursos estéticos, todos ellos girando en torno a la Belleza y la mímesis. La Belleza, unida a la Verdad y la Bondad (Figura 3), fue elevada como idea universal y propiedad objetiva de los seres y las cosas. La mímesis —imitación— actuó como legitimadora de gran parte del arte occidental, encarnado en el modelo clasicista.

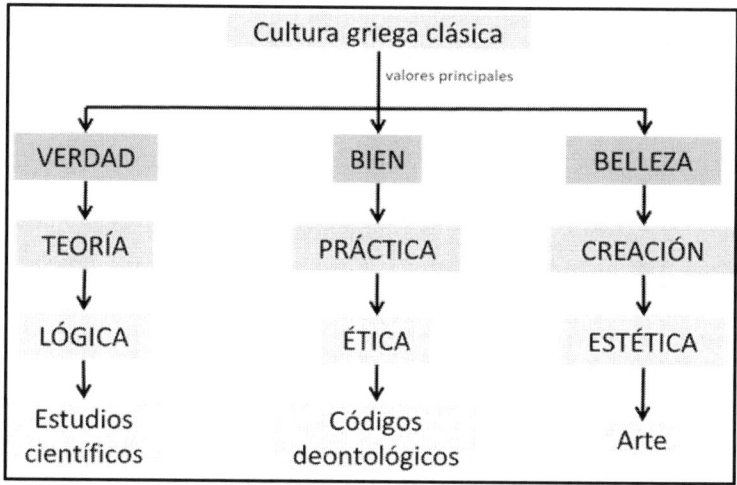

FIGURA *3*. Valores principales de la cultura griega

Posteriormente, en el s. XIX la disciplina «estética» se entendió que era la disciplina que trataba del gusto, la belleza natural, el arte y experiencias similares. A estas experiencias se las denominó «experiencias estéticas»; por ello, la Estética se definió como la disciplina que trata sobre la belleza y la teoría del arte —esta es la definición más restringida y actual—. Concretamente, se la llegó a entender como Filosofía del Arte Bello, por lo que la Estética se acercaba a la antigua *filocalía* —amor a la belleza— (Tatarkiewicz, 2000).

Hoy en día, la estética se puede entender desde tres perspectivas:

Perspectiva receptiva: donde se contempla el objeto estético.

— Perspectiva creativa: donde se crea la obra de arte.

— Perspectiva filosófica o crítica: donde se reflexiona sobre la propia experiencia estética.

2.4.2. La actitud estética

Una actitud es un estado psicológico, organizado a través de la experiencia, que se caracteriza por una predisposición que influye en las respuestas de un individuo ante un objeto, una situación, o el mundo en general (Escalona *et al.*, 2016). Por ejemplo, se puede tener una actitud negativa hacia las armas (objetos), una actitud positiva hacia acariciar gatos (situaciones), o una actitud negativa hacia el mundo actual.

En filosofía, hay tres grandes actitudes ante un objeto, una situación, el mundo y la vida: la actitud científica, la actitud ética y la actitud estética. Según la actitud que adoptemos, nos relacionaremos de forma diferente con el objeto o la situación. Lo que puede no tener sentido es mantener una actitud estética ante una aberración moral —por ejemplo, en el espectáculo de los gladiadores en la antigua Roma—, mantener una actitud científica ante una obra de arte —por ejemplo «Las Meninas de Velázquez es un objeto de 318 cm × 276 cm consistente en una mezcla determinada de óleo y lienzo», o mantener una actitud ética ante una verdad matemática —por ejemplo, «es injusto que cuatro sea el doble que dos». Pero ello no significa que no podamos combinar los análisis derivados de las tres actitudes, pudiendo unir juicios científicos, éticos y estéticos sobre un objeto o situación, en especial una obra de arte. Así, sobre la pintura *La Balsa de la Medusa* de Géricault (*FIGURA 4*) podemos realizar juicios descriptivos —«la obra representa un evento de 1816»—, juicios prescriptivos —«la pintura debería ser un ejemplo de la ayuda mutua en casos de extrema dificultad»—, o juicios estéticos —«el dramatismo y la angustia que me transmite el cuadro es sublime, derivado de los colores oscuros y cálidos»—.

FIGURA 4. La Balsa de la Medusa, 1819. De Théodore Géricault

Sucede de igual manera cuando se contempla la belleza de la naturaleza. Para que se pueda contemplar estéticamente, se debe transformarla en «espectáculo», donde ya no existe el interés práctico hacia la misma. Por ejemplo, al observar un «paisaje», no se piensa en un terreno en el que sembrar hortalizas o construir pisos. En el primer caso se nombraría como un «huerto», o como un «solar», pero en ambos casos se refiere a la misma realidad.

2.4.3. La experiencia dionisíaca del mundo: Nietzsche

Nietzsche fue un filósofo de la segunda mitad del s. XIX, y uno de los mayores críticos de la sociedad occidental. Atacó de raíz la forma moderna de entender el mundo y la realidad: comenzó desmontando la concepción de Sócrates y Platón (V-IV a. C.) según la cual el conocimiento consiste en conocer lo universal, que se expresa mediante conceptos, por lo que razonar consistía en pensar mediante conceptos. El mundo moderno radicalizó la tesis socrático-platónica, entendiendo que los conceptos y la ciencia son matemáticos, por lo que razonar consiste en hacer matemáticas. Pero todo ello, plantea Nietzsche, deja fuera los fenómenos vitales, cambiantes, diversos, las pasiones, las emociones. La actitud científica y racionalista ante el mundo no acoge la vida.

Frente a este cientificismo moderno, Nietzsche defiende la metafísica del artista. En concreto, retoma la tragedia griega como forma de sabiduría superior, dado que en ella la cultura griega clásica expresaba tanto el orden, la mesura, lo ordenado, lo concreto, lo individual —representado por el dios Apolo—, como la pasión, lo cambiante, el sufrimiento, el conflicto, el devenir —representado por Dionisos—.

Es el arte el que nos aporta una visión completa y trágica de la existencia, y no la ciencia. El conocimiento, la búsqueda de la verdad, no deben ser los valores máximos —como ha sucedido en toda la filosofía occidental—, sino la vida. La apariencia, la falsificación, la mentira, puede ser que ayuden a intensificar la vida y a vivirla de forma más plena, por lo que será más preferible a la verdad.

La poesía, y más en concreto la música, son los lenguajes más cercanos a la realidad, y no la ciencia, dado que aquellas plantean una relación estético-dionisíaca con el mundo, que es como realmente nos relacionamos con él. Por ello, el ser humano, respecto al mundo, se asemeja más al artista que crea que al científico que descubre (Sánchez-Meca, 2015).

2.4.4. La creación artística: el genio

Si el artista crea la obra de arte, debe tener una idea previa de la misma, que oriente su actividad. ¿De dónde sale esta idea previa? Las respuestas han sido de tres tipos:

1. De la imitación: es la tesis de una larga tradición, según la cual el artista extrae la idea de obra de arte de la mímesis de la propia naturaleza.

2. De la inspiración de los dioses: es la tesis de otra larga tradición, según la cual el artista es un médium a través del cual los dioses hablan, y lo expresa mediante las obras de arte. El término música se relaciona etimológicamente con «musas», las diosas inspiradoras del arte. En el caso de los niños, quizá sea una hipótesis menos plausible, más en las primeras edades en las cuales la culturización religiosa no es muy elevada —aunque siempre cabría la réplica del espiritualismo no dogmático que todo ser humano posee—.

3. De la imaginación y el genio: la visión contemporánea rechaza las dos explicaciones anteriores. La primera porque la simple imitación no se considera arte —si no, las máquinas podrían hacer arte, o los técnicos profesionales harían arte con cualquier producción—. La segunda porque con la visión de la ciencia moderna matematizada, el mundo es desdivinizado. El mundo contemporáneo se centra en la creatividad del artista-genio, en su imaginación. El artista es el genio.

«Genio» refiere al artista excepcionalmente dotado para la creación innovadora. Procede etimológicamente de *genium*, que en latín significaba engendrar, producir. La obra de arte no puede estar totalmente predeterminada por reglas, si no cualquier cosa sería arte con la mera aplicación de reglas. Pero la obra de arte tampoco puede surgir de una total carencia de reglas, pues se convertirían en obras caóticas donde todo vale y nada vale. Entonces, ¿cómo crea el genio?: sencillamente, creando sus propias reglas al crear la obra de arte. Así, crea obras que se parecen a la naturaleza (en tanto que están sometidas a reglas), pero son creaciones humanas (dado que son reglas creadas por el propio genio) (Bugarín, 2018, pp. 275-276). Las implicaciones para la intervención docente de las maestras son claras: en la expresión artística del niño se debe permitir máxima libertad, si bien se pueden aportar ciertos estímulos —imágenes, sonidos, canciones, etc.— que puedan servir de referencia o molde, si es que es necesario y no se expresa por sí mismo.

2.4.5. El arte

La estética y el arte son conceptos diferentes, es decir, puede haber estética sin arte, y puede haber arte antiestético. El término español «arte» procede etimológicamente del latín *ars*, que a su vez se asocia con el término griego *tékhne* (técnica). En la Antigüedad clásica ambos referían a un saber orientado a la producción de objetos, por lo que no diferenciaba entre aquello que hoy llamamos «obras de arte» de cualquier otro producto elaborado por el propio ser humano que se hiciera con destreza de acuerdo con unos principios y reglas establecidas, donde no solo se requería poseer capacidad física, sino habilidad intelectual para con la artesanía en cuestión (Tatarkiewicz, 2001, p. 109). El concepto clásico de arte es, por tanto, más amplio que el concepto actual de arte.

Pero, ¿cómo diferenciamos una obra de arte de algo que no lo es? O una pregunta afín: ¿a quién se le puede considerar un artista? Actualmente, existe la polémica tesis del *fin del arte*, según la cual se han acabado los grandes discursos o manifiestos sobre el arte (realismo, expresionismo...), que nacieron en la modernidad (s. XV) —y con ellos el arte moderno—, y establecían cada uno cuál era el arte verdadero y único. El descubrimiento filosófico de la tesis del fin del arte es que no hay arte más verdadero que otro y que el arte no debe ser de una sola manera: todo arte es igual e indiferentemente arte (Danto, 2002, p. 56). Por lo tanto, no significa que ya no haya arte, sino que ya no puede haber discursos cerrados sobre el mismo. La principal consecuencia de esta concepción, es que ya no hay una única dirección normativa en el arte, de hecho, ya no hay ninguna dirección, por lo que cualquiera puede ser un artista y cualquier cosa puede ser una obra de arte (Danto, 2002, p. 150).

Esta concepción del arte debe permitir, por un lado, revalorizar y ampliar la presencia de la educación artística en la educación obligatoria, y, por otro lado, realizar más actividades de enseñanza-aprendizaje que tengan un componente artístico y estético elevado. En educación infantil será especialmente importante el componente expresivo del arte, aunque también el componente contemplativo y reflexivo de la estética. Si se pueden desarrollar competencias matemáticas —cálculo básico— o lingüísticas —aprender a escribir letras— de una manera artística, el niño se verá más inmerso en la realidad, más autodesarrollado, y más implicado en la tarea. Además, se aprende de una manera placentera. Malaguzzi también pretendió revalorizar el dibujo infantil —aunque, por extensión, se podría aplicar a cualquier manifestación artística—, en el cual se pueden dar uno o varios tipos de placeres al mismo tiempo (Hoyuelos, 2006, pp. 69-71): placer motor, placer visual, placer táctil, placer de repetición, placer de reconocimiento, placer de identidad, placer de comunicarse, placer emocional, placer estético, placer de fabular...

2.4.6. Estetizar la educación

La estética, al tener el componente perceptivo y el expresivo, es un fenómeno comunicativo. Es decir, mediante la estética se comunica. Por lo que la configuración y organización del aula comunica *algo*: valores, ideas, mensajes, posibilidades —y elimina otras—, actitudes... Un aula fea tiene consecuencias; un aula desorganizada tiene consecuencias. El punto más importante como maestras es la concienciación sobre la importancia de la estética del aula. No todo da igual, y no toda estética es válida para ser un ambiente de enseñanza-aprendizaje. Se debería empezar por intentar generar un clima estético (Vecchi, 2006, p. 20). Cuando se va a la sala de un cine, suele haber un clima estético concreto: butacas cómodas, su disposición hacia la pantalla, las paredes insonorizadas, la luz escasa o nula..., es un clima que pre-dispone a concentrarse en la obra cinematográfica. Si además se ve un largometraje como *Coco* (Pixar, 2017), la experiencia estética puede ser máxima —visualmente, emocionalmente, musicalmente, narrativamente, etc.—, pues no todas los largometrajes son igual de estéticos. ¿Cómo será el aula —la sala de cine— que pre-disponga al aprendizaje?, ¿y cómo será la actividad —el largometraje— que provoque aprendizaje? Pedagogías como las de Loris Malaguzzi conceden tanta importancia a la estética que incluso proponen en cada escuela infantil un taller coordinado por una figura con formación artística (Vecchi, 2006, p. 21). Normalmente la etapa de educación infantil es la más estetizada, dado que en las siguientes etapas cada vez se va estableciendo lo gris —como actitud—, pensando que eso será más serio o riguroso.

Favorecer la expresión artística de los niños implica promover su libertad y su subjetividad. Malaguzzi no entendía la subjetividad al modo del individualismo, sino como un derecho de los niños a la elección y a la libre expresión, así como una afirmación de la propia identidad biológica y social (Hoyuelos, 2006, p. 234). Malaguzzi propuso tres principios estéticos —los cuales une con otros principios éticos y políticos—, a los que asocia estrategias didácticas:

1. La escuela es un ámbito estético habitable.
2. Construir pedagogía es soñar la belleza de lo insólito: el asombro y el extrañamiento.
3. Educar supone desarrollar las capacidades narrativas de la seducción estética: al niño le seduce el conocer como un placer estético.

Algunos de los principios estéticos que se pueden aplicar a la educación (a los muebles, el aula, los cuadernos, las proyecciones, las presentaciones audiovisuales, etc.) son las siguientes:

— simplicidad: menos es más,

— proximidad de elementos semánticamente unidos,

— distancia de elementos semánticamente opuestos,

— alineación: reglas de los tercios (como en fotografía),

— contraste de colores,

— uso de colores para la semántica,

— idea *SiSoMo*: *Sight-Sound-Motion*, es decir, imagen, sonido y movimiento.

2.4.7. La experiencia estética

La experiencia estética se puede entender, siguiendo a Kant (1981), como el estado emocional resultante de la contemplación desinteresada de ciertos objetos sensibles. Toda experiencia estética debe tener las siguientes características:

1. La atención cognitiva consciente (Schaeffer, 2005, pp. 34-37): debe haber una atención psicológica del individuo hacia el objeto; por ello, mucha información que recibimos constantemente de nuestro entorno no se considera experiencia estética, porque no se está plenamente atento a ella;

2. Los objetos sensibles: la experiencia debe ser sobre entidades particulares —no universales—, concretas, sensibles, donde el individuo las percibe sensorialmente o imaginadas con algún tipo de rasgo sensorial. Por ejemplo, de una sinfonía se percibe el sonido, de un cuadro los colores, de un poema se imaginan ciertas situaciones evocadas por las palabras declamadas, etc. Esta característica, que la experiencia estética sea de lo sensible y particular, la diferencia del conocimiento científico, que refiere a lo universal —las leyes científicas— o a los conceptos —meramente intelectuales—.

3. La contemplación desinteresada (Rousseau, 1996): significa que se contempla un objeto prescindiendo de su valor de utilidad (no lo consideramos «una herramienta para»), de nuestro compromiso ético hacia él, o de la consideración sobre si existe en el mundo. Por ejemplo, la actitud de un jugador respecto al juego mismo —cuando una futbolista está jugando, está inmersa y concentrada dentro del ámbito del juego—, o la actitud de un espectador de una obra de teatro, donde desarrolla una contemplación desinteresada sobre los sucesos de la obra, o cuando se ve una escena en una película donde ha habido un efecto especial pero no se le da importancia. Dijo Rousseau (1996):

> El corazón del hombre es siempre recto en todo lo que no se relaciona personalmente con él. En las peleas de las que somos espectadores

inmediatamente tomamos partido por la justicia [...] Pero cuando nuestro interés se mezcla [...] es entonces cuando preferimos el mal que nos es útil al bien que nos hace amar la naturaleza (pp. 97-98).

4. Lo afectivo-emocional subjetivo: la experiencia estética siempre es la experiencia vivida por un individuo; así, ante un mismo objeto, distintos individuos pueden tener diferentes experiencias estéticas. Es la característica asociada a los sentimientos (que siempre depende de la historia de cada uno, de lo vivido anteriormente, de la costumbre, etc.), que producen cierto grado de (in)satisfacción anímica —placer o displacer—;

5. Pretensión de objetividad: cuando se emite cualquier juicio estético —por ejemplo, *La fuente es bella*— se considera que el valor estético que se asigna —bello, feo, sublime, etc.— pertenece realmente al objeto, y no que sea un modo nuestro de percibirlo. Es decir, se pretende describirlo objetivamente mediante juicios estéticos. Esto permite reconocer la calidad estética de una obra de arte, con cierta independencia de los sentimientos de cada uno; por ejemplo, «La serie de Juego de tronos es una buena producción audiovisual, aunque a mí no me gusta», o «La película de *El hombre elefante* es muy fea, pero me encanta». Esta quinta característica está siendo aún debatida.

2.5. El diseño del ambiente educativo

Suele existir cierto rechazo inicial a la innovación en cuestión de estética ambiental. Realizar propuestas irreverentes respecto a la estética del colegio o del aula puede implicar ciertas actitudes negativas en algunas personas, las cuales siempre compartirán comentarios limitadores como «siempre hemos trabajado así», «no creo que funcione» o «imposible». Ello se debe a que la estética no es neutral, es decir, tiene detrás todo un entramado de imágenes y valores sobre la educación en general, el sistema educativo, la clase, y el niño. Por ello, cambiar la estética del aula no es solo una cuestión de gustos que nada tiene que ver con la seriedad de la educación. Tampoco es una cuestión solo de la maestra, sino que debe ser un asunto comunitario, donde se tenga en cuenta la ayuda de los demás agentes educativos. Como dice el pedagogo Francesco Tonucci (2016, p. 35):

Los parques son un interesante ejemplo de cómo los servicios son pensados por los adultos para los adultos y no para los niños, aunque oficialmente estos sean los destinatarios. [...] Las instalaciones están pensadas para actividades repetitivas, triviales, como mecerse, deslizarse y girar, como si el niño se asemejase más a un hámster que a un explorador, a un investigador, a un inventor.

Para transformar un aula, se debe pensar en muchos elementos que habitualmente se pasan por alto por estar normalizados, pero que inciden para bien o para mal en el aprendizaje (Fígols, 2017, pp. 29-34): las dimensiones del aula, la densidad de alumnado en el espacio, la altura del aula, los materiales funcionales, los materiales decorativos, el mobiliario y equipamientos, el color, la iluminación, la acústica y la química ambiental.

2.5.1. Requisitos previos

La pedagogía de Loris Malaguzzi entiende que la responsabilidad de construir un entorno educativo agradable en el aula y en la escuela debe recaer tanto en los adultos (profesorado, padres y madres, trabajadores del centro) como en los niños (Vecchi, 2006, p. 20). Esta participación, en sí misma, es más educativa, más inclusiva, promueve más valores sociopolíticos, y asegura un resultado final más adaptado y personalizado a toda la comunidad escolar —y no solo a los maestros, por ejemplo—. También, se fomenta de esta manera la cultura de la infancia. La infancia habitualmente se ha encerrado en un modo de vida configurado previamente, por la cultura de los adultos. Y si bien hay cuestiones que deban ser así —pensadas y configuradas previamente—, en otros muchos aspectos queda por abrir un diálogo entre la cultura de la adultez y la cultura de la infancia.

Cuatro elementos generales, casi a modo de requisitos, que se deberán tener en cuenta en el diseño del espacio educativo para convertirlo en un ambiente:

— Debe incorporar la visión paidocéntrica. Los niños no viven, perciben o se mueven en el espacio igual que los adultos —más aún en la primera infancia—, por lo que la construcción del ambiente debe ajustarse a la perspectiva del alumnado infantil.

— Debe tener condiciones saludables. Así, se intentará que el propio ambiente favorezca las necesidades básicas del alumnado mediante un clima adecuado, como una zona aireada, ventilada, soleada y a temperatura adecuada. De esta manera, la maestra delega en lo posible al ambiente la comodidad del alumnado, y puede dedicarse a otras responsabilidades —por ejemplo, la atención individualizada—.

— Debe ajustarse a las funcionalidades educativas: jugar, descansar, manipular, moverse, trabajar en grupo, etc. (Muñoz y Zaragoza, 2008, p. 152).

— Debe estar bien delimitado del alumnado de otras etapas educativas.

Sin embargo, hay otros criterios para diseñar y organizar espacios que no serán tanto requisitos, sino posibilidades educativas y son graduales, es decir, responden a un más y un menos:

— espacio flexible, pero estructurado a la vez;

— espacio polivalente, pero delimitado a la vez;

— espacio variado, pero ordenado a la vez;

— espacio convertible, pero fijo a la vez.

Estos criterios son ambiguos solo en el plano funcional, pero no con base en otros criterios, como psicopedagógicos o estéticos. Las decisiones docentes respecto a estos criterios responderán a sus concepciones psicopedagógicas, por lo que deben tener justificación explícita (véase «Tema 1: Fundamentos de la educación infantil»), es decir, a qué criterios responde una decisión sobre una organización espacial concreta, según los métodos escolares, los criterios curriculares, las concepciones pedagógicas, la psicología del desarrollo o el tipo de aprendizaje. Pero de igual forma, deberán basarse en criterios estéticos y artísticos, que desarrollan a continuación.

2.5.2. Fases de transformación del espacio educativo

Si bien no existe una única forma de proceder en la elaboración de un proyecto, sí que hay ciertas pautas ordenadas —fases— que optimizan el proceso de transformación. Las fases de transformación de un espacio educativo se detallan a continuación (López, 2018, pp. 28-29):

1. Observación: cada espacio es único, por lo que no debe intentar aplicarse modelos preexistentes en su totalidad, aunque sí detalles —una decoración, un objeto, una situación, etc.—. Se debe partir de la realidad del aula: su arquitectura, su material, su luz, etc. Pero también partir del alumnado concreto y de la comunidad educativa en la que se encuentre;

2. Documentación: toda maestra está inmersa en cultura. Ello implica que pocas veces hay una idea que sea totalmente inventada y novedosa. La mayoría de las ocasiones las creaciones se basan en copias de ciertos detalles preexistentes, es decir, en inspirarse en elementos previos. Para comenzar el proyecto es muy importante consultar —leer, mirar, visitar— ejemplos ya existentes de colegios y aulas, tanto las que han construido un ambiente de aprendizaje como las que no lo han conseguido. De esta forma en el propio proceso del proyecto la maestra aprende y se forma;

3. Objetivos: la maestra debe tener claro qué objetivos generales quiere conseguir con la transformación del ambiente de clase. No es solo cambiar la decoración. Requiere pensar un por qué y un para qué, reflexiones que deben tener en cuenta a la mayor comunidad educativa posible;

4. Diseño: hay que pensar funcional y estéticamente el ambiente que se quiere crear. Para ello se requiere pensamiento tanto divergente como convergente;

5. Presupuesto económico: antes de ponerse manos a la obra es necesario pensar los aspectos materiales que serán necesarios. La mayoría de las veces el presupuesto se puede estirar si se piensan alternativas más allá de la compra directa de los materiales;

6. Temporalización: el proceso de transformación debe programarse temporalmente de forma realista, teniendo en cuenta que hay aspectos que se realizan bastante rápido —colocar una planta en una esquina— y otros que requieren semanas —cambiar todo el mobiliario del aula—;

7. Ejecución: en este punto se deben coordinar todos los agentes educativos implicados, e incluso algún organismo externo —sea público o privado—. La ejecución de la transformación cobra mucho más sentido si la maestra responsable da una visión educativa a la propia elaboración del proyecto, y no se concibe como una gestión a realizar;

8. Comunicación: durante todo el proceso de transformación se deberán recoger datos escritos y audiovisuales sobre cómo se desarrolla el proyecto. Esto permitirá compartirlo con otras comunidades, recibir comentarios, y mejorar el propio proyecto;

9. Evaluación: el proyecto de transformación será continuamente evaluado, y en especial al final de este. El pensamiento crítico debe prevalecer en todo momento, en especial el porqué y el para qué. Esta fase será el punto de partida para el inicio de un nuevo proyecto.

2.5.3. Ejemplos estéticos y arquitectónicos

2.5.3.1. La estética Wabi-sabi

La estética no es una ciencia, sino una rama de la filosofía. Si bien se nutre de áreas, como la psicología de la percepción o la cognitiva, que realizan aportaciones interesantes, la visión estética de la maestra debe ser personal y con fundamentación educativa. Conocer diferentes ramas —música, pintura, arquitectura...— y estilos artísticos —expresionismo, cubismo...— ayudará a la maestra a inspirarse y tomar decisiones.

La estética Wabi-sabi es una alternativa estética poco habitual en Occidente. Procede de la filosofía japonesa, y tiene fundamentos religiosos. Por otro lado, tiene aspectos muy interesantes y necesarios para la actualidad, dado que supone una alternativa al sobreuso de plástico actual mediante materiales más «naturales» o rústicos en los elementos y espacios cotidianos. Los términos «wabi» y «sabi» son difíciles de comprender mediante conceptos y palabras, dado que son más estéticos y sensoriales. *Wabi* refiere a una forma de vida, un camino espiritual, a la subjetividad, la interioridad, a la espacialidad. *Sabi* refiere a objetos materiales, artísticos y literarios, la objetividad, la exterioridad, y a la temporalidad (Koren, 1994, p. 23). En conjunto, y en comparación con el arte modernista occidental (*Figura 5*), el Wabi-sabi se caracteriza por ser asimétrico, áspero, sencillo, modesto, íntimo y «natural» (*Figura 6*). A continuación, se detallan en la *Tabla 14* las características diferenciadoras entre la estética modernista occidental y la Wabi-sabi japonesa.

Tabla 14. Comparación entre las estéticas modernista y Wabi-sabi (extraído de López, 2018, p. 128)

Modernidad	*Wabi-sabi*
La caja como prototipo (de ángulos, rectilínea, precisa, contenida)	El cuenco como metáfora del vacío, abierto
Materiales artificiales, de plástico, fabricación seriada	Materiales naturales, únicos y orgánicos
Pulido, brillante, liso, inmaculado	Tosco, rudimentario, mate, con texturas
Necesita mantenimiento, si se deteriora se desecha como inútil	En su degradación hay belleza
Pureza	Impureza: honestidad, desnudez
Anestesia los sentidos	Estimula los sentidos
Utilitario	No utilitario
Consumista	No participa de la sociedad de consumo
Prisa, moda e inmediatez	Se hace presente sin prisas
Modelo: tecnología	Modelo: naturaleza y espíritu
Racionalidad, lógica	Intuición, contemplación

FIGURA 5. Sillas de plástico útiles y construidas en fábrica (modernidad). Autor: Manuel, 2012, Clones, https://cutt.ly/NexCU6K

FIGURA 6. Sillas de madera desiguales y en el medio natural (Wabi-sabi). Autor: Jorge Franganillo, 2017, «Chernobyl», https://cutt.ly/BexVmk0

El artista Siro López (2018) propone en su obra *Esencia. Diseño de espacios educativos* numerosas estrategias de transformación del espacio educativo, aportando numerosos ejemplos e ilustraciones de buenas prácticas del todo el mundo. En la obra, cuya lectura y visualización se aconseja, se extraen algunos de los principios y materiales que ayudan a la transformación del aula y del colegio.

Tabla 15. Principios y recursos para transformar la escuela según Siro López (2018)

Principios	Materiales y recursos
Presencia de naturaleza	Biblioteca de material
Todo comunica	Ocultar la tecnología (cables)
Paisajes luminosos	Muebles silenciosos
Autogestión de la transformación	Huertas
Implicación de toda la comunidad	Laboratorio de arte
Tantos estilos como culturas	Extintores que inspiran
Made in school: cultura hacedora	Grafitis
Romper con el formato	Mandalas
Mobiliario ergonómico	Señalización creativa
Aprender creando	Pizarras transparentes o blancas
Pensamiento visual	Biombos o columnas pizarra
Estética Wabi-sabi	Espejos
Libertad para manchar, responsabilidad para limpiar	Reciclado de materiales (sin postureo)
Menos es más	Menos plástico y más madera
Error se escribe con A de aprendizaje	Circuitos de agua
Sin publicidad	Multicolor
Ecoescuelas	Formas onduladas
	Cuadernos y blogs creativos
	Texturas multisensoriales
	Música ambiental

Una estrategia para comenzar a transformar el aula es, partiendo del aula actual, pensar en cinco aspectos: qué eliminar, qué incluir, qué visualizar, qué ampliar y qué fortalecer (López, 2018, p. 352). Una buena práctica será trabajar por proyectos en equipo e ir discutiendo los cinco elementos para pensar en el aula del futuro.

2.5.3.2. Pedagogías alternativas

Algunas de las pedagogías mencionadas anteriormente son las de María Montessori, Loris Malaguzzi (Reggio Emilia) y Rudolf Steiner (pedagogía Waldorf). A nivel estético y arquitectónico, estas propuestas pedagógicas suponen una gran alternativa a la arquitectura tradicional del sistema educativo. A pesar de que existen numerosas diferencias entre las tres, se va a mencionar los elementos comunes que tienen, y que permiten ser diferenciadas del sistema educativo habitual.

Las tres pedagogías pretenden desarrollar en el alumnado sentimientos de pertenencia e identificación con la escuela mediante el rediseño de la misma. Ello lo consiguen mediante un diseño global estético y acogedor, permitiendo tanto la intimidad como la comunicación entre todos los espacios educativos. Los tres tipos de colegios asociados a estas pedagogías tienen un espacio central a modo de punto de reunión y que facilita la comunicación. Todos los espacios o aulas tienen un contacto mayor o menor con la naturaleza —jardín, huerto, bosque, patio interior ajardinado—, que busca aumentar el estímulo psicosensorial del alumnado (Fígols, 2017, p. 103).

La morfología de las aulas suele ser irregular, especialmente en forma de L, permitiendo rincones y pequeños espacios separados. Tienen ventanas amplias, con alféizares bajos, para ganar iluminación natural y contacto visual con el exterior del colegio. Las puertas y separaciones de los espacios interiores no suelen ser «bruscas», favoreciendo el material transparente para favorecer la comunicación y el contacto también entre las salas interiores (Fígols, 2017, p. 104).

Los materiales que utilizan las tres pedagogías se basan en la madera. Tanto en los materiales didácticos utilizados, como en el suelo y el techo de las aulas. De esta manera se pretende que el alumnado y el profesorado se encuentren más cómodos, y sientan las diferentes texturas, calidades y colores de las diferentes maderas y derivados. Cuando se puede, el suelo es radiante, para facilitar la estancia descalzos y ganar también en bienestar y estimulación. En coherencia, los muebles suelen ser de madera. En educación infantil se prioriza el uso de materiales elaborados (seda, lana, algodón, vidrio…) o extraídos directamente de la naturaleza (flores, hojas, piedras, etc.) (Fígols, 2017, p. 104).

Los tres tipos de colegios atienden al uso de los colores tanto en los materiales como en la arquitectura. Suelen tender a colores poco saturados, mates, que permitan intuir el material del que está hecho el objeto, y no subestime la sensación y percepción de la infancia. En este sentido, se huye de colores brillantes y primarios (rojo, azul y amarillo) (Fígols, 2017, pp. 105-106).

Algunas de las ventajas de esta arquitectura escolar son las siguientes:

— se aumenta el sentimiento de pertenencia e identidad en el alumnado,

— más flexibilidad de espacios y sus usos didácticos,

— hay mayor relación entre diferentes niveles y entre diferentes clases,

— hay mayor relación espacio interior y espacio exterior del colegio,

— se gana sensación de comodidad en profesorado y alumnado,

— el ambiente es más estimulante a nivel multisensorial,

— permite un libre desplazamiento y más movimiento en el alumnado,

— mejora la concentración y la participación (Fígols, 2017, p. 106).

Tema 3. El juego

> Los niños y niñas no juegan para aprender,
> pero aprenden porque juegan.
> Jean PIAGET

3.1. Pensar el juego

Desde la filosofía antropológica se puede entender el juego como un *universal antropológico,* es decir, un fenómeno que se encuentra en toda cultura humana, aunque tenga diferentes formas de manifestarse. Otros universales antropológicos, imbricados con la cultura, son el amor, el trabajo, el poder y la muerte (Fink, 1996). Estos fenómenos nucleares de la cultura son autónomos e irreductibles unos a otros, si bien se influyen entre sí (San Martín, 2013, p. 102). El trabajo refiere a la relación del ser humano con la naturaleza —la *techné* organizada—; el amor —o la familia— y el poder —o la política— refiere a la relación del ser humano entre sí; la muerte refiere al ser humano en relación al límite; finalmente, el juego refiere a la relación del ser humano con lo posible (San Martín, 2015, pp. 372-388).

Platón inició la teorización sobre el juego asociado a la educación como un medio adecuado para el desarrollo del niño, de forma preparatoria para las profesiones:

> «Digo, que para ser un hombre completo en cualquier profesión, es preciso que se ejercite en ella [la educación] desde la infancia, lo mismo en sus diversiones que en los actos serios, sin despreciar nada de lo que tenga relación con la misma; por ejemplo, el que quiera ser un buen labrador o un buen arquitecto, es preciso que se entretenga desde los primeros años, el uno en construir pequeños castillos, el otro en remover la tierra; que el maestro que los enseñe, facilite a uno y a otro pequeños instrumentos modelados por los instrumentos verdaderos; que haga que aprendan desde luego lo que es necesario que sepan antes de ejercer la profesión; por ejemplo, el carpintero a medir y nivelar; y el guerrero a montar a caballo o cualquier otro ejercicio semejante por vía de pasatiempo; en una palabra, en preciso que por medio de juegos dirija el gusto y la inclinación del niño hacia aquello a que debe consagrarse, para cumplir su destino. Defino, por lo tanto, la educación: una disciplina bien entendida, que por vía de entretenimiento conduce el alma del niño a amar aquello que, cuando sea grande, debe hacer de él un hombre cabal en el género de ocupación que ha abrazado». (Platón, 1972, p. 90)

Como se puede leer en una de las primeras reflexiones sobre la asociación entre la educación y el juego, la visión del juego es preparatoria, funcional, para llegar a ejercer ciertas profesiones en la sociedad. Esta teoría, que en la modernidad la retomarán desde una visión biológica —el juego como actividad preparatoria—, tiene un presupuesto, la concepción del niño como un pre-adulto, es decir como un adulto potencial y no como un niño actual —en términos aristotélicos—. Es la concepción liberal del niño como futurible, como ser de formación (Malón, 2017, pp. 207-208). Hay que recordar que la infancia es una conquista cultural y legislativa de la modernidad, y que sigue siendo una realidad en ciertas partes del mundo y en algunas prácticas educativas las de tratar a un niño como un adulto inmaduro.

Volviendo a la reflexión sobre el juego, uno de sus posibles orígenes es la fantasía, que no es solo interior, sino compartida. La fantasía y la imaginación de otro mundo, otra realidad, diferentes al presente actual. El juego permite manipular las posibilidades porque permite *fingir* otra realidad, como en el teatro y en los espectáculos. El juego es «una acción libre ejecutada "como si" y sentida como situada fuera de la vida corriente» (Huizinga, 1972, p. 26). Ese *como si* implica la re-presentación de otro mundo, es decir, hacer presente otro mundo inmerso en el real, pero separado, porque funciona con otras reglas simbólicas. Y en ese *otro mundo*, todo cabe; por ello el juego es el trato con las posibilidades, donde no solo la razón toma parte, sino la imaginación y la fantasía. Un niño de educación infantil no necesitará un juguete perfectamente diseñado y acabado, sino que cualquier objeto o actividad puede convertirse en un juego pleno, que incluso le estimula más a nivel cognitivo. Se puede jugar a amar, a relacionarse, a luchar, a trabajar…, en todos esos juegos se crea un ámbito diferente a la realidad del presente. Por ello el juego «es la liberación fantasiosa del presente» (San Martín, 2015, p. 386). La creación artística tiene ese componente de liberación del presente, de relación con las posibilidades, por lo que el arte tiene también un componente lúdico, y por ello se adecúa perfectamente como técnica y como contenido en educación infantil.

La esfera virtual, diferente de la realidad, donde se desarrolla el juego, la llama Huizinga (1972) «el círculo mágico», el cual es simbólico, y difícil de delimitar algunas veces, al igual que las diferencias entre lo sagrado y lo profano. Puede no haber nada a la vista que permita a alguien determinar que un objeto es sagrado. De igual modo, el juego puede no ser identificado por un observador, dado que el juego depende también de la dimensión psicomotriz, y de la voluntariedad y aceptación del ámbito virtual por parte de los participantes. El círculo mágico, en tanto simbólico, puede ser roto por un *aguafiestas,* el que no entra al juego, o por un tramposo, el cual reconoce estar dentro del círculo mágico de cara a los otros participantes, pero sin embargo se sale del mismo —normalmente para beneficio propio—.

Una de las tesis fundamentales de la obra *Homo Ludens* (Huizinga, 1972) es que el juego es previo, e incluso creador, de la propia cultura: «la cultura surge en forma de juego, que la cultura, al principio, se juega» (p. 67). Que el juego sea cultural no significa que los animales no humanos no jueguen: «los rasgos fundamentales del juego, el jugar juntos, el luchar, el presentar y exhibir, el retar, el fanfarronear, el hacer "como si" y las reglas limitadoras, se dan ya en la vida animal» (Huizinga, 1972, p. 70).

La cultura actual está fundamentada y legitimada por el trabajo, es decir, se entiende al ser humano como *homo faber*. Ello implica que cuando una persona no trabaja, se le asocian culturalmente ideas negativas, como la de falta de plenitud. Suele suceder con grupos específicos como niños, ancianos, personas dependientes, enfermos... ¿Es el trabajo realmente un universal antropológico? Se puede imaginar una sociedad donde la esfera del trabajo desaparezca —más justificado aún con el desarrollo actual de la técnica humana—. Hay mucha gente que vive sin la dimensión del trabajo. En el ideal factible de que toda la humanidad no tuviera que trabajar más, ¿podría vivir también sin la dimensión lúdica, sin deteriorarse? Es más difícil de imaginar, por lo menos sin consecuencias. Una persona que no juega nunca —en el sentido amplio abordado en el punto anterior— podría realmente derivar en patologías. ¿Quizá la cultura dominante ha hecho dar la vuelta a todo, haciendo pensar que el trabajo es lo importante, y que el juego es una pérdida de tiempo, de los niños, y no al revés? Se considera que el trabajo es algo serio, real; y que el juego es algo impostado, donde se ejerce un papel falso y temporal. ¿Y si fuera al revés? Es cuando se tiene que trabajar cuando uno se esfuerza por sacar un rol que realmente no querría ejercer, dado que preferiría jugar, de manera más natural, o por lo menos de manera más espontánea. Poca gente en el mundo realiza un trabajo que realmente es placentero y motivador, por lo que quizá no sea extensible para toda la humanidad. ¿La cultura actual promueve el trabajo o el juego?

En todo caso, el juego es un derecho para la infancia. Según el punto 7 de la Declaración Universal de los Derechos del Niño, adoptada en la Asamblea General de la ONU el 20 de noviembre de 1959: «El niño debe disfrutar plenamente de juegos y recreaciones los cuales deberán estar orientados hacia los fines perseguidos por la educación; la sociedad y las autoridades públicas se esforzarán por promover el goce de este derecho». En este punto donde se recoge el derecho a tener actividades recreativas, se comparte el derecho a la educación en general, la cual deberá ser gratuita y obligatoria por lo menos en las etapas elementales. Desde la didáctica, se puede pensar que aunque un niño no comience a jugar para aprender, realmente acabe aprendiendo por el hecho de jugar.

3.2. El concepto de juego

El término *juego* es muy utilizado en la vida cotidiana, en sus diferentes acepciones y en diversos contextos. Sin embargo, para encontrar una definición rigurosa del concepto, se debe recurrir a la filosofía como sistema de conceptos. La cultura romana utilizaba el término *ludus* para referirse al juego, ampliamente entendido como «simulacro», «simulación». A *ludus* están asociados los términos *iocus, y* «*jocas*» (Huizinga, 1972). Etimológicamente, «juego» procede de *jocas,* que significa «broma», «diversión» (Coromines, 1986, p. 347). Estas dos connotaciones tienen varias implicaciones.

La primera connotación, en el juego como broma, el juego implica una farsa, algo no real, algo falso, una ficción, alejada de la realidad (Huizinga, 1972). Esta característica, permitida por el simbolismo del lenguaje humano, posibilita a su vez que no haya consecuencias en la vida considerada real. De aquí vienen expresiones como «entrar en juego» o «estar fuera de juego», es decir, dando a entender que o se está en una esfera o ámbito aparte, o no se está. Ese ámbito aparte se ha considerado separado del mundo real mediante el *círculo mágico* (Huizinga, 1972). Por ejemplo, cuando una broma se realiza con ánimo de ofender, y efectivamente ofende —en la vida real—, entonces, deja de ser un juego para los implicados. El trabajo humano tiene consecuencias para la vida real, por lo cual su esencia no es lúdica. El componente de *broma,* de farsa, está presente en el deporte, en los chistes, en el teatro, y en general en el arte. Precisamente porque el juego es algo irreal y falso, sus consecuencias no pueden ser reales o verdaderas, por lo que los jugadores se sienten inmersos en un ambiente diferente al real, donde no hay presión, estrés o miedo real, y el jugador se siente más *libre* para realizar acciones, e incluso asumir más riesgos. De igual forma que no hay consecuencias negativas, tampoco las hay positivas, por lo que el juego es una actividad desinteresada, gratuita. Sin embargo, se ha de mencionar que existen muchas repercusiones a partir del juego, que como tal no pertenecen a la esencia del juego. Por ejemplo, el cobro de dinero por jugar —deportistas profesionales—, la pérdida de dinero por apostar —las mal denominadas ludopatías—, la elaboración de una obra de arte para hacerse rico, etc.; son consecuencias reales del juego en el ámbito social que no deben confundir la esencia conceptual del juego.

La primera connotación también implica que el juego es el manejo de las posibilidades, más allá de las facticidades. Tradicionalmente, la realidad, que siempre es necesaria, se ha asociado a la verdad y, la(s) posibilidad(s), que pueden darse o no darse, se ha asociado con lo falso; por ello el juego en tanto que broma o farsa implica el manejo de las posibilidades. Es decir, jugar es probar las diferentes posibilidades de actuar y pensar el mundo, en lugar de atenerse a lo que efectivamente se está dando en el mundo. De nuevo, esta implicación se da por el carácter racional y lingüístico del ser humano. Cuando un juego limita mucho las posibilidades —mediante reglas— suele ser un juego de habilidad; cuando un juego no limita las posibilidades, sino que precisamente interactúa con ellas, es un juego de azar.

La segunda connotación, en el juego como diversión, el juego implica una actividad entretenida, un proceso placentero, un procedimiento agradable, una re-creación continua. El juego es en este sentido un proceso dinámico, un movimiento de vaivén continuo que no se dirige hacia ninguna finalidad, dado que el sentido está en renovarse y repetirse constantemente; es decir, la finalidad del juego es el propio jugar, no se juega *para algo,* es una actividad improductiva —laboralmente hablando—. Pero esta finalidad de sí misma se comprende desde la perspectiva del jugador, es decir, desde un enfoque desde dentro del ámbito lúdico, dado que, desde fuera del juego, se podrían apreciar finalidades más allá del juego. Por ejemplo, se juega para entrenarse, se juega para aprender, se juega para crecer, etc. El filósofo Hume (2001) mantuvo una postura intermedia respecto al juego, es decir, una actividad caracterizada por el interés y el desinterés:

> «...podemos considerar la pasión del juego, que procura un placer por los mismos principios que la caza y la filosofía. Se ha hecho ya notar que el placer del juego surge no del interés solo, puesto que muchos abandonan un provecho seguro por esta diversión, ni tampoco del juego por sí mismo, pues estas mismas personas no hallan satisfacción alguna cuando juegan sin interés de algo, sino que procede de estas dos causas unidas, aunque separadas no tengan ningún efecto». (p. 328)

La segunda connotación tiene una segunda consecuencia, y es que el juego, en tanto que es divertido, debe tener intención y voluntad por parte del jugador. El juego en tanto que diversión, implica libertad por parte de los implicados; por ello, pierde sentido obligar a jugar a alguien, dado que lo haría de manera mecánica, sin sumergirse en la esfera lúdica y manteniéndose en el plano real o serio.

El juego es el conjunto de actividades que los participantes del mismo realizan voluntaria y placenteramente dentro de un ámbito virtual concebido como un entorno simbólico de manejo de posibilidades donde las consecuencias no trascienden a ese ámbito.

Un resumen de las características esenciales que tiene el juego son las siguientes:

1) se realiza voluntariamente (Huizinga, 1972),
2) es una actividad placentera (Rousseau, 1997),

3) se realiza en un ámbito virtual, diferente al «real» (Huizinga, 1972),

4) es una actividad desinteresada/improductiva (Kant, 1981),

5) consiste en experimentar con las posibilidades (Fink, 1996),

6) sus efectos no tienen consecuencias en el ámbito «real».

3.3. Tipos de juegos

3.3.1. Clasificación antropológica

En inglés, los términos *play* y *game* no son sinónimos. Igual sucede entre el término griego παίζειν —*paideia*—, y el término latino *ludus*. Todos ellos significan *juego,* pero tienen connotaciones diferentes. Aquí surge una primera clasificación de los juegos (Caillois, 1986):

— Juego libre: *play, paideia.* Es el juego caracterizado por la libertad, la espontaneidad, la libre expresión, la improvisación, y la fantasía. Si existen objetivos y reglas, son autoestablecidas por el jugador. Es por ello que «*paidiá*» significaba *cosa de niños,* o *paidía, niñería,* en la cultura romana; porque se asociaba al juego típico de la infancia. En este tipo de juego, puede y debe darse diferentes tipos de libertad en el jugador (Klopfer *et al.*, 2009):

  — libertad para fracasar,

  — libertad de experimentar,

  — libertad para adoptar identidades,

  — libertad de esfuerzo,

  — libertad de interpretación.

— Juego reglado: *game, ludus.* Es el juego estructurado, limitado por tener unos objetivos y unas normas claras, preestablecidas y heteroestablecidas. Se caracteriza por la habilidad, la estrategia y el ingenio. El *feedback* —retroalimentación— pasa a tener un papel relevante para el jugador. Suele ser un tipo de juego desarrollado más por adultos.

A su vez, Caillois (1986) dividió el juego en cuatro categorías, según cuatro principios que pueden estar solos o combinados en un mismo juego:

— Agon: juegos de competencia, de objetivos antagónicos entre los jugadores. Por ejemplo: el tres en línea.

— Alea: juegos de azar, donde se experimenta con las posibilidades y no con la destreza. Por ejemplo: juego de dados.

— Mimicry: juegos de rol, de desempeñar un papel diferente al real. Se juega a creer, hacerse creer, o a hacer creer a los demás que es distinto de sí mismo. Por ejemplo: juego de las cocinitas.

— Ilinx: juegos de vértigo, donde se busca romper la estabilidad perceptiva o corporal del jugador con cierta brusquedad. Por ejemplo: juego del pilla-pilla.

3.3.2. Clasificación didáctica

Basada en la clasificación de Piaget (1984) de juegos funcionales, simbólicos y reglados, Ortega (1992, pp. 93-99) propone una subcategorización de los tipos de juegos, basada en los juegos preferidos en educación infantil (*Tabla 16*).

Tabla 16. Clasificación de los juegos en la infancia, basada en Ortega (1992)

Categoría de juego	Subcategoría de juego
Juego de acción	Juego motórico-manipulativo Juego de logro o construcción Juego digital
Juego de símbolos	Juego simbólico sencillo Juego simbólico desarrollado
Juego de reglas	Juegos reglados de calle Juegos reglados de mesa

Para Malaguzzi, la organización de los espacios infantiles tiene implicaciones estéticas, afectivas, sociales, e incluso cognitivas. El diseño de los espacios debe permitir, como se ha visto en el tema anterior, una gran gama de posibilidades, estímulos y juegos. En base a este planteamiento, el pedagogo presenta la siguiente clasificación de los juegos infantiles según la organización espacial (Hoyuelos, 2006, p. 107):

— Juegos corporales: espacio de la alfombra y de «pequeño gimnasio».

— Juegos consigo mismo y con el otro: espacios de las construcciones, de carpintería y de mecánica.

— Juegos de lógica expresiva y comunicativa: espacios de pintura, arcilla y música.

— Juegos de lógica fantástica: espacios con marionetas, espacios para el teatro y la dramatización.

— Juegos de lógica científica: espacios de investigación, y de medida y cálculo.

— Juegos de práctica: espacios de la cocina, de tienda, de casa, de jardín…

— Juegos de lectura de imágenes y símbolos: espacios de lectura, codificación y decodificación.

3.4. El juego y el desarrollo infantil

El juego ha sido despreciado como objeto de estudio de la filosofía y la ciencia puras, por considerarlo *una cosa de niños,* es decir, algo poco importante (San Martín, 2015). Sin embargo, la pedagogía y la psicología de la educación no solo no lo ha pasado por alto, sino que ha estudiado el juego específicamente en su relación con el desarrollo de la infancia.

3.4.1. Beneficios del juego en educación infantil

La mayoría de los pedagogos y psicólogos de la educación que se han abordado en este libro inciden directa o indirectamente en el juego en el proceso educativo. En algunos casos como medio de aprendizaje, y en otros como elemento imprescindible para el desarrollo normal de los niños. Por ello, las maestras de educación infantil deben atender al juego como medio, y como fin, de la propia educación (Garrido *et al.*, 2001, p. 183).

El juego permite desarrollar aprendizajes en todas las dimensiones humanas:

— Dimensión cognitiva: función simbólica, lenguaje, lógica y matemáticas, algoritmos y estrategias, creatividad, etc.

— Dimensión afectiva: expresión de emociones, control y regulación emocional, vínculos personales, etc.

— Dimensión social: identidad personal, identidad de grupo, cooperación, interacción social, participación, etc.

— Dimensión psicomotriz: concepción corporal, equilibrio, coordinación, etc.

— Dimensión axiológica: asunción de valores individuales (dignidad, libertad), grupales (paz, respeto, colaboración), así como para animales no humanos (empatía, dignidad) y el resto de seres.

En concreto, el juego ayuda a la construcción del conocimiento de los niños debido a las siguientes razones (Santos, 1993, pp. 12-13):

— Porque el juego apela al lenguaje en situaciones: cuando los niños juegan al teléfono o a los médicos.

— Porque el juego favorece la vida en relación: la aceptación de reglas compartidas y aceptadas, o el acercamiento al juego por el interés que suscita en diferentes niños.

— Porque el juego perfecciona la comunicación: durante el juego los niños tienen que comunicarse y contracomunicarse, mediante la expresión corporal, las palabras, los símbolos…

— Porque el juego contiene temas de la vida social: los juegos sociodramáticos son una manera en la que los niños se introducen en los contenidos de la sociedad.

— Porque el juego encierra simbolismo: un palo se convierte en un caballo, o un lápiz en una varita. Cualquier objeto o material puede convertirse en un juguete.

— Porque en el juego se superan conflictos: el niño debe ajustarse ante las nuevas situaciones que suponen los conflictos, aprendiendo de ellas, y forzando a que se posicione. Por ejemplo, en conflictos de posesión de lo deseado, o de preferencia de papeles, etc.

3.4.2. El juego infantil según Piaget

Los dos procesos de aprendizaje explicados por Piaget (1984), es decir, los dos procesos en los que el niño —y el adulto— se adapta al medio, eran la asimilación y la acomodación. El juego lo asocia a la asimilación, y la imitación —no lúdica— a la acomodación.

Concibe el juego como una actividad autotélica, es decir, que tiene la finalidad en sí misma. El camino evolutivo irá desde el autotelismo primitivo (conducta orientada a sí misma) al egocentrismo (conducta orientada al yo), y después a la conducta social (descentralización del yo y apertura a las conductas de los demás). No niega, sin embargo, que el juego esté socialmente marcado desde el inicio — no se debe olvidar el enfoque constructivista de Piaget—.

El juego es también un proceso espontáneo, donde el niño indaga e interacciona con el medio libremente, sin necesidad de dirección del adulto. Piaget entiende que esta característica del juego, la espontaneidad, supone un momento de asimilación relajada, tras un esfuerzo acomodatorio a la realidad.

El placer sería la tercera característica del juego infantil, el cual se contrapone a las tensiones que puede vivir el niño a nivel afectivo-emocional o epistemológico en un espacio-tiempo considerado serio.

La cuarta característica del juego es la falta de estructuración y organización del juego, donde se pueden dar disonancias cognitivas sin que ello preocupe. Esta característica se contrapondría al orden lógico del pensamiento.

Por último, durante el juego se resuelven conflictos psicológicos y personales, sin bien en el juego simbólico no, porque en el símbolo lúdico no hay adaptación al significado sino asimilación del significado al yo (Ortega, 1992, p. 47). Es decir, la relación de asimilación/acomodación se ve alterada en el símbolo lúdico, dado que no hay correspondencia objeto/significado —como sucede con cualquier símbolo serio—.

Piaget (1984), según el desarrollo evolutivo del niño, establece tres tipos de juegos:

— Juego sensoriomotor o funcional: se basan en la acción. Se desarrollan sobre todo en los dos primeros años de vida, según va aumentando la capacidad motriz del bebé, con la cual gana poder de conocimiento del medio en el que vive. Es un juego que sigue desarrollándose en todas las etapas de la vida, aunque tengan mayores componentes cognitivos y abstractos —por ejemplo, en parques de atracciones o ciertos deportes—. Es un juego solitario, con objetos, y repetitivo, basado en el placer del movimiento y de la estimulación de los sentidos. Por ejemplo: girar, correr, levantarse, agacharse, etc. (Berruezo *et al.*, 2009, p. 42).

— Juego de ficción o simbólico: sobre los dos años y hasta los siete, el niño comienza a representar los fenómenos presentes y no presentes, y a utilizar símbolos. Los objetos presentes con los que interactúan los niños se pueden convertir simbólicamente en cualquier otra realidad, y en ello consiste el juego, en interaccionar simbólicamente con la realidad. En el juego simbólico el niño adopta cualquier papel que haya observado previamente. Por ejemplo, jugar a los médicos, a los cocineros, a los tenderos, etc. Piaget (1984) estableció dos periodos evolutivos del juego simbólico:

— estadio de irrealidad (2-4 años), cuando se produce la asimilación simple de un objeto a otro y se deforma la realidad,
— estadio de realismo (4-7 años), cuando se imita la realidad y se inicia el simbolismo colectivo.

— Juego de reglas: el tercer estadio sería el de decaimiento (8-12 años), cuando el simbolismo que deforma la realidad va dando paso a las reglas o a un simbolismo más realista. Estas reglas obligan a cierta objetividad, por lo que el egocentrismo va perdiendo peso como enfoque, y a la conducta moral y legal, por lo que el niño se desarrolla también éticamente. Este tipo de juego es el más típico de adultos —juegos de mesa, deportes, etc.—, el más regulado y controlado externamente —incluso con arbitraje—. Además, en este tipo de juego el niño debe poner en práctica estrategias según los objetivos, por lo que debe tener un desarrollo cognitivo operacional.

De manera trasversal al esquema evolutivo de los juegos sensoriomotores, simbólicos y reglados que propone Piaget (1984), existen los juegos de construcción, que no se desarrollan en una sola etapa evolutiva, sino que tienen lugar a cualquier edad, dado que el tipo de construcción varía en función de la edad (Berruezo y Lázaro, 2009).

El deseo de expresarse y crear cosas nuevas parece innato al ser humano —es la tecnología—, desde construir una torre con tacos de madera, hasta un castillo con piezas a modo de ladrillos o una maqueta miniaturista. Todos ellos comparten el deseo de imitar una realidad lo más fielmente posible, aunque sea a escala, o de generar una construcción totalmente nueva. Incluso, y según la edad, no tiene por qué ser en tres dimensiones, sino sobre una superficie.

El juego de construir implica capacidades motrices y cognitivas. Se pueden utilizar puzles, rompecabezas, maquetas, piezas libres para construir… según si se quiere un juego de tipo libre o más organizado.

3.4.3. El juego infantil según Vygotski

El juego en el niño debe entenderse, según Vygotski, como una necesidad de adaptación al entorno, y no como una actividad caracterizada como placentera en sí misma. Esta necesidad es epistemológica y de carácter simbólico, por lo que el verdadero juego es el juego simbólico, siendo el juego sensoriomotor una simple preparación para el juego simbólico —y en general cualquier actividad cognitiva superior basada en el símbolo—. La necesidad consiste en acceder a los mundos posibles y deseados a los que el niño no puede alcanzar, por lo que el juego simbólico supone una vía de acceso a esos mundos, mediante la «imaginación cristalizada», referida a la re-creación de prácticas creativas (Enriz, 2011, p. 97). Estos mundos o situaciones posibles deseadas están socialmente mediadas, por lo que los símbolos lúdicos se basan siempre en reglas, las cuales se corresponden a las reglas de la realidad. Es decir, las prácticas lúdicas tendrán que ser verosímiles, dado que se basan siempre en las situaciones reales vividas. Por ello, una niña que juega a ser mamá está obligada a comportarse de tal manera que sea creíble para ella el papel de madre (Berruezo y Lázaro, 2009, p. 33). Los juegos infantiles tienen, por tanto, reglas internas que le dan sentido, y las cuales se basan en las representaciones del niño de la realidad. Así, el juego infantil, según Vygotski, tiene el objetivo de comprender el mundo de los adultos, el cual está repleto de símbolos —representativos, comunicativos, relacionales, etc.—.

El juego es una manifestación perfecta como tarea que implica una continua creación de zonas de desarrollo próximo. En una buena situación lúdica, donde la dificultad está ajustada por la maestra, los niños aplican desarrollo real que ya poseían a la par que sitúan al límite máximo las capacidades disponibles, de tal manera que el niño evoluciona —aprende—. Así, se pueden ver niños con hiperactividad permanecer en un juego varios minutos inmóviles, porque jugaban a papás y estaban enfermos; o eran los hijos y tenían que dormir (Berruezo y Lázaro, 2009).

3.5. Descripción de un juego en educación infantil

Un juego, especialmente si está muy reglamentado o requiere abstracción, debe estar rigurosamente descrito para que lo entienda tanto el alumnado al que va dirigido como otros agentes de la comunidad educativa. Existen muchísimas clasificaciones de los juegos, de las cuales solo algunas se han ido recogiendo en este libro, así como existen también numerosas formas de describirlos. Si bien no es necesario que haya un patrón común de descripción —algo que sería imposible—, sí que sería adecuada cierta convención a la hora de explicar cómo es un juego, manteniendo por lo menos los criterios mínimos de claridad —que el lector lo comprenda— y completitud —que el juego esté suficientemente explicado y no sea ambiguo o parcial—.

A continuación, se exponen una serie de criterios que debieran detallarse en la descripción de un juego para educación infantil, los cuales pueden plantearse posteriormente en formato de ficha, de banco de juegos, de wiki colaborativa o de base de datos digital:

— Nombre del juego: es necesario buscar un nombre asociado al contenido del juego, y por tanto que no sea totalmente aleatorio, que sea lo más bello posible, y que invite a jugar, es decir, que de alguna manera motive a la población a la que va dirigido.

— Edad: un juego, por su estructura, no puede gustar a todo el mundo, por lo que se debe especificar para qué franja de edad va dirigido especialmente, aunque ello no implica que sea solo para esta población. Se debe concretar para qué edad es más adecuado el juego, de los 0 a los 6 años.

— Tipo de juego según contenidos curriculares: cuál es el bloque de contenido y contenido marcados por el currículo oficial que principalmente trabaja este juego, aunque trabaje trasversalmente otros contenidos.

— Tipo de juego según la psicología: se puede especificar si es un tipo de juego principalmente sensoriomotor, simbólico o reglado.

— Enfoque de aprendizaje: se debe especificar, si procede, desde qué perspectiva se entiende el aprendizaje de este juego: aprendizaje por asociación, aprendizaje significativo, aprendizaje por descubrimiento, aprendizaje enactivo, aprendizaje vicario, etc.

— Competencias clave: solo aplicable para el segundo ciclo, se puede especificar qué competencia o qué dos competencias clave curriculares se desarrollan principalmente con este juego. Por su naturaleza trasversal, lo normal es que con un juego se desarrollen varias a la vez, pero se debe especificar por facilidad de programación y selección de juegos en una base de datos.

— Materiales: es útil especificar qué materiales se van a utilizar para este juego, si procede. Por ejemplo: pelotas de goma, piezas de construcción de plástico, arena, un proyector audiovisual, lápices, etc.

— Espacio: podría ser un terreno acondicionado (un rincón), un terreno semiacondicionado (un patio de recreo), o un terreno natural (parque, bosque).

— Objetivo didáctico: es el objetivo curricular que se plantea la maestra conseguir mediante el uso de este juego, redactándolo con claridad. Por ejemplo: «Saber diferenciar entre seres vivos e inertes».

— Finalidad del juego: es la finalidad que tiene que tener clara el alumno cuando juega: ¿cuál es la meta en este juego? Por ejemplo, en el juego del robacolas la finalidad sería coger pañuelos a los demás y evitar que se lo cojan a una. La finalidad del juego —perspectiva del jugador— es diferente del objetivo didáctico del juego —perspectiva de la maestra—.

— Desarrollo del juego: sería la exposición concreta de cómo hay que jugar. Cuándo empieza el juego, cuáles son las reglas y formas de jugar, y cuándo termina;.

— Variantes: son cambios en algunas de las reglas del juego tal cual se ha expuesto, de tal forma que se realiza un juego muy parecido. Un pequeño cambio en el material, el terreno, las normas, etc. puede implicar un juego parecido pero diferente. Esto tiene la ventaja de que no hay que explicar todo el juego de nuevo, sino que los jugadores solo deben atender a las novedades, y seguir jugando. Por ejemplo, en el juego del robacolas, «ahora solo se pueden coger pañuelos de diferente color cada vez».

— Fuente: se debe especificar cuál es la fuente de la que se ha extraído el juego, pudiendo ser un libro, un artículo, un blog, un vídeo, etc. Por normalizar, se dará preferencia al formato APA de citación. En el caso de ser un juego totalmente inventado, debe ponerse «elaboración propia».

— Autor/a: se especifica quién o quiénes han explicado y detallado el juego.

Todos los apartados mencionados no es necesario explicarlos en ciertos juegos, porque puede no tener sentido. Sin embargo, cuanta más información posea el juego más fácilmente podrá encontrarse en bases de datos, y más claramente podrá utilizarlo una maestra de educación infantil, atendiendo a diferentes criterios didácticos y psicológicos.

3.6. El juego en el currículo de educación infantil

El juego está bien registrado en el currículo actual de Educación Infantil a nivel de España, el cual queda recogido en el Real Decreto 95/2022. En el mismo, se entiende el juego no solo como recurso metodológico sino como una de los objetivos a conseguir, en tanto que es una actividad habitual de un niño de la etapa.

El artículo 6 (*principios pedagógicos*) defiende una didáctica de la etapa con en base a una práctica educativa «se basará en experiencias de aprendizaje significativas y emocionalmente positivas y en la experimentación y el juego» (p. 5). No se trata, por tanto, de un recurso accesorio, sino del eje epistemológico que articula el aprendizaje inicial: jugar es experimentar el mundo con el cuerpo, la emoción y el pensamiento de forma integrada. Cuando el texto exige que el ambiente sea de afecto y confianza, está recordando que el juego necesita un marco seguro donde la criatura pueda ensayar hipótesis, asumir riesgos mínimos y construir autonomía.

En los saberes básicos del primer ciclo se afirma que «El juego [es] actividad propia para el bienestar y el disfrute. Juego exploratorio, sensorial y motor» (p. 18). Se subraya así la dimensión holística del juego: favorece la maduración motriz, la integración sensorial y la autorregulación emocional. El Real Decreto prescribe que el espacio escolar, como se vio en el tema 2, ofrezca materiales y rincones flexibles para el juego libre, entendiendo que la manipulación, la construcción y el simbolismo son lenguajes tan legítimos como el verbal o el lógico-matemático.

Los criterios del segundo ciclo piden que el alumnado participe en contextos de juego dirigido y espontáneo y que lo haga «con iniciativa en juegos y actividades colectivas relacionándose con otras personas con actitudes de afecto y de empatía, respetando los distintos ritmos individuales y evitando todo tipo de discriminación» (p. 19). El juego es, pues, ensayo de ciudadanía: allí se negocian normas, se ejercita la empatía y se aprenden estrategias pacíficas de resolución de conflictos. Evaluar el juego no significa cronometraje de destrezas; más bien, implica, observación de la participación compartida, el respeto de turnos y la creatividad.

Como ocurría con los ambientes y espacios, el decreto vincula el juego al diseño universal de aprendizaje, que es uno de los principios generales del artículo 5: materiales accesibles, adaptación de reglas, uso de lengua de signos o pictogramas si es preciso, y patios concebidos como paisajes multi-sensoriales. La directriz es clara: todos los cuerpos, todas las voces y todas las motricidades deben poder jugar juntos, porque el juego es antes derecho que actividad.

La mención a «experiencias de iniciación temprana en habilidades numéricas, tecnológicas, visuales y musicales» (Art. 6.7) sugiere que los juegos digitales, artísticos o lógico-matemáticos pueden y deben integrarse en propuestas lúdicas. El reto que deja planteado el decreto es diseñar situaciones de aprendizaje globales en las que el niño juegue a contar, a programar, a representar o a musicalizar, borrando fronteras artificiales entre "contenido" y "diversión" (p. 6).

El Real Decreto 95/2022 no contempla el juego solo como uno de tantos métodos, sino como la forma privilegiada de relación del niño con la realidad. Al reclamar que la práctica educativa se sustente «en la experimentación y el juego» (p. 5), la ley asume la tesis psicopedagógica del constructivismo y el pragmatismo. De ahí que el ambiente escolar deba funcionar como un tercer educador: rincones mutables, materiales abiertos, tiempos dilatados que permitan adentrarse en la fantasía y emerger con nuevos significados, siguiendo el planteamiento de Huizinga (1972) visto.

Jugar es también un acto político temprano. Al exigir que los contextos de juego sean inclusivos y libres de discriminación, el Real Decreto convierte la ludicidad en laboratorio ético: en cada turno respetado, en cada regla negociada o en cada construcción compartida se están ensayando las bases de la ciudadanía democrática.

Observar cómo un niño integra a otro en su juego simbólico, cómo transforma un material inerte en relato o cómo resuelve un conflicto sin violencia proporciona más información formativa que cualquier ficha estandarizada. Convertir esa observación en ajuste didáctico —variar la oferta de materiales, modificar la disposición del espacio, acompañar afectivamente— es la verdadera concreción curricular del espíritu lúdico que la norma promueve.

Ciclo	Área	Comp. Espec.	Saber básico	Criterio de evaluación
1º	1	4	— El juego como actividad propia para el bienestar y el disfrute. Juego exploratorio, sensorial y motor. — Desarrollo de actitudes de espera y de participación. Asunción de pequeñas responsabilidades en actividades y juegos.	4.2 Reproducir conductas y situaciones previamente observadas en su entorno próximo, basadas en el respeto, la empatía, la igualdad de género, el trato no discriminatorio a las personas con discapacidad y el respeto a los derechos humanos, a través del juego de imitación.
1º	1	1		1.3 Aplicar sus conocimientos acerca de las nociones espaciales básicas para ubicarse en los espacios, tanto en reposo como en movimiento, jugando con el propio cuerpo y con los objetos.
1º	3		— Nanas, canciones de arrullo y juegos de regazo. — El lenguaje oral en situaciones cotidianas: primeras conversaciones con sonidos, vocalizaciones y juegos de interacción. — La expresión sonora y la articulación de las palabras. Juegos de imitación, lingüísticos y de percepción auditiva — Juegos de imitación a través de marionetas, muñecos u otros objetos de representación espontánea.	
2º	1	1		1.2 Manifestar sentimientos de seguridad personal en la participación en juegos y en las diversas situaciones de la vida cotidiana, confiando en las propias posibilidades y mostrando iniciativa. 1.3 Manejar diferentes objetos, útiles y herramientas en situaciones de juego y en la

				realización de tareas cotidianas, mostrando un control progresivo y de coordinación de movimientos de carácter fino. 1.4 Participar en contextos de juego dirigido y espontáneo, ajustándose a sus posibilidades personales.
2°	1	4	– El juego como actividad placentera y fuente de aprendizaje. Normas de juego. – Estrategias de ayuda y cooperación en contextos de juego y rutinas. – Juego simbólico. Observación, imitación y representación de personas, personajes y situaciones. Estereotipos y prejuicios.	4.1 Participar con iniciativa en juegos y actividades colectivas relacionándose con otras personas con actitudes de afecto y de empatía, respetando los distintos ritmos individuales y evitando todo tipo de discriminación.
2°	2	1		1.2 Emplear los cuantificadores básicos más significativos relacionados con su experiencia diaria, utilizándolos en el contexto del juego y la interacción con los demás. 1.3 Ubicarse adecuadamente en los espacios habituales, tanto en reposo como en movimiento, aplicando sus conocimientos acerca de las nociones espaciales básicas y jugando con el propio cuerpo y con objetos.
2°	3		– El lenguaje oral en situaciones cotidianas: conversaciones, juegos de interacción. social y expresión de vivencias. – Juegos de expresión corporal y dramática.	

Obviamente, en la Orden ECD/853/2022, de 13 de junio, por la que se aprueban el currículo aragonés, se sigue la misma línea. El juego es un método de enseñanza y de aprendizaje: «A través del juego se aprenden técnicas en la resolución de conflictos» (p. 13); e igualmente el juego es un fenómeno a desarrollar y aprender: «Se tendrá en cuenta también la evolución con respecto al juego, pasando progresivamente de juego en solitario, a acciones con interacción social y adquiriendo distintos roles en el juego simbólico, apoyándose en el uso de diversos objetos, e iniciándose en el juego de reglas» (p. 8).

En conclusión, el juego en el currículo español de Educación Infantil queda reflejado en los objetivos de enseñanza y de aprendizaje, es un saber a trabajar, pero al mismo tiempo es acogido en varias competencias específicas, y se marca como elemento metodológico.

3.7. El juguete

En sentido amplio, un juguete es un objeto para jugar. En sentido más restringido, se usa para referirse a objetos diseñados específicamente para que los niños jueguen. Sin embargo, es necesario recordar que un objeto puede tener diferentes usos de aquel por el cual fue diseñado, y esto hace posible que con un objeto se puede jugar de mil maneras, según las mil maneras de actuar de un niño, y que un juguete no tiene por qué ser un objeto fabricado, sino cualquier cosa.

Locke (2012) se refirió en su obra *Pensamientos sobre la educación* de 1693 a los juguetes de los niños, los cuales entendía deben ser fabricados por ellos mismos en la medida de lo posible, pues ello también conlleva beneficio para la salud, dado que conlleva más actividad física:

> Podéis darle ciertos juguetes que no tienen el talento de fabricar por sí mismos, como los trompos, las peonzas, las raquetas y otros semejantes, que se usan con esfuerzo. Conviene que posean estos juguetes, no para variar sus diversiones, sino para verse forzados a hacer ejercicio. (p. 182)

Rousseau (1997) también describía en su *Emilio* la necesidad de dejar atrás juguetes demasiado artificiosos o previamente construido, y apostar por un contacto mucho más naturalista:

> No se sabe ser simple en nada, ni aun en lo referente a los niños. Cascabeles de oro y plata, corales, cristales de diferentes aspectos, juguetes de todo valor y de todas clases… ¡Cuántos adornos inútiles y perniciosos! Nada de eso. Fuera los cascabeles, fuera los juguetes; ramas de árbol con sus hojas y frutos, una cabeza de adormidera en la que se oigan sonar los granos, un trozo de regaliz que el niño pueda chupar y mascar le divertirán tanto como todos esos objetos magníficos, y no tendrán el inconveniente de acostumbrarle al lujo desde su nacimiento. (p. 110)

La gran mercadotecnia actual es relativamente reciente —desde los años sesenta y setenta del siglo pasado—, y responde a la concepción del mercado de los niños también como consumidores. La industria del juguete genera necesidades en los niños para luego darles lo que supuestamente quieren; es lo que ya Rousseau denunciaba cuando no existía la mercadotecnia: «no tendrán el inconveniente de acostumbrarle al lujo». Está claro que diseñar y fabricar un juguete puede tener ciertas ventajas para determinada población infantil —más seguro, más ajustado a su desarrollo evolutivo, más adecuado a su entorno social…—, pero ello no debe llevar a normalizar que los juguetes fabricados actualmente sean una *necesidad*. De hecho, existe cierto riesgo cuando la mercadotecnia del juguete se especializa tanto que diseña los juguetes en base a fundamentos de la psicología de la atención, psicología de la motivación, etc., de forma que se generan objetos excesivamente atractivos. Es decir, lo mismo que sucede en la industria de consumo adulta —alimentación, ocio, turismo…—, pero aplicada al mundo infantil.

Los juguetes no son neutros, y su uso o no-uso tampoco —ni siquiera la opción de Rousseau de optar por ramas de árbol con sus hojas—. Ello exige una visión amplia y crítica de las maestras a la hora de decidir qué juguetes usar en las situaciones de enseñanza-aprendizaje. ¿Deben ser de la marca LEGO o existe otra marca alternativa más económica para el centro? ¿Hay que usar siempre juguetes fabricados y comprados o se pueden adquirir del entorno natural próximo? A través del juguete el mundo adulto propone al niño modelos sociales a los cuales pertenece. Esto explica la gran diferencia entre juguetes, por ejemplo, africanos y europeos. También explica el gran abismo entre los juguetes considerados para niñas, y los considerados para niños.

Los juguetes deberían cumplir tres objetivos: educar, divertir y estimular el desarrollo global de los niños. En este sentido, las madres y padres, junto el cuerpo docente y de pedagogía, deben adoptar un papel activo sobre la decisión de usar un tipo de juguetes u otro, y unos juguetes u otros, evitando que los criterios imperantes sean el *marketing* o la industria juguetera (Estévez, 2018, p. 511).

Una posible clasificación de los juguetes sería (Estévez, 2018): figuras de acción, construcciones, vehículos de tamaño reducido, juegos de mesa, y muñecas. Sin embargo, esta clasificación se basa en lo más frecuente de la mercadotecnia del juguete. Se pueden clasificar también atendiendo a la exigencia cognitiva del niño (Ortega, 1992, pp. 100-101):

— Juguetes representativos: se refieren a aquellos juguetes que replican los objetos que existen en la realidad y suelen ser usados en la vida cotidiana. Por ejemplo, los cochecitos o los muñecos.

— Juguetes de alta estructura: se refieren a aquellos que, sin ser una réplica de objetos reales, tiene una completa estructura de uso añadida al objeto. Por ejemplo, los juegos de mesa como el parchís, o un ordenador.

— Juguetes de baja estructura: se refieren a aquellos que normalmente no suelen ser juguetes, pero se les da tal uso por parte de los niños. Por ejemplo, un trozo de tela, una cuerda, etc.

Esta clasificación encierra en sí un concepto más amplio aún, asociado a todo objeto y a la técnica, que se denomina *affordance* u ofrecimiento —también enactivación—. El ofrecimiento es una relación entre el sujeto que utiliza y el objeto que es utilizado, y no una propiedad del subjeto o del objeto, por lo que es una cuestión ecológica. Gibson (1979) entendió el ofrecimiento como todas las interacciones que un sujeto físicamente puede realizar con un objeto.

Posteriormente se añadió un criterio epistemológico, según el cual el ofrecimiento solo es de las interacciones que un sujeto es consciente que puede realizar con un objeto.

Gaver (1991) diferencia entre los siguientes tipos de ofrecimientos, teniendo en cuenta criterios de información perceptible:

— Falsos ofrecimientos: son intentos de relaciones entre el sujeto y objeto que realmente no se pueden dar, generalmente debido a una confusión (de la percepción del sujeto, por ejemplo, o de la apariencia del objeto). Por ejemplo, cuando un niño hace el gesto con los dedos de «ampliar foto» —*zoom*— en una fotografía impresa y no digital; o cuando un niño intenta levantar las extremidades superiores de una muñera que realmente es rígida. Se da también un falso ofrecimiento cuando se intenta girar un pomo de la puerta que realmente es inflexible —y que es solo para tirar-empujar—. Los falsos ofrecimientos pueden generar cierta frustración.

— Ofrecimientos ocultos: son relaciones que no se dan entre el sujeto y el objeto porque no se percibe o no se es consciente de tal posibilidad, cuando realmente sí que existe tal posibilidad. Las maestras pueden controlar que se den los ofrecimientos haciendo los elementos más perceptibles —añadiendo protuberancias, usando colores que resalten, etc.—, como bien saben hacer los videojuegos.

— Ofrecimientos perceptibles: son las relaciones entre sujeto y objeto que se pueden dar y que efectivamente se es consciente de ello porque son perceptibles. Lo que se percibe es sobre lo que se actúa. Por ejemplo, un niño uniendo dos piezas de puzle.

El manejo de los ofrecimientos es un aspecto muy interesante tanto para la toma de decisiones docentes respecto a los materiales a usar en clase, como respecto a los juguetes en particular. Entre el niño y el juguete se pueden dar los tres tipos de ofrecimiento, pero están implicadas muchas variables contextuales, por lo que la propia ontología del ofrecimiento se puede convertir en tarea de aprendizaje, es decir, que descubrir las posibilidades de interacción con los objetos y materiales ya puede suponer en sí mismo una actividad.

Un objeto suele tener muchas más posibilidades de acción de las que se piensa —y allí entra la creatividad—, sin embargo, no tiene posibilidades infinitas. Así, un juguete de tipo representativo tiene menos ofrecimiento que un juguete de baja estructura, con el cual el niño puede interactuar de cientos de maneras. La reflexión sobre los *affordances* debería permitir cerciorarse de que no se requiere gran financiación económica para disponer de buenos y variados juguetes con los que realizar las actividades en educación infantil. Algunos de los criterios que debería tener en cuenta la maestra para adquirir juguetes fabricados son: la edad de destino, la seguridad, y la calidad-precio (Labián, 2012, pp. 43-44). Además, el criterio de la cantidad de ofrecimientos que implica un juguete es esencial. Los juguetes de baja estructura permitirán siempre más ofrecimientos que los de representación y alta estructura. De igual forma, otro criterio a tener en cuenta será el de los propios intereses y preferencias de cada alumno.

A continuación, se presenta una lista de posibles juguetes fabricados asociados a cada franja de edad en educación infantil (tabla 17) (Labián, 2012, pp. 40-41):

Tabla 17. Juguetes fabricados asociados a cada franja de edad en educación infantil

Edad	Juguetes
1-12 meses	— Juguetes móviles para fijar en la cuna — Sonajeros — Mordedores — Peluches
1-3 años	— Balones — Juguetes blandos con formas y colores atrayentes — Cuentos de 2 o 3 páginas — Juguetes musicales
3-6 años	— Muñecos — Elementos de cocinitas, taller mecánico, teléfono de juguete, etc — Disfraces — Plastilina — Pinturas de dedos — Marionetas — Balones — Triciclos, monopatín, patines — Puzles, dominós y cartas — Libros de cuentos o historias cortas e ilustradas

La preferencia por unos juguetes u otros depende de muchas variables, como el propio alumnado del que se trate, la ciudad, la época del año, la edad, etc. Un estudio con 813 niños y niñas de entre 4 y 14 años mostró que los juguetes representativos preferidos eran los muñecos (159 elecciones) y los coches (64) y scaléxtric (27), de los juguetes de alta estructura la bicicleta (71), los juegos reunidos (50) y el ordenador (45) y de los juegos de baja estructura las pelotas (56), los bloques (24) y los puzles (10). Los niños menores de 8 años de la muestra preferían los juguetes representativos (66,45 %) —con los que hacer juego simbólico—, después los juguetes de alta estructura (19,68 %) y por último, los de baja estructura (12,9 %) (Ortega, 1992). Es de esperar que las preferencias cambien según cada época.

3.8. Gamificación

3.8.1. Concepto de gamificación

Existen múltiples definiciones de «gamificación» que inciden en diferentes aspectos, por lo que propongo una combinación ajustada de las más aceptadas. *Gamificación* refiere al uso de elementos del diseño de los videojuegos en contextos no-lúdicos para modificar comportamientos en las personas mediante acciones sobre su motivación (Quintas, 2022). Como sigue existiendo controversia en su conceptualización(Deterding *et al.*, 2011; Kapp, 2012; Teixes, 2014), se hace necesario justificar las partes de la definición expuesta (Quintas, 2019*b*):

— *Uso de elementos del diseño*: la gamificación consiste en aplicar elementos de diseño de videojuegos, y no los videojuegos mismos, por ello, puede haber gamificación sin la presencia de un (video)juego (Borges *et al.*, 2014). Por otra parte, no se especifica qué elementos aplicar, dado que se puede gamificar de muy diferentes maneras según el número y tipo de elementos del diseño que se utilicen. Así, la gamificación se diferencia de la estrategia del aprendizaje por juegos, y tampoco consiste en diseñar juegos, sino en aplicar elementos.

— *Del diseño de los videojuegos*: la gamificación refiere principalmente al diseño de videojuegos, y no a los juegos. Ello implica su incidencia en el gran número de retroalimentaciones, una estética más audiovisual, los cálculos y estadísticas constantes, la interactividad y otros elementos más propios de los videojuegos que de los juegos. Sin embargo, la mayoría de las definiciones de gamificación la asocian a los juegos en general, y no a los videojuegos en especial, por lo que este aspecto será el más polémico. Si bien puede darse gamificación basándose en el diseño de juegos –dado que los videojuegos no dejan de ser una categoría de juegos–, la naturaleza de la misma se basa más propiamente en el diseño de los videojuegos. Un indicio de esto es que la gamificación se ha conceptualizado hace no más de diez años, es decir, en una época de existencia y extensión masiva del videojuego. Otro indicio es que el primer uso terminológico se produjo en 2002 por Nick Pelling, refiriéndose a recompensas específicamente en entornos digitales. Aceptar el diseño del juego como referente implicaría entender que la gamificación tiene siglos de historia, y no un fenómeno nuevo y reciente.

— *En contextos no-lúdicos*: la gamificación puede ser aplicada a una empresa, una banda de música, un hospital, o un centro educativo. Es decir, su objetivo último no es la diversión *per se,* sino conseguir un objetivo *serio,* previo y externo a la propia diversión. En este sentido, se asemeja a la estrategia del juego serio –*serious games*– o la estrategia de la simulación.

— *Para para modificar comportamientos en las personas mediante acciones sobre su motivación*: la gamificación es una estrategia cuyos fundamentos son psicológicos, esto es, busca incidir en la conducta, en concreto a través de la motivación. Esto es lo que lo diferencia de los juegos serios y de la simulación. En el caso de la gamificación educativa, no incide directamente sobre el aprendizaje –uno de los objetivos fundamentales de la didáctica–, sino sobre la motivación, la cual es facilitadora o inhibidora del aprendizaje (Quintas, 2019*a*). Sin embargo, en los juegos serios y en la simulación se mejora el aprendizaje directamente, dado que se usan propiamente como actividades de enseñanza-aprendizaje.

Un ejemplo claro de inicio o antecedente de gamificación en educación infantil sería cuando la madre o el padre convierte metafóricamente la cuchara en un avión y la boca del niño en un aeropuerto; de esta manera, a una situación tan seria como es la nutrición le da un enfoque lúdico para el participante. Sin embargo, la gamificación implica toda una reforma contextual del proceso de enseñanza-aprendizaje, por lo que el ejemplo sería solo una actividad aislada que, en sí misma, no supondría gamificación, sino una simple actividad lúdica.

En la película *Mary Poppins* de 1964, la niñera recuerda a los niños la necesidad de recoger su habitación, que está totalmente desorganizada. En lugar de obligarles de manera coactiva, les invita a realizar la actividad con otro enfoque, diciéndoles: «Todo trabajo tiene algo divertido, y si encontráis ese algo, en un instante…¡chap! [chasquido con los dedos], se convierte en un juego». En ese momento, comienza la *magia*: la diversión, la música, la alegría... Esta atmósfera que sabe crear Mary Poppins sí que tiene más que ver con la gamificación, porque es envolvente, contextual, y no se basa solo en una técnica concreta.

3.8.2. Fundamentos psicológicos de la gamificación

La gamificación se ha justificado y fundamentado teóricamente desde teorías psicológicas de la motivación, si bien unas más científicas que otras. La citadas más comúnmente (Rodríguez *et al.*, 2015; Teixes, 2014) son la Teoría de la Autodeterminación (Deci *et al.*, 1985; Ryan y Deci, 2017), la Teoría del Flow (Csíkszentmihályi, 1988), la Teoría de la Diversión (Koster, 2004) o la Teoría del Establecimiento de Objetivos (E. Locke *et al.*, 2002). Las más investigadas científicamente son las dos primeras, por lo que se detallarán a continuación.

La Teoría de la Autodeterminación es una teoría de la motivación que ha sido ampliamente utilizada en educación, y ya se ha aplicado con éxito en los contextos de juegos y gamificación (Sailer *et al.*, 2017). La Teoría de la Evaluación Cognitiva, que es una subteoría de la anterior, aborda los efectos de los contextos sociales (eventos externos en general, como recompensas) en la motivación. Por otro lado, hay una segunda subteoría, la Teoría de la Integración Organísmica, que postula que la motivación es un continuo. De más a menos autodeterminación, estaría la motivación intrínseca, la motivación extrínseca y la amotivación. Si la motivación intrínseca se refiere a la participación en una actividad por el placer y la satisfacción que uno siente al hacerlo, la motivación extrínseca se refiere al compromiso con la actividad como un medio para lograr algo, pero no como un fin en sí mismo. Con respecto a la motivación extrínseca, hay diferentes formas en que se regula el comportamiento: regulación externa, regulación introyectada y regulación identificada. La regulación externa implica un comportamiento regulado por incentivos externos, como recompensas o castigos. La regulación introyectada se caracteriza por establecer reglas de acción que están asociadas con las expectativas de autoaprobación y evitar sentimientos de culpa y ansiedad. Esto se refiere a la identificación del sujeto con la importancia de la actividad para sí mismo, pero la decisión de actuar proviene de un beneficio externo y no del placer inherente a la actividad en sí. La amotivación se refiere a la falta de intencionalidad y la ausencia relativa de motivación (González-Cutre *et al.*, 2010; Ryan y Deci, 2017).

La Teoría del Flow (Csíkszentmihályi, 1988, 1990) establece que el «*flow*» o flujo es un estado óptimo de experiencia, lo que implica una absorción total en la tarea que se está llevando a cabo, y la creación de un estado de concentración que facilita la apariencia de un rendimiento óptimo. Csíkszentmihályi (1990) y Nakamura *et al.* (2002), describieron nueve dimensiones que caracterizan la experiencia del flujo:

1) un equilibrio entre el desafío de la tarea y las habilidades del individuo;
2) una fusión de acción y conciencia;
3) objetivos claros;
4) retroalimentación inequívoca;
5) centrándose en la tarea en cuestión;
6) un sentido de control de la actividad;
7) pérdida de la autoconciencia o una conciencia reducida de sí mismo;
8) la transformación del tiempo;
9) una experiencia autotélica.

Actualmente, se ha sugerido que el flujo se debe ver más bien como dividido entre la colección de condiciones para alcanzar el estado de flujo (1, 3, 4, 6, 9) y los resultados psicológicos que se derivan de alcanzar el estado de flujo (2, 5, 7, 8) (Hamari *et al.*, 2014; Nakamura y Csikszentmihalyi, 2002).

3.8.3. ¿Cómo gamificar? La arquitectura del videojuego

Debido a su reciente aparición y la escasa investigación, hay poca sistematicidad para aplicar gamificación y múltiples propuestas. Las tres más extendidas son la arquitectura PBL —*Points*, *Badges* y *Leaderboards*— (Werbach *et al.*, 2012), la arquitectura MDA —*Mechanics*, *Dynamics*, y *Aesthetics*— (Hunicke *et al.*, 2004), y la arquitectura *Octalysis* (Chou, 2014). La arquitectura PBL ha sido criticada por ser demasiado simple, fomentar una motivación a corto plazo (útil por tanto para una sesión, pero no para una asignatura), o ser útil solo en alumnos—jugadores de perfil «conseguidor» (Bartle, 2003). Sin embargo, todas ellas pretenden captar, retener y hacer evolucionar al jugador-alumno mediante la motivación. Como la arquitectura MDA ya incluye al PBL, se explica a continuación la MDA.

La arquitectura MDA refiere a los tres pilares del diseño de los videojuegos, en este caso aplicados a un sistema gamificado (Quintas, 2019*b*, pp. 260-265):

1) Mecánica: es el conjunto de elementos constitutivos del sistema, la relación entre estos, y el modo en que puede funcionar rutinariamente un sistema. Determina los límites del cómo se puede *jugar* o *actuar* dentro del sistema. Este es el aspecto de la arquitectura que el diseñador-profesor puede controlar directamente, dado que los siguientes no estarán totalmente controlados. Ejemplo en juego: en el ajedrez la mecánica es el conjunto de piezas que hay, el tablero, los tipos de movimientos que tiene cada pieza, las reglas de juego, etc. Ejemplo en gamificación: cuando un alumno-jugador entrega una tarea dentro del plazo establecido, recibe 1000 puntos. Elementos:

— Puntos: valores numéricos asignados tras la acción del jugador-alumno. Son el *feedback* más rutinario en el sistema. Pueden tener diferente valor (1, 10, 100), ser de diferente tipo (puntos de experiencia, puntos de habilidad, puntos cooperativos, etc.) y presentarse en diferente cantidad. Igualmente, pueden funcionar a modo de refuerzos o castigos positivos, por lo que habrá que controlar bien la asentada psicología conductista operante (Skinner, 1953).

— Insignias: tienen la naturaleza de los puntos, pero por su escasez o dificultad para conseguir, se les concede más valor. Sirven a modo de distintivos, medallas o reconocimientos, conseguibles a partir de un reto o desafío planteado por la situación de enseñanza. Se hace aconsejable que no sean la finalidad de la actividad de aprendizaje.

— Tablón de resultados: es aquella zona, material o virtual, donde se encuentra todo lo conseguido por el jugador-alumno hasta el momento. Deben estar actualizado constantemente, ser fácilmente consultable y entendible, reflejando un resumen de todo lo conseguido (estadísticas, gráficas).

— Clasificaciones: sería un tablón de resultados social, donde se comparan las estadísticas de varios alumnos-jugadores.

— Reto: es un objetivo de mayor dificultad que los puntos habituales, por lo que su logro conducirá a una insignia. Puede ser individual o grupal, y debe tener tiempo limitado para su consecución.

— Niveles: determinan la dificultad del conjunto de tareas de enseñanza-aprendizaje planteadas a superar con éxito. Debe contemplar el equilibrio entre habilidad y reto (Csíkszentmihályi, 1990) y la zona de desarrollo próximo (Vygotski, 1978).

— Avatar: es el personaje simbólico-virtual del sistema gamificado que representa al jugador-alumno real, con el cual debe identificarse. Puede ser un apodo, un icono, una ficha…

— Personalización: refiere a las posibilidades que da el sistema al jugador-alumno para que adapte sus preferencias (colores, figuras, insignias a mostrar, customización del avatar, etc.).

— Mercado virtual-simbólico: es el conjunto de procesos (acciones) o intercambio de bienes virtuales (puntos, insignias) del jugador-alumno con otro jugador-alumno, con el sistema (profesor-diseñador). Por ejemplo: posibilidad de canjear 10000 puntos conseguidos por la elección del tema de un trabajo que hay que realizar, o 10 minutos más en un examen.

2) Dinámica: es el modo en que efectivamente está funcionando la mecánica, es decir, cómo el jugador-alumno interactúa con la mecánica. Como en física, la dinámica refiere a las fuerzas que producen el movimiento, que en este caso son las acciones del jugador en el contexto de la mecánica. Estas acciones estarán determinadas por los deseos del jugador, que a su vez estarán

determinados por la mecánica del juego. Por ejemplo: en una partida de ajedrez el éxito del juego está marcado por el dominio de un jugador sobre otro, donde no puede haber más de un ganador, por lo que cada jugador deberá actuar siempre de manera competitiva y no cooperativa si *desea* el éxito. Ejemplo de gamificación: el alumno que más puntos ha recibido por leer bien la partitura durante la semana, recibe la insignia simbólica de *mejor lector musical*. Elementos:

— Refuerzo: se busca conseguir *feedback* de valor derivado de la acción (puntos, insignias, clasificación).

— Acumulabilidad: se busca acumular puntos, con posibilidad de canjearlos posteriormente.

— Coleccionabilidad: se busca coleccionar insignias.

— Progreso: se busca mejorar dentro del sistema gamificado (más puntos, más insignias, mejor posicionamiento...).

— Estatus: se busca la mejor posición social (en la clasificación).

— Competición: se busca la comparación en competencia con otros jugadores-alumnos o con uno mismo.

— Cooperación: se busca la colaboración y la relación social.

— Autoexpresión: se busca la distinción de los demás jugadores-alumnos mediante la identidad y la autonomía (originalidad, aspecto, particularidad), o el desarrollo de la identidad individual virtual.

3) Estética: refiere tanto a las sensaciones-percepciones que produce la mecánica tal cual está diseñada, como a las sensaciones-emociones que vivencia el jugador-alumno mientras juega. Ejemplo de juego: en el ajedrez hay principalmente dos colores, blanco y negro (si bien se podrían cambiar), y las figuras tienen diferentes formas (que también pueden cambiar). Ejemplo de gamificación: divido a la clase en cuatro grupos, cada uno con un nombre y un icono identificativo, para que resuelvan en conjunto un trivial. Elementos:

— Diversión: sensación de entretenimiento mientras se actúa.

— Inmersión: sensación de pertenencia al sistema gamificado.

— Satisfacción: sensación de cumplimiento personal.

— Placer: sensación de agrado y gusto mientras se actúa en el sistema gamificado.

— Identidad: reconocimiento en el avatar o con el sistema en su conjunto.

— Pertenencia social: sensación de pertenencia a un grupo social.

— Belleza externa: aspecto del sistema que le hace ser percibido como placentero y agradable al jugador-alumno.

— Interés: curiosidad manifestada mediante más atención y predisposición.

Existen múltiples maneras de aplicar la arquitectura MDA, dado que no tienen que estar todos los elementos. En cada diseño, se pueden utilizar diferentes combinaciones para el diseño, si bien cuantos más recursos se utilizan más gamificado es el sistema. Sin embargo, no siempre es posible aplicar todos, o no siempre tiene sentido didáctico hacerlo. En todo caso, sí es importante diseñar pensando en los tres pilares, y no solo en el primero —lo que sería una arquitectura PBL—.

A continuación, se presenta esquemáticamente los diferentes elementos descritos basados en la arquitectura MDA (en inglés sería *MDE*) que se pueden implementar para gamificar la educación (Tabla *18*):

Tabla 18. Arquitectura MDE para gamificación en el ámbito educativo (Quintas, 2019b)

Mecánica	*Dinámica*	*Estética*
Puntos	Refuerzo	Diversión
Insignias-emblemas-medallas	Acumulabilidad	Inmersión
Tablón de resultados	Coleccionabilidad	Satisfacción
Clasificaciones	Progreso	Placer
Retos	Estatus	Identidad
Niveles	Competición	Pertenencia social
Avatares	Cooperación	Belleza externa
Personalización	Autoexpresión	Interés
Mercado virtual-simbólico		

El tercer modelo es la arquitectura Octalysis. Su autor, Chou (2014), subtitula su obra *más allá de los puntos, insignias y clasificaciones,* porque parte de un concepción más amplia de la gamificación, la cual define como «el arte de obtener diversión y elementos divertidos encontrados normalmente en juegos y aplicarlos cuidadosamente al mundo real o a actividades productivas»

(2014, p. 8). Entiende, por tanto, que la gamificación no es algo nuevo desde una visión histórica, dado que se trata de hacer algo como un juego. Su modelo se basa en ocho motores-conductores de la motivación, basados en la psicología y no en la fisiología (placer sensitivo), que pueden estar presentes en diversa medida en una acción, o no estar presentes (Chou, 2014, pp. 25-28):

1. Sentido épico y de llamada: refiere al sentimiento de contribuir a algo más grande que sí mismo, o haber sido elegido para determinada acción. Por ejemplo: los que colaboran habitualmente con el proyecto Wikipedia de manera gratuita. Ejemplo educativo: formar parte y colaborar en un proyecto que se va a exponer al resto del centro educativo.

2. Desarrollo (progreso) y realización (logro): refiere al sentimiento de progresar, mejorar habilidades, conseguir destreza, y superar desafíos. Este motor se basa el sistema PBL. Por ejemplo: los que resuelven un problema que les supone un reto, aunque el proceso de resolverlo no sea del todo divertido. Ejemplo educativo: querer mejorar la calificación de la unidad didáctica mediante la elaboración del trabajo optativo propuesto por el profesorado.

3. Fortalecimiento de la creatividad y retroalimentación: refiere al interés de una persona a expresarse de forma creativa, aplicando diferentes combinaciones, y recibiendo retroalimentación —*feedback*— de los resultados. Por ejemplo: construir mediante Lego o «videojugar» al Minecraft. Ejemplo educativo: diseñar la portada del trabajo a entregar de una manera original.

4. Propiedad y posesión: refiere al sentimiento de posesión y control sobre algo. Explicaría el gusto por acumular cosas (bienes virtuales, monedas…), coleccionar, desarrollar más las propiedades para sentir más control sobre ellas, etc. Ejemplo: acumular cromos de una colección, o comprar una enciclopedia por fascículos. Ejemplo educativo: acumular *puntos verdes* de buen comportamiento para poder asistir al viaje fin de curso.

5. Influencia social y relación: refiere al sentimiento de estar en un contexto social. La motivación puede venir por el compañerismo, la cooperación, la competición, la retroalimentación social o incluso la envidia. Ejemplo: subir un comentario o foto a Internet para recibir un *like*. Ejemplo educativo: estudiar más duro para ganar el *trivial* que se jugará en clase.

6. Escasez e impaciencia: refiere al sentimiento de querer algo por su rareza, exclusividad o dificultad de obtención. También refiere al sentimiento de impaciencia por querer algo ya, y que al no conseguirlo motiva a volver sobre él todo el rato. Ejemplo: invertir más tiempo y esfuerzo para conseguir

un cromo concreto que en el resto de cromos más comunes; consultar el *whatsapp* a ver si se ha obtenido respuesta. Ejemplo educativo: trabajar duramente por la matrícula de honor por ser considerada exclusiva y escasa; consultar la página web del docente a ver si ha sacado las calificaciones.

7. Imprevisibilidad y curiosidad: refiere al sentimiento de querer conocer lo que no se sabe, a la incertidumbre. Por ejemplo: jugar a la lotería. Ejemplo educativo: leer una novela o ver una película, especialmente de suspense.

8. Pérdida y evitación: refiere al sentimiento de no querer perder algo que ya se posee, o evitar que algo negativo suceda. Por ejemplo: hacer ejercicio solo por no perder la salud física (y no por gusto). Ejemplo educativo: poner especial atención a la ortografía en clase para no perder calificación.

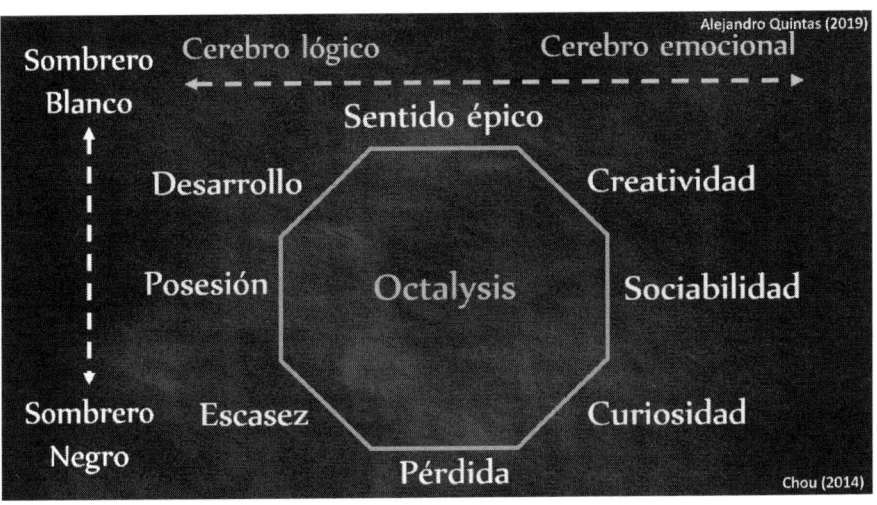

FIGURA 7. Arquitectura Octalysis (Chou, 2014, p. 31)

El modelo Octalysis asocia la parte izquierda del octógono (figura 7), de forma simbólica y no geocerebral, con actividades más especializadas del *cerebro izquierdo o lógico,* a su vez asociadas a la motivación extrínseca, y la parte derecha con actividades más asociadas al *cerebro derecho o emocional,* a su vez asociadas a la motivación intrínseca. Por otra parte, la zona del sombrero blanco —terminología extraída del mundo *hacker*— es la zona superior del octógono, e incluye los motores asociados a sentimientos de poder, satisfacción y control sobre nuestra vida y nuestros actos, y el sombrero negro es la zona inferior, e incluye los motores relacionados con la obsesión, la ansiedad y la adicción a largo plazo. Si se hace necesario el uso combinado de ambas zonas es porque la estrategia del sombrero blanco no sería suficiente para la iniciación de conductas motivadas, dado que son las del sombrero negro las que crean sentimiento de urgencia (Quintas, 2019*b*). La eficacia de la arquitectura Octalysis prácticamente no ha sido investigada científicamente (Freitas *et al.*, 2017), por lo que es un planteamiento por el momento teórico, si bien bastante holístico.

A continuación, se exponen algunos elementos en los que puede basarse un docente para implementar cada uno de los motores-conductores de la arquitectura Octalysis:

— Sentido épico y de llamada: narración, historia de trasfondo, elitismo-heroico, destino, contexto político-social, contexto epistémico-científico...

— Creatividad y retroalimentación: *feedback* inmediatos, dar consejos-herramientas concretas a mitad de camino, múltiples posibilidades de realizar la tarea, permitir combinaciones diferentes, aspectos artístico-expresivos...

— Desarrollo y realización: puntos, insignias, tablón de clasificación, barra de progreso, barra de progreso, tutoriales paso-a-paso...

— Imprevisibilidad y curiosidad: *storytelling* visual, premios azarosos, eventos repentinos, eventos o tareas bloqueadas (pero visibles), resolución de problemas.

— Evitación y pérdida: posibilidad de perder puntos o insignias, existencia de puntos negativos (prudencia de uso), establecer fechas de entrega parciales para el trabajo continuo, pérdida de progreso, tablón de estadísticas personales consultable en cualquier momento...

— Escasez e impaciencia: nombramientos dinámicos (coordinador, delegado...), contrarreloj para una publicación en el curso virtual, pequeños breaks de descanso...

— Influencia social y relación: trabajos colaborativos, aprendizaje cooperativo, aprendizaje por proyectos, competición grupal de preguntas, presentaciones en público, publicaciones de resultados...

— Posesión y propiedad: puntos intercambiables (por bienes reales o virtuales), avatar mejorable, portafolio de evaluación continua...

Como se ha comentado, se puede gamificar sin tecnología. Sin embargo, en la actualidad la mayoría de las aplicaciones tienen una estructura gamificada detrás. A continuación (véase tabla 19), se expone un listado de aplicaciones que ayudan a gamificar mediante tecnología digital la enseñanza y el aprendizaje, según los posibles usos didácticos:

Tabla 19. Listado de aplicaciones digitales para gamificar. Extraída de Casanova et al. (2019).

TIC	Explicar	Profundizar	Evaluar	Debatir	Control de asistencia
Socrative	*	*	*	*	*
Kahoot	*	*	*	*	*
Plickers	*	*	*		*
EdPuzzle	*	*	*		
Cuest. Google	*	*	*	*	*
ClassDojo			*		*
Symbaloo	*	*		*	
EducaPlay		*	*		
ClassroomScreen			*	*	*
Flippity		*	*	*	*
Celebriti		*	*		
ForAllRubrics		*	*		*
Moodle	*	*	*	*	*

3.8.4. Pensar la gamificación

La gamificación ha tenido un gran avance en el mundo empresarial y el *marketing*, sin embargo, su aplicación al ámbito educativo aún es una práctica emergente (Dicheva *et al.*, 2015). Recientes estudios reflejan que los principales limitantes de la investigación científica en gamificación se debe a su dominante aplicación en la etapa universitaria y no en etapas educativas como infantil y primaria (Dichev *et al.*, 2017), la ausencia de diseños comparativos de investigación (Hanus *et al.*, 2015), y la falta de validez de la recogida de datos (Hamari y Koivisto, 2014).

Los hallazgos científicos sobre la efectividad real de la gamificación son escasos debido a la escasez de estudios científicos sobre el tema. Y de los realizados hasta el momento, hay cierto debate sobre el potencial motivador de la gamificación, dado que se han encontrado indicios tanto negativos como positivos. Uno de los problemas es que la gamificación se toma con un constructo demasiado complejo y entendido de diversa manera en cada estudio, lo que hace más difícil su comparación. De igual manera, es necesario realizar investigaciones sobre diseños específicos de gamificación, para estudiar qué tipos de diseño precisos, incluso qué tipo de elementos gamificadores concretos producen qué efectos. En todo caso, y a falta de posteriores pruebas científicas que avalen, toda introducción de la gamificación en el sistema educativo deberá venir avalada con principios didácticos bien asentados y justificados, para no caer en justificaciones extra-educativas, importadas de otros ámbitos donde ya se haya podido demostrar la eficacia de la gamificación, como en el marketing o la salud (Quintas, 2019*b*).

Si la gamificación aún no tiene el respaldo de la ciencia didáctica y la pedagogía, ¿por qué está de moda? Habría que reflexionar sobre las corrientes virales que surgen en educación, es decir, valorar su porqué y su para qué —y luego el cómo, que escasamente se ha estudiado didácticamente—. El término «gamificación» lo acuñó Nick Pelling en 2002, aunque no comenzó a ganar popularidad hasta 2010 (Rodríguez y Campión, 2015). La gamificación ha tomado importancia en el mundo empresarial con un objetivo final: aumentar la productividad —mediante la motivación de los trabajadores—. Habría que pensar si realmente se quiere aumentar la productividad en el sistema educativo, o en qué sentido se quiere aumentar. Por ejemplo, una idea valorable sería mejorar el rendimiento académico, conseguir lo mismo en menos tiempo, para que las personas tengan más tiempo de ocio y tiempo libre. Pero suele suceder que, tras encontrar un método más eficaz, las personas siguen trabajando el mismo número de horas. ¿Tiene sentido la gamificación en educación infantil?

Una de las razones por las cuales la gamificación está de moda es porque maneja y promueve las emociones, las cuales también están de moda. El filósofo Byung-Chul Han (2015) analiza cómo al sistema productivo actual le conviene el tratamiento de las emociones, de la emocionalidad, en lugar de la racionalidad:

> «La economía neoliberal, que en pos del incremento de la producción permanentemente destruye continuidad y construye inestabilidad, impulsa la emocionalización del proceso productivo […]. El capitalismo del consumo introduce emociones para estimular la compra y generar necesidades. […] En última instancia, hoy no consumimos cosas, sino emociones. Las cosas no se pueden consumir infinitamente, las emociones, en cambio, sí. Las emociones se despliegan más allá del valor de uso». (p. 72)

Es a través de las emociones como el sistema productivo quiere influir en las acciones de los individuos, a un nivel emotivo pre-reflexivo. De esta forma, mediante la gamificación, lo que se pretende es introducir las emociones que produce el juego, en el ámbito del trabajo —para aumentar la productividad, claro—. Así, con algunas de las estrategias, como la gratificación instantánea, o las rápidas experiencias exitosas, se pretende que el jugador-trabajador esté más automotivado y tenga más iniciativa que el trabajador funcional racionalizado (Han, 2015).

La gamificación puede ser adecuada para el sistema educativo si se reescribe la finalidad con la que nació, y se le enfocan objetivos claramente educativos y medios que no impliquen la simple rapidez y la productividad, sino valores y acciones previamente reflexionados pedagógicamente.

Tema 4. Sociedad de la información y el conocimiento. Tecnología y didáctica

> El núcleo ideológico de esta conciencia [tecnocrática] es la eliminación de la diferencia entre práctica y técnica.
>
> Jürgen HABERMAS

Las maestras de educación infantil, al igual que el resto del cuerpo docente, deben pensar y reflexionar sobre la tecnología digital —plano ontológico—, deben saber cómo están transformando las tecnologías digitales a la sociedad, especialmente la forma de conocer y aprender —plano epistemológico—, y deben saber cómo usar las tecnologías, en especial las digitales, de manera didáctica —plano metódico—.

4.1. La tecnología

4.1.1. Pensar sobre la tecnología

Uno de los problemas fundamentales en el campo de la tecnología educativa es la falta de teorías claras sobre la tecnología misma. Mientras que las teorías del aprendizaje han sido ampliamente debatidas y desarrolladas —como se ha visto en el tema 1—, las ideas sobre qué es y qué implica la tecnología han sido relegadas a un segundo plano. Esto es paradójico, ya que el término "tecnología" ocupa un lugar central en este ámbito de estudio. A menudo, se adoptan definiciones vagas o simplistas que no permiten una comprensión completa. Por ejemplo, términos como "tecnología educativa" "e-learning" o "tecnología para el aprendizaje" son empleados indiscriminadamente, sin una base conceptual sólida que los respalde.

En la actualidad se utiliza, de forma simplista y reduccionista, el término *tecnología* para referirse a los artefactos electromecánicos y digitales. Sin embargo, la mayoría del entorno en el que vive el ser humano hoy en día es tecnología o está tecnificado: la ropa, el suelo, el edificio, las gafas, las calles, etc. La tecnología es un universal antropológico, es decir, está presente en todas las culturas humanas dado que es una estructura básica de la vida humana —aunque no solo de la vida humana—. La dimensión tecnológica es un tipo de relación entre el ser humano y el ambiente *natural,* en la cual el ser humano lo transforma, convirtiéndolo en artificial —en palabras aristotélicas— y desarrollándose el trabajo —en términos hegelianos—.

Una visión mecánica y utilitaria de la tecnología en los dos últimos siglos ha pretendido administrar las cosas y también la vida de los seres humanos. Es por ello que en la actualidad no existe la inquietud de preguntarse por la esencia de la tecnología, de su porqué y su para qué, sino que las personas se quedan con su uso y la satisfacción de las necesidades y deseos (Aguilar, 2011, p. 133).

Algunas veces se usa el término tecnología como sustantivo para referirse a un artefacto. Esto es una consecuencia del enfoque explicado en el párrafo anterior, el utilitarismo. La tecnología, sin embargo, siempre se ha generado en un contexto socio-histórico-humano, por lo que no se desprende de valores, tendencias, e intereses. La reflexión sobre la tecnología —en su connotación sustantiva— debe ir más allá del «será buena o mala según cómo se utilice». La tecnología, en sí misma, es axiológica, es decir, tiene valores humanos asociados. Dado que la tecnología es inherente al ser humano, las concepciones sobre la tecnología estarán influenciadas por las concepciones antropológicas, epistemológicas y ontológicas. En la modernidad, la concepción de la tecnología se ha realizado desde diferentes corrientes de pensamiento, como el empirismo, el liberalismo o el pragmatismo. Pero en las últimas décadas ha surgido una corriente de pensamiento, explícito e implícito, denominado tecnicismo, el cual se basa en poner una de las dimensiones humanas, la *techné*, por encima de las otras *theoria* —conocimiento— y *praxis* —ética y política—. Actualmente, el término «práctico» se utiliza a menudo cuando «técnico» sería más preciso. En filosofía, «práctico» se refiere generalmente a la ética (el arte de vivir bien), la política (los asuntos de la polis o ciudad) y la vida cotidiana. Por otro lado, «técnico» se refiere a la aplicación de conocimientos y habilidades especializados para la creación, manipulación o mejora de objetos y procesos. Este término se asocia principalmente con la tecnología, o más ampliamente con el arte y la artesanía, como era el caso del concepto griego de *techné* (Mosteo y Quintas, 2024).

Habermas (1986) concibió las sociedades tardocapitalistas de la segunda mitad del siglo XX como tecnocracias. Con ello refería a que la razón técnica o instrumental se había impuesto a cualquier otro tipo de razón en la sociedad y en la administración, construyendo la conciencia tecnológica: «el núcleo ideológico de esta conciencia [tecnológica] es la eliminación de la diferencia entre práctica y técnica» (1986, p. 99). Habermas (1986) planteó que las nuevas sociedades capitalistas han conseguido que la política no necesite de valores, convirtiéndose en tecnocracia y mostrando a la población su nueva función y sentido de *servir* al sistema técnico-científico-económico.

La tecnocracia en la que se vive, y el tecnicismo como forma de proceder para resolver cualquier cuestión o problema, ha acabado con la vida contemplativa, pues la tecnología, por su desarrollo de las últimas décadas, se ha asociado con la productividad y la utilidad, cuando la contemplación implica una mirada de la realidad totalmente diferente:

> «Hablar de contemplación en el mundo contemporáneo podría parecer anacrónico. El mundo moderno parece haberse asentado en un camino unidireccional dominado por la eficiencia técnica, la metodología y la velocidad. Todos estos elementos se valoran porque conducen a un valor mayor: la producción. Sin embargo, esta producción no se entiende en el sentido aristotélico de *poeisis* (poesía, como en la creación-producción artística), sino en el sentido económico más moderno, de Ricardo y Adam Smith. Se puede distinguir el trabajo productivo —que resulta en mercancías— del trabajo improductivo, como el trabajo intelectual. Además, la contribución de Marx de que la producción ya implica consumo nos permite describir cómo, en la sociedad contemporánea, producir es consumir. Antropológica y ecológicamente, los humanos parecen necesitar producir sus medios de subsistencia, a diferencia de otros animales, que se adaptan a su entorno. Pero esta condición humana, la necesidad de producir el entorno material, se ha extendido en la sociedad moderna a todas las dimensiones humanas, incluidas la intelectual, la espiritual y la estética. En este contexto, la contemplación es un anacronismo, un *átopos* que no tiene sentido o cuya única aceptación posible es si se resignifica como producción de algo, como relajación, bienestar o descanso, para volver a la producción» (Mosteo y Quintas, 2024, p. 2).

Horkheimer (2002) en *Crítica de la razón instrumental* explicó este tipo de racionalidad como aquella típica de la ciencia positiva que se reduce a la relación entre causas y efectos, aquella que calcula las eficacias, y tecnifica la razón, dejando fuera el establecimiento de finalidades y ejerciendo como razón única y absoluta. Estas metas externas al mecanismo medios-fines eran establecidas en su momento por la racionalidad objetiva de la metafísica idealista, pero el positivismo renunció incluso a los contenidos y finalidades de la racionalidad metafísica, por lo que se redujo a mera técnica, convirtiendo su contenido en propia tecnocracia. Así, en las tecnocracias (véase 1.1.1.5. La Escuela Tecnocrática), el tipo de cuerpo que reina es el cuerpo tecnificado, es decir, un cuerpo que ha sucumbido a su propio hábito de acción dominante hacia el exterior, acabando siendo dominado por el propio hábito técnico. En palabras de Marcuse en *El hombre unidimensional:* «La fuerza liberadora de la tecnología —la instrumentalización de las cosas— se convierte en un encadenamiento de la liberación; la instrumentalización del hombre» (1993, p. 185).

Hoy en día, los debates sobre tecnología en la educación suelen simplificar su papel, viéndola como un medio para transmitir información de manera más eficiente. Esta perspectiva ignora las complejas dinámicas culturales y sociales que influyen en el uso y la interpretación de las tecnologías. Por ello, se va ampliar la mira sobre las maneras de concebir la tecnología.

4.1.2. Maneras de entender la tecnología

El concepto de tecnología parece hoy inescrutable en cualquier debate académico y práctico, incluido campos como la educación y las ciencias sociales. Como se ha visto, no es una cuestión que afecte solo a las ingenierías o a la informática particularmente, sino que se puede y se debe desarrollar en otras áreas. Sin embargo, como argumentan Oliver (2016) y De Vries (2012), las formas de entender la tecnología a menudo carecen de profundidad teórica y claridad conceptual. Se van a analizar algunas de las maneras de entender la tecnología desde perspectivas filosóficas, sociales y prácticas. De Vries (2012) señala que los discursos sobre tecnología tienden a centrarse en ejemplos tangibles (como dispositivos y plataformas) en lugar de conceptualizarla desde perspectivas filosóficas o culturales. Esto genera una simplificación excesiva, o *tecnificación*, donde la tecnología se percibe como un mero instrumento neutral.

Se podrían diferenciar cuatro grandes acepciones de la tecnología:

1. Tecnología como artefacto: esta es, sin duda, la representación más común y moderna de la tecnología: se la identifica con los objetos materiales diseñados y fabricados por seres humanos con fines utilitarios —desde herramientas rudimentarias hasta sistemas computacionales complejos. Sin embargo, como advierten filósofos como Ortega y Gasset o Heidegger, esta concepción resulta sumamente reductora. Al enfocarse exclusivamente en los productos físicos, se descuidan las mediaciones culturales, simbólicas e institucionales que acompañan al desarrollo, adopción y uso de dichos artefactos. En efecto, los objetos tecnológicos no existen en un vacío neutro, sino que se inscriben en redes de significación social, normas de uso y relaciones de poder que condicionan tanto su diseño como sus efectos. Ignorar esta dimensión conduce a una lectura deshistorizada y funcionalista de la tecnología, incapaz de dar cuenta de sus implicaciones antropológicas más profundas. Esta noción sería la más frecuente, y por supuesto es la plasmada en el currículo oficial.

2. Tecnología como conocimiento: la segunda perspectiva considera que la tecnología no es simplemente un conjunto de objetos, sino ante todo una forma de conocimiento práctico aplicado. Desde esta óptica, la tecnología aparece como expresión de la capacidad humana para entender, manipular y transformar el entorno mediante procedimientos sistemáticos. Esta idea tiene antecedentes en el pensamiento moderno, especialmente en Francis Bacon, quien sostenía que el saber técnico debía orientarse a la mejora de la vida humana y al dominio racional de la

naturaleza, y permitió dar el paso de la ciencia a la tecnociencia actual. Más recientemente, autores como Oliver (2016) han señalado que esta concepción suele acentuar excesivamente los aspectos instrumentales y operativos del conocimiento tecnológico, privilegiando la eficiencia, la funcionalidad y la rentabilidad como criterios principales de evaluación. Esta deriva tecnocrática —muy presente en contextos educativos y organizacionales— tiende a soslayar las cuestiones éticas, sociales y culturales implicadas en la producción del saber técnico, reduciendo la tecnología a un conjunto de procedimientos sin reflexión crítica. Esta connotación se va a desarrollar más exhaustivamente en el siguiente epígrafe.

3. Tecnología como actividad: un tercer enfoque, también recogido por De Vries (2012), define la tecnología como una praxis intencional, es decir, como una actividad humana orientada a la resolución de problemas mediante la articulación de medios y fines. Aquí, lo técnico no es tanto un objeto o un conocimiento, sino un proceso en marcha, una serie de operaciones encaminadas a lograr determinados objetivos bajo condiciones específicas. Esta visión conecta con los análisis de la racionalidad instrumental y con la crítica heideggeriana al modo de operar de la técnica moderna, que convierte el mundo en un *fondo disponible* (Heidegger, 1997) susceptible de explotación continua. Desde esta óptica, la tecnología modela el mundo exterior, y también la estructura del pensamiento humano, habituándolo a esquemas de eficiencia, control y utilidad. Pensar la tecnología como actividad permite, por tanto, recuperar su dimensión práctica, pero también requiere de una atención crítica sobre los marcos valorativos que guían dicha práctica.

4. Tecnología como valores: en la cuarta connotación, la tecnología es vista como portadora y productora de valores. Lejos de ser neutral o políticamente inocua, toda tecnología incorpora supuestos normativos, decisiones implícitas y orientaciones axiológicas que reflejan —y a menudo refuerzan— determinados imaginarios sociales y estructuras de poder. Oliver (2016), en esta línea, subraya que los sistemas tecnológicos operan como dispositivos que configuran el comportamiento y las formas de percepción, de relación y de exclusión dentro de una sociedad. En el campo educativo, por ejemplo, la integración acrítica de tecnologías digitales puede consolidar dinámicas de vigilancia, estandarización y segmentación, sin necesariamente mejorar la calidad formativa. Desde esta perspectiva, analizar la tecnología implica examinar las condiciones sociales de su producción, los intereses que representa, y los efectos que genera en términos de justicia, equidad y emancipación.

4.1.2.1. La tecnología como desocultamiento

El filósofo alemán Martin Heidegger advirtió sobre el peligro de considerar la tecnología como algo neutral. Según él, esta percepción hace al ser humano ciego a su verdadera esencia, limitando la capacidad para entender cómo la tecnología configura las vidas y sociedades. Además, la tendencia a listar ejemplos de tecnologías (como iPads o MOOCs) sin profundizar en sus implicaciones conceptuales contribuye a un discurso superficial que no aborda las preguntas de fondo sobre su naturaleza o propósito. En su obra de 1953, *La pregunta por la técnica* —emanada de una conferencia que impartió—, invitó a abandonar la comprensión instrumental de la técnica como mero conjunto de herramientas o medios. En su lugar, propuso que la técnica es una forma de *aletheia*, es decir, de desvelamiento o aparición del ser. *Aletheia* significa en griego clásico *des-ocultamiento*, pues entendían la verdad como algo que está allí, pero está oculto, y hay que hacer algo para extraerla[5]. Este giro ontológico implica que la técnica configura el modo en que el mundo mismo se presenta. En el contexto de la sociedad de la información se puede interpretar que lo técnico no solo transforma el entorno, sino que altera la posibilidad misma del pensamiento, volviéndolo funcional, operativo, previsible. La técnica, la tecnología, es un modo de desocultamiento, es decir, una manera de acceder a la verdad: «La técnica no es, pues, simplemente un medio. La técnica es un modo del desocultar. Si prestamos atención a eso, entonces se nos abriría un ámbito distinto para la esencia de la técnica. Es el ámbito del desocultamiento, esto es, de la verdad» (Heidegger, 1997, p. 121).

Pero en la técnica moderna, siguiendo con Heidegger, no se trata ya de un modo poético de desocultamiento, como en la *téchne* griega, sino de una provocación sistemática que ordena lo real a presentarse como «fondo disponible» o «fondo de reserva», como recurso que ha de estar permanentemente a disposición para su uso y explotación: «El desocultar imperante en la técnica moderna es un provocar que pone a la naturaleza en la exigencia de liberar energías, que en cuanto tales puedan ser explotadas y acumuladas» (p. 123). La naturaleza, con la tecnología moderna, se transforma en aquello que debe ser explotado, consumido. En la era digital, esto se traduce en la conversión de la experiencia humana en datos —emociones, decisiones, relaciones— que se almacenan, clasifican y predicen, reduciendo lo humano a su condición de reserva computacional.

---

[5] El nombre *Alicia*, en castellano, deriva precisamente de este término, *Aletheia*, que significaría *verdad*.

Así, la tecnología no es peligrosa por su capacidad destructiva externa, sino porque clausura otros modos de relación con el ser, con la verdad, con el misterio del mundo. La sociedad de la información —aparentemente orientada a la transparencia, al acceso ilimitado y a la participación— puede devenir, paradójicamente, un entorno de ocultamiento. Si todo se convierte en dato visible, en información circulante, desaparece lo inapropiable, lo no disponible, lo sagrado. Así, la educación corre el riesgo de reducirse a mera gestión de contenidos y competencias, olvidando su dimensión ontológica: la formación (*Bildung*, en alemán) del sujeto como apertura al ser:

> «Por eso, nunca experimentaremos nuestra relación con la esencia de la técnica, mientras nos representemos y dediquemos sólo a lo técnico, para apegarnos a ello o para rechazarlo. Por todas partes permanecemos presos, encadenados a la técnica, aunque apasionadamente la afirmemos o neguemos. Más duramente estamos entregados a la técnica cuando la consideramos como algo neutral; pues, esta concepción, que tiene hoy día gran aceptación, nos vuelve completamente ciegos para la esencia de la técnica» (p. 113).

En este fragmento, radicalmente contraria al tecnicismo de entonces y también del contemporáneo, puede servir de una advertencia: toda política educativa que quiera integrar la tecnología sin reflexión ontológica está condenada a reproducir el modelo del dominio. En un mundo donde los dispositivos median toda experiencia, pensar la técnica como neutral es ya una forma de sumisión. El pensamiento pedagógico y didáctico debe reconfigurarse como pensamiento técnico-poético, capaz de interrogar no sólo el para qué, sino el cómo y el desde dónde se produce el saber.

Heidegger aportó un camino, o una salida, a la deriva tecnicista, que ha ido acelerándose en los últimos setenta años. Y esa fuga es el arte, que curiosamente comparte la misma traducción griega *téchne* que lo que antes se ha denominado *técnica*. Por eso afirma: «*Pero, donde hay peligro crece también lo salvador*» (p. 147); es decir, del mismo origen del problema, la *téchne* (tecnología), surge también la solución, la *téchne* (arte). Pero por arte entiende, también, otra forma de habitar el mundo. El arte no es comprendido como entretenimiento ni como mero objeto estético, o de producción industrial; sino como otra forma de desocultamiento, pero en esta ocasión, sin dominio. El arte abre al mundo, no lo reduce o explota. Mientras la técnica moderna exige a la naturaleza que se rinda como recurso —"puesta en reserva"—, el arte deja ser, revela sin dominar. El escape de la manera técnica de vivir el mundo, según Heidegger, sería la manera poética. La poesía viene del griego *poíesis,* y se entendía como la capacidad de un ser para transformar algo de su estado de no-ser a ser, por eso se des-vela o se desoculta la verdad. Otra manera de entenderlo sería recordando la posible *actitud estética* que se puede tener ante el mundo, desarrollado en el tema 2.

La pregunta entonces es: ¿cómo reintroducir lo poético, lo demorado, lo simbólico, en una educación colonizada por la técnica? ¿Cómo defender el pensamiento lento, la contemplación, la alteridad, frente al imperativo de la eficiencia y la transparencia? La respuesta no es técnica, sino ética y estética: volver a pensar la educación como acontecimiento del ser, no como simple transmisión de información. Precisamente en educación infantil, al observar cómo artísticamente crean obras, se puede ver un tipo de interacción creativa —niño-material— no basada en el dominio, sino en la pura expresión, o en intercambio. La teorización como contemplación sería otra posible mirada del mundo, complementaria pero no compatible al mismo tiempo, a la producción —a la relación tecnológica con el mundo—. ¿A quién le interesa la teoría hoy en día? Parece que la teoría no tiene valor, especialmente *la teoría pura*, que parece no tener vínculo con nada técnico o práctico. En la Universidad, que supuestamente debería ser el templo de la sabiduría, se ha tecnificado tanto que los grados universitarios se están convirtiendo en cursos de formación profesional superior, donde también debe prevalecer lo técnico. Las clases *prácticas* son las más relevantes, donde tanto el profesorado como el alumnado tienen una mayor valoración: mayor asistencia por parte del alumnado, o mayor reconocimiento o evaluación en las clases prácticas por parte del profesorado. Por otro lado, aquellas especialidades más teóricas, o las consideradas improductivas, tienen menor valor social: filosofía, humanidades, teología, sociología, antropología, bellas artes. No se consideran serias ni aconsejables ya que no son para el presente y se ven como inútiles. Es frecuente utilizar el argumento de la utilidad para darles un sentido o valor. En este caso, nos enfrentamos al problema de abordar la cuestión desde una perspectiva muy concreta: la de la producción técnica y útil. Sin embargo, la teoría se asocia a lo contrario: a la festividad (Mosteo y Quintas, 2024).

4.2. La sociedad de la información y el conocimiento

Si en el siglo XVII en Europa había un sistema productivo mayoritariamente agrario, y en el siglo XIX un sistema productivo industrial, a partir de la segunda mitad del siglo XX comenzó un nuevo tipo de sistema productivo, basado en la información y el conocimiento. Los avances de las ciencias de la informática y la electrónica permitieron una revolución de las comunicaciones. Hoy en día, es tan importante la producción y mercado de la información como lo es la producción agrícola o industrial. La revolución industrial vino de la mano de avances técnicos de tipo mecánico. La revolución de las comunicaciones y la información en el siglo XX se produjo por los avances en la tecnología de tipo digital.

Estas tecnologías están inmersas en todas las esferas de la sociedad: economía, política, periodismo, transporte, mercado, ciencia, educación, etc. Su extensión y profundización en todas las esferas sociales ha hecho que autores denominen a la sociedad de la información y el conocimiento (SIC) actual la «sociedad red» (Castells, 2011), es decir, una sociedad hiperconectada. También se ha considerado que la sociedad actual implica la Tercera Revolución Industrial (Rifkin, 2011), caracterizada por el cambio de la tecnología analógica y electromecánica a la tecnología digital. En esta SIC está la ciudadanía digital (Ribble *et al.*, 2004), los *prosumer* (productores-consumidores en la red) (De Pablos, 2015) y, en general, la era digital (Pérez-Gómez, 2012), donde todos los elementos de la cultura se han visto afectados, incluida la educación (Sharan, 2014).

En la SIC existe la gran ventaja del aumento exponencial de las comunicaciones respecto a sociedades anteriores, por eso lo comparan con otras revoluciones comunicativas como la invención de la imprenta o la máquina de vapor. Sin embargo, este nuevo sistema técnico mundial, tiene todavía una complejidad técnica excesiva y los costes no se han reducido suficientemente (Macau, 2005, p. 14).

En la década de los sesenta del siglo XX, la informática se introdujo solo en grandes organizaciones que podían hacer frente al elevado coste del hardware y el *software* de entonces, con el fin de automatizar tareas administrativas repetitivas (contabilidad y facturación, esencialmente); el resto de la población occidental no tenía acceso a dichos servicios tecnológicos, en tanto que la informática doméstica no existía. El avance en esta década es automatizar la burocracia en las grandes organizaciones, incluidas más lentamente en la administración pública, lo cual se añade a la automatización que ya existía de tipo tecnológico-organizativo de la producción general. Las redes de telecomunicaciones eran las redes telefónicas tradicionales de acceso fijo, basadas en una transmisión analógica.

La informática de gestión de los sesenta había nacido en departamentos sin generar un gran impacto organizativo global. Ello conllevó en los setenta una visión crítica de debilidades del sistema de información, inconexo, con falta de coherencia, o con una cantidad de datos abrumador para muchos grandes gestores de las organizaciones. En los años setenta se generaron las primeras bases de datos en el sentido moderno como una de las soluciones. En este periodo aparecen también pequeños ordenadores, más asequibles y manejables para un mayor número de organizaciones y empresas, e incluso los ordenadores personales —

aunque no accesibles para la mayoría de la población—, consolidándose la industria del *software* en el mercado.

En los años ochenta hubo una concienciación de que las tecnologías de la información y la comunicación introducidas progresivamente durante las décadas anteriores no solo conllevaba una mejora de la gestión y las comunicaciones, sino que cambiaba cualitativamente la forma de las organizaciones, incluso la naturaleza de los propios productos, su distribución y venta, etc. En este periodo se asentó la unión de la informática con las telecomunicaciones, la extensión y generalización de los ordenadores personales, comenzando una informática personal y doméstica que antes solo se daba a nivel personal. Las redes de comunicaciones empezaron a digitalizarse —en lugar de los sistemas analógicos—, y se comenzaron a usar nuevos materiales como la fibra óptica en lugar del cable de cobre, lo que permitió un mayor abaratamiento de las instalaciones (Macau, 2005, pp. 20-21).

En los ochenta se dieron dos importantes fenómenos. El primero fue el crecimiento de usuarios de Internet —entendida inicialmente como la conexión entre dos ordenadores físicos diferentes—, que había sido creada en años anteriores en el entorno universitario. Es decir, comenzó a haber un uso social de internet, en el cual no acabaron de entrar las organizaciones empresariales y político-administrativas. El otro fenómeno fue la unión progresiva de las TIC con la industria de la cultura de la información y el entretenimiento.

Estos avances en informática fueron a la par de cambios socioeconómicos, como la globalización de la economía, el cambio del sector productivo hacia la colaboración e intercambio de información, y el aumento de nivel de estudios de la población lo que le daba capacidad para gestionar información.

En la década de los noventa la ciudadanía, las empresas de los países *desarrollados,* y las élites económicas y culturizadas del resto del mundo, pasaron a estar conectados en la Red. Se creó la *World Wide Web* (WWW), un protocolo que permite la consulta remota de archivos, y que usaba Internet —no hay que confundir, por tanto, Internet con WWW, dado que existen otros protocolos diferentes como la mensajería instantánea, la telefonía, el correo electrónico, entre otros—. Así, la informática doméstica fue un elemento económico clave, y los límites del mercado en las empresas dejaron de estar claros —ya no era solo en el propio país o en alguno extranjero, sino en cualquiera dentro de la Red—. Comenzó la expansión de la digitalización en nuevos fenómenos masivos: elementos TIC en los automóviles, los videojuegos o la fotografía digital —que llegará un poco más tarde— (Macau, 2005, p. 26).

4.2.1. Características de la sociedad de la información y el conocimiento

La SIC ha supuesto un auténtico giro *epocal*, una mutación histórica que reconfigura los vínculos humanos, las arquitecturas económicas y las tramas culturales. Se habita un tiempo en el que la información ha dejado de ser un recurso entre otros para convertirse en el propio dinamismo de la productividad y de la organización social. Pero tal fenómeno no puede reducirse a la suma de innovaciones técnicas; se impone entenderlo como un cambio en la misma médula social, es decir, ha cambiado la manera de pensar, actuar, sentir y relacionarse.

En este nuevo horizonte, como indica Torres (2013), la información ocupa el corazón de la *praxis* humana, describiendo un bucle incesante en el que ella misma se transforma, se reproduce y se retroalimenta. Se trata de una época en la que los flujos de datos son simultáneamente medio y fin. Por vez primera, las herramientas forjadas por el ingenio humano se dedican a procesar, almacenar y generar información a un ritmo vertiginoso, alcanzando magnitudes y profundidades que desbordan al intelecto singular. El proceso no es únicamente cuantitativo, sino cualitativo, porque permite no sólo acumular microdatos, sino transmutarlos en conocimiento significativo, esto es, en instrumento para actuar y para transfigurar el mundo. Es por ello por lo que no se ha tratado solo de recopilar y almacenar datos, sino de orientarlos hacia una disciplina social, hacia ciertas conductas, tanto a nivel social como educativo. Se ha usado, para este contexto, la noción de infosfera, aquel ámbito o ecosistema en el que interactúan las entidades informacionales. Solo hay que recordar que al inicio del siglo XXI solo el 15% de la población mundial tenía acceso a internet, mientras que actualmente asciende al 70%, o al 90% en el caso europeo. Ello permite pensar que el mundo es algo que sucede también en la infosfera, en internet en general (Diéguez, 2024, pp. 32-33).

El filósofo Byung-Chul Han analiza precisamente en su obra *Infocracia. La digitalización y la crisis de la democracia* en 2021. En el nuevo régimen de la información, la vigilancia y el control no se ejercen mediante la coerción corporal ni a través de dispositivos panópticos explícitos, sino mediante la *seducción* de la interactividad constante y la autoexposición voluntaria. El sujeto ya no es dócil ni pasivo, sino que se autoproduce como mercancía simbólica: se exhibe, se comenta, se comunica hasta el agotamiento. Precisamente, Han asocia la transparencia —publicar fotos, actualizar *estados*, subir vídeos, etc.— con un tipo de esclavitud o automatismo, y no tanto con una sociedad más deseable respecto a alguna anterior.

Como él expresa:

«La transparencia no es sino la política de hacer visible el régimen de la información. La transparencia es el imperativo sistémico del régimen de la información. El imperativo de la transparencia reza así: todo debe presentarse como información. Transparencia e información son sinónimos. La sociedad de la información es la sociedad de la transparencia. El imperativo de la transparencia permite que la información circule con libertad. No son las personas las realmente libres, sino la información. La paradoja de la sociedad de la información es que las personas están atrapadas en la información. Ellas mismas se colocan los grilletes al comunicar y producir información. La prisión digital es transparente». (2022, p. 15).

Como se lee, en el paradigma infocrático, la libertad se desplaza desde los sujetos hacia los datos: no es el ciudadano quien goza de autonomía, sino la información misma, que circula sin freno bajo el mandato de la transparencia. El sujeto —aparentemente libre— participa en su propia captura al ofrecerse voluntariamente como fuente constante de datos, autoencerrándose en una cárcel digital cuya novedad radica precisamente en su visibilidad y apertura, no en su clausura opaca. Por supuesto, este flujo de datos e información no tiene por qué representar ninguna verdad concreta, sino que su valor está en el propio fluir. Por tanto, otra característica de la SIC es la abrumadora cantidad de datos, sumado a la indistinguibilidad de la verdad:

«Hoy la racionalidad discursiva también se ve amenazada por la comunicación afectiva. [...] No son los mejores argumentos los que prevalecen, sino la información con mayor potencial de excitación. [...] Un solo tuit con una noticia falsa o un fragmento de información descontextualizado puede ser más efectivo que un argumento bien fundado». (2022, p. 35).

Esto puede tener una consecuencia directa en la profesión docente, y es que cualquier padre, madre o tutor va a venir supuestamente más informado a las tutorías o a las reuniones. Sin embargo, habría que hacerle ver que la formación que requiere ser profesor es y debe ser mucho más extensa y profunda, y no nutrida de fuentes de datos e información rápidos y no contrastados. Ciertamente, los padres del alumnado tienen más acceso a la información que nunca, pero, sin embargo, siguen sin tener los criterios racionales y razonables para elegir o decidir o identificar qué es lo cierto entre todo ese gran corpus de información. Y, en este sentido, el maestro debe seguir dando las directrices pedagógicas y didácticas sobre la educación del niño.

La psicopolítica —otra de las obras de Han— sustituye a la biopolítica: el cuerpo ya no es el blanco del poder, sino la *psique*, y en particular la dimensión prerreflexiva de la conducta, susceptible de ser intervenida algorítmicamente sin que el individuo tenga conciencia de ello. Esta mutación ontológica del poder tiene implicaciones profundas en la educación, pues transforma la forma misma en que se construye el conocimiento: lo que antes era discurso racional y sosegado, con mediación argumentativa, se diluye ahora en un flujo incesante de información fragmentaria y afectiva, donde las imágenes sustituyen a las ideas y la atención se dispersa en un torbellino de estímulos diseñados para maximizar la excitación y no la comprensión. A esto habría que añadirle que toda esta información no fluye lenta, sino totalmente acelerada, por lo que la SIC se asocia también al *turbocapitalismo* (Honoré, 2022, p. 17), y se caracteriza por una mutación del tiempo; si antes los grandes se comían a los pequeños, ahora los rápidos se comen a los lentos —metafóricamente, pero con consecuencias reales—.

Desde esta perspectiva, cabe preguntarse: ¿puede el discurso educativo sostenerse en una atmósfera donde la temporalidad misma ha sido colonizada por la instantaneidad, donde la racionalidad se ve desbordada por la reactividad emocional, y donde el conocimiento pierde su espesor simbólico al ser reducido a patrones de consumo digital? Han (2022) indica con agudeza que la racionalidad comunicativa —esa que requiere tiempo, alteridad, escucha y confrontación— se encuentra en retroceso, sustituida por una racionalidad digital que optimiza decisiones pero excluye la deliberación.

Ambos análisis permiten advertir —como ya intuían pensadores como Hannah Arendt o Jürgen Habermas— que la crisis actual de la educación democrática no es solo política, sino epistémica y antropológica: el ser humano está dejando de ser un animal político para devenir un productor de datos, un consumidor de sí mismo, atrapado en bucles de autoafirmación que impiden la construcción de lo común.

En este escenario, la tarea docente no puede ser meramente instrumental ni adaptativa, sino contrahegemónica: debe resistir la aceleración —siguiendo más al dios griego del tiempo *Aión* o *Kairós*, y no solo a *Cronós*—, revalorizar el discurso, fomentar la escucha y recuperar la alteridad como fundamento del pensamiento. Porque allí donde todo se muestra y se cuantifica, lo verdaderamente educativo —lo que forma, transforma y emancipa— corre el riesgo de desaparecer. Frente al imperativo de la transparencia y la optimización, quizá se debería reconstruir una pedagogía de la lentitud, del silencio fértil, del saber que no se rinde ante la lógica del rendimiento ni del clic. Una opción de escape al aceleracionismo de la sociedad de la información la planteó Carl Honoré (2023) a través de su conocida obra *Elogio de la lentitud*, donde realizó la siguiente cita:

> «Como ha dicho Edward Abbey […]: Hay algunas cosas que decir acerca de caminar..., por ejemplo, requiere más tiempo que cualquier otra forma de locomoción excepto reptar. En consecuencia, dilata el tiempo y prolonga la vida, que ya es de por sí demasiado corta para

desperdiciarla con la velocidad... Caminar hace que el mundo sea mucho más grande y, por ello, más interesante. Uno tiene tiempo para observar los detalles» (p. 147).

Pero más específicamente Joan Domènech en *Elogio de la educación lenta*, donde propone quinte principios para enlentecer la educación, y por tanto revalorizarla (2014, pp. 81-148):

1. La educación es una actividad lenta.
2. Las actividades educativas tienen que definir el tiempo necesario para ser realizadas, y no al revés.
3. En educación, menos es más.
4. La educación es un proceso cualitativo.
5. El tiempo educativo es global y está interrelacionado.
6. La construcción de un proceso educativo tiene que ser sostenible.
7. Cada niño —y cada persona— necesita un tiempo específico para aprender.
8. Cada aprendizaje tiene que realizarse en el momento oportuno.
9. Para conseguir aprovechar más bien el tiempo hay que priorizar las finalidades de la educación y definirlas.
10. La educación necesita tiempo sin tiempo.
11. Hay que devolver tiempo a la infancia.
12. Tenemos que repensar el tiempo de las relaciones entre persones adultas y niños.
13. El tiempo de los educadores se tiene que redefinir.
14. La escuela tiene que educar el tiempo.
15. La educación lenta forma parte de la renovación pedagógica

Desde esta perspectiva, la labor de los educadores se muestra, ante todo, como una labor ética. Se trata de formar ciudadanos capaces de habitar y prosperar en la nueva realidad y, simultáneamente, de transformarla: emplear la tecnología en la nueva SIC no para perpetuar desigualdades, sino para superarlas.

Las características principales de la SIC son las siguientes:

1. Centralidad de la información: la información opera tanto como insumo cuanto como resultado de las tramas productivas y sociales, mientras que el conocimiento deviene el recurso más valioso para la articulación y el progreso. Como se ha visto, inicialmente la SIC produjo más información que llevó a más conocimiento, pero se está viendo que, actualmente, se está rompiendo esa dirección, es decir, la producción de información constante, sin que ello implique más conocimiento de las personas.

2. Retroalimentación de los flujos informativos: el proceso informativo se singulariza por su facultad de aplicarse sobre sí mismo, generando ciclos incesantes de innovación y reestructuración social.

3. Transformación tecnológica cimentada en los *bits*: la revolución actual descansa en el tránsito de átomos a *bits*, lo que permite mayor eficacia en el almacenamiento, el procesamiento y la circulación de la información.

4. Universalidad y conectividad global: las nuevas tecnologías enlazan al planeta en tiempo real, propiciando la globalización y la integración de economías, culturas y sistemas políticos en una sola red interconectada. No obstante, sigue habiendo *zonas digitales,* es decir, los grandes bloques geopolíticos planetarios no están realmente tan conectados entre sí como los están los pueblos dentro de cada propio bloque.

5. Aceleracionismo: a diferencia de mutaciones precedentes, esta mudanza se caracteriza por su vertiginosidad, con impactos inmediatos, irreflexivos e impulsivos, en múltiples ámbitos de la vida social.

6. Mutación de las dinámicas económicas: la economía se desplaza del paradigma industrial hacia la provisión de servicios y el sector cognitivo, con relevancia creciente de los profesionales vinculados a la tecnología. Esta característica se ha implementado más aún con el advenimiento de la inteligencia artificial, si bien se necesitarán décadas para conocer si no supone, por sí misma, una nueva revolución que dé paso a otra sociedad diferente a la SIC.

7. Preeminencia de las TIC (tecnologías de la información y la comunicación): estas herramientas hacen posible procesar y compartir información en volúmenes y velocidades inéditos, alterando la infraestructura social, política y económica. Se explicarán posteriormente.

8. Transformación de las relaciones sociales: las plataformas digitales engendran nuevos modos de interacción —redes sociales, comunidades virtuales— que reconfiguran las maneras de conectar, dialogar y organizarse.

9. Impacto en la educación y el empleo: la sociedad informacional redefine el aprendizaje, privilegiando la adquisición de competencias digitales, y la adaptabilidad a entornos en perpetua mutación.

10. Rol estratégico de la tecnociencia: la conjunción de ciencia y técnica conforma un único vector —la tecnociencia— que se convierte en principio rector de las sociedades avanzadas, alentando la innovación y la resolución de problemas complejos.

4.2.2. Tecnologías de la información y la comunicación

La tecnología digital es aquella derivada del proceso de digitalización. La digitalización es la representación codificada de una señal mediante dígitos binarios (grupos de 0 y 1), es decir, consiste en convertir cualquier tipo de fuente de información (lumínica, térmica, gráfica, audio, video, fotografía, etc.) en información con base en dígitos binarios. Este proceso de digitalización la realiza un digitalizador, como puede ser un ordenador —en el sentido de computador— (Macau, 2005, p. 1).

Las tecnologías específicas que digitalizan, o son digitalizadas, se les denomina tecnologías de la información y la comunicación (TIC). La Comisión de las Comunidades Europeas definió las TIC en 2001 para referirse a una amplia gama de servicios, aplicaciones y tecnologías que utilizan diversos tipos de equipos *(hardware)* y de programas informáticos *(software)*, y que muy a menudo se transmiten a través de redes de telecomunicaciones *(netware)*. Sin embargo, entendían que la importancia de las TIC no es la tecnología en sí, el acceso al conocimiento, la información y la comunicación que esas permiten (Macau, 2005, p. 2). Este enfoque pasa por alto que, para tener una comprensión global y completa del fenómeno, se hace necesario no perder la esencia tecnológica (y por tanto antropológica) que hay detrás de esa información y comunicación que permite. A nivel técnico, las TIC tienen tres componentes principales:

— Ordenadores con todos sus componentes: hardware (procesadores y memorias) y software (programas, sistemas de información, documentación).

— Interfaces: hardware y/o software que conecta los ordenadores con las personas que los utilizan o con otros sistemas físicos. Por ejemplo, el ratón, que conecta al usuario con el ordenador. En el caso de la pizarra digital interactiva, lo característico es una interfaz de otro tipo entre el usuario y el *hardware* y *software* del ordenador.

— Redes de comunicaciones: permiten la comunicación entre varios ordenadores, y entre varios usuarios.

Toda información se almacena y transmite usando un soporte físico y un código de representación. Por ejemplo, en el caso de la información mediante escritura tradicional, el soporte físico puede ser el lápiz y el papel, y el código de representación el alfabeto. En el caso de la información mediante voz, el soporte físico son las frecuencias acústicas, y el código de representación los fonemas. La información mediante ordenador —computadora—, tiene lugar mediante componentes electrónicos como soporte físico, y con bits como códigos de representación.

Un bit es la unidad mínima de información descrita —es decir, no continua—. Esto quiere decir que un bit podrá tomar como mínimo dos valores claramente diferenciados: 1/0, sí/no, blanco/negro, *on/off*... Lo digital viene de esta naturaleza numérica y discreta de la información, la cual permite representarse mediante un lenguaje de código binario. Este tipo de lenguaje matemático tiene la ventaja de ser mucho más eficiente y eficaz que otros medios analógicos. Todos los medios como la televisión, la radio, el teléfono, el reproductor de música, los robots... se basan en este código de representación binario.

Respecto a la «tecnología digital», se podría definir por contraposición a la «tecnología analógica», es decir, aquella que se basa en un soporte electrónico y en un lenguaje de código binario. Pero esta diferenciación le interesa más a la física y la informática. La principal consecuencia pedagógica de la tecnología digital es la hiperconectividad en los aprendizajes. A las ya conocidas conexiones neuronales del aprendizaje, se unen las conexiones sociales de aprendizaje. El fundamento es el mismo, pero a otro nivel estructural. La tecnología digital permite más comunicación humana, durante más tiempo, desde más lugares, y entre más gente. Todo ello supone un cambio cualitativo, y no solo cuantitativo, pues los métodos de enseñanza-aprendizaje no pueden ser los mismos. Así, se podría hablar de un cambio tan importante como las consecuencias de la invención de la imprenta en los siglos XV y XVI. A las aportaciones de las teorías del aprendizaje neoconductistas, estructuralistas y socioconstructivistas, deberíamos añadir los beneficios de la hiperconectividad, el aprendizaje a través de redes.

4.2.3. Cultura, identidad y globalidad en la sociedad del conocimiento

Desde la globalización y el fenómeno de la conectividad mundial se ha planteado una paradoja, entre la identidad global, producto de los flujos culturales que homogeneizan a toda la población, y las identidades locales, caracterizadas por ser heterogéneas entre ellas y las cuales ya estaban presentes antes de la globalización. ¿Es la globalización o mundialización un proceso de uniformización irreversible?

Internet, la red de comunicación más extensa, no solo ha unido de forma global a gran parte de la humanidad, sino que ha permitido también difundir más que nunca todas las manifestaciones históricas y culturales y tener acceso a ellas, creando el ciberespacio. El ciberespacio es el espacio de comunicación abierto por la interconexión mundial de los ordenadores y las memorias informáticas (Levy, 1998, p. 71). Este ciberespacio ha creado, a su vez, una nueva forma de cultura, originando nuevas relaciones entre personas y etnias antes inexistentes. A esto se le ha llamado la «cibercultura» (Mayans *et al.*, 2005, p. 119).

Esta cibercultura parece contrapuesta a la pérdida en el siglo XXI de la mayoría de las lenguas —el 90 % según la UNESCO—, y por lo tanto las formas de pensamiento que hay detrás de esas lenguas. Uno de los retos actuales de la sociedad del conocimiento es, entonces, preservar la diversidad étnica y lingüística a nivel mundial, quizá mediante sistemas de gobierno o de control sobre el nuevo mercado mundial o sobre las TIC a nivel mundial. Lo contrario sería, como sucede en la actualidad, que la soberanía de la población y el poder político tuviera el límite máximo en cada Estado-nación, siendo que hay poderes no políticos por encima del control de los Estados-nación —como la economía—.

La teoría de la «sociedad red» (Castells, 2011) va más allá del análisis de la economía informacional global, y plantea la tensión entre la emergencia de la sociedad red y la identidad cultural. Es decir, estudia en qué se puede relacionar la identidad individual y la identidad de la red sin caer en la contradicción o en la eliminación de una por la otra. ¿qué pasaría si todos los niños de 5 años vieran exactamente los mismos dibujos animados? ¿y además si los vieran en el mismo idioma?

Usualmente se suelen usar nuevos conceptos para referirse a franjas de población nacidas en ciertos años: «Baby boomer» (tras la Segunda Guerra Mundial), Generación X (años sesenta y setenta), Generación Y (años ochenta y noventa), Generación Z (mediados de los noventa e inicios del presente milenio) y recientemente Generación T (en los años diez), entre otras (Fernández-Cruz *et al.*, 2016). Detrás de este uso léxico parece haber cierto discurso naturalizador, es decir, como si realmente los seres humanos que nacen en esos años fueran genéticamente diferentes, o esencialmente diferente, lo que a su vez justificaría conductas diferentes. Por ejemplo, la Generación Z o *postmillenial,* o la Generación T o *táctil,* se han considerado *nativos digitales*, siendo los demás *inmigrantes digitales* (M. Prensky, 2001). El propio Prensky (2009) rectificó más adelante, quitando las connotaciones aparentemente innatas de los nativos digitales, e incidiendo en la necesidad de una sabiduría digital a la cual se debe acceder mediante educación: «la sabiduría digital no significa agilidad en manejo de la tecnología, sino capacidad de tomar las decisiones más prudentes en cuanto a la potenciación de la tecnología» (p. 8). Las mencionadas generaciones solo deben entenderse como un constructo teórico y social, es decir, hacen referencia a un conjunto de elementos culturales que comparte una generación. Por ejemplo, la Generación X compartió como elemento cultural de masas el monopatín o el *walkman*, la Generación Y las tecnologías digitales como los videojuegos, la Generación Z las redes sociales digitales, y la Generación T las pantallas digitales desde muy jóvenes. Pero incluso en los elementos culturales que los caracterizan no hay consenso, así como en las fechas-épocas o en los países en los que se dio. Por ello, estas clasificaciones y conceptos deben no entenderse como un rasgo biológico, ni incluso cultural, sino como construcciones bastante ambiguas, que a menudo reflejan una intención en su uso de justificar ciertas prácticas: por ejemplo, afirmar que «un niño de 5 años que nació en 2011 hay que enseñarle siempre con *tablets* digitales, dado que es un niño diferente al de hace treinta años», o lo contrario, afirmar que «una persona de setenta años que nació en 1950 nunca manejará bien las redes sociales digitales, porque su forma de socializar es muy diferente».

Si bien aún no se ha hablado en la literatura de una nueva generación, en esta nueva sociedad de los últimos años, marcada por la Inteligencia Artificial (IA) y su automatización, una reflexión un poco inquietante es que se está ante la última generación de seres humanos que han vivido sin IA generativa. Con el advenimiento de la IA en el entramado sociotécnico de la contemporaneidad se intensifican de forma notable las tensiones descritas entre la homogeneización cultural global y la fragmentación identitaria. La IA es un fenómeno estructurante que modifica las condiciones mismas de producción de sentido, de experiencia y de subjetividad, y no debe entenderse solo como una mera herramienta funcional o como una prolongación inocua de la técnica, sino como. En efecto, lo que se perfila no es únicamente un nuevo dispositivo de automatización, sino un entramado que opera bajo una lógica de vigilancia epistémica: los sistemas de IA capturan y modulan el comportamiento humano para prever y condicionar futuras acciones, instaurando un nuevo régimen de gubernamentalidad algorítmica. Es la misma línea crítica desarrollada por Han previamente. Así, la subjetividad se halla expuesta a una disolución de su agencia, a medida que los marcos de interpretación del mundo ya no provienen de la experiencia situada, sino de patrones reconocidos y ofrecidos por sistemas externos de categorización automatizada. Se podría decir que el sistema no decir qué consumes, pero sí cuándo lo consumes (la agenda está bastante marcada: ahora toca *Los juegos del* calamar; ahora *La casa de papel*, etc.).

No puede hablarse de una personalización auténtica del aprendizaje si esta se realiza a partir de lógicas clasificatorias preestablecidas que inscriben a los sujetos en perfiles normativos generados algorítmicamente (Quintas *et al.*, 2024). Holmes et al. (2022) advierten que los sistemas de IA aplicados a la educación reproducen los sesgos culturales, sociales y epistémicos de sus diseñadores y de los datos sobre los que se entrenan. Así, en lugar de abrirse a la pluralidad del aprender, estos sistemas tienden a clausurar el sentido, a reducir la riqueza polisémica del conocimiento a patrones operativos y predictivos. Desde una perspectiva cultural, este fenómeno afecta no solo a los contenidos que se difunden —que ya venían siendo homogeneizados por las industrias culturales globales—, sino a las formas mismas del pensar, del imaginar, del experimentar. Y esto coloca al docente, al sistema educativo y a la cultura en general ante una encrucijada: o bien se deja que la técnica configure unilateralmente los horizontes de comprensión de las nuevas generaciones, o bien se interviene, críticamente, desde proyectos pedagógicos y culturales que reconozcan la dignidad interpretativa del estudiante y el docente, y la irreductibilidad del aprender a cualquier régimen de agenda marcada.

4.3. Competencia digital docente

4.3.1. La competencia docente: el modelo TPACK

Se debe ir más allá de entender al docente como un conocedor de materia y de los materiales didácticos con relación a la misma. Es por ello que el docente debe ser conocedor y experto en la materia y conocedor y experto en la materia y de los procedimientos didácticos (Shulman, 1986). Cierto es que la profesión docente está cambiando y, añadido a las características clásicas que en el siglo XX han caracterizado al buen docente —esto es, conocer bien la materia y tener pasión por enseñarla—, en las últimas décadas se ha modificado. Existe un amplio repertorio de competencias que se espera de una maestra de educación infantil, aunque como es obvio hay disenso al respecto, en tanto que no hay una visión homogénea sobre cómo deben ser estas competencias pedagógicas de un docente entre los diferentes agentes que conforman la realidad educativa. En el reciente estudio de Villarroel & Bruna (2017), se halló que profesorado y alumnado destaca más el manejo de conocimiento, comunicación y características personales como las competencias esenciales de un profesor de excelencia; pero sin embargo los comités académicos consultados consideraron que las competencias esenciales son aquellas más específicas —en el contexto universitario chileno—.

El docente universitario asociado a esta asignatura debe tener, por tanto, competencias de tipo teórico —controlar perfectamente la materia y sus saberes básicos: tecnología, juegos, espacios y ambientes de aprendizaje—, de tipo técnico —conocer las funciones de una maestra de infantil real, que sepa usar tecnología educativa, diseñar materiales y recursos, y plantear ambientes de aprendizaje—, y de tipo práctico —analizar, resolver problemas de aula asociados a los materiales, discutir e identificar materiales y recursos en diferentes contextos—.

Philippe Perrenoud (2004) postuló diez retos para la concepción del modelo profesional del docente, remarcando el carácter antinómico y problemático (Malón, 2017) de la educación:

— Trabajar sobre las dimensiones no reflexionadas de la acción y sobre las rutinas, sin descalificarlas.
— Trabajar sobre la identidad, sin encarnar un modelo de excelencia.
— Trabajar sobre lo silenciado y las contradicciones del oficio y de la escuela, sin decepcionar a todo el mundo.
— Trabajar sobre la persona y su relación con los demás, sin convertirse en terapeuta.
— Ayudar a construir competencias e impulsar la movilización de los saberes.
— Partir de la práctica y de la experiencia sin limitarse a ellas, para comparar, explicar y teorizar.
— Trabajar sobre las dinámicas colectivas y las instituciones, sin olvidar a las personas.
— Combatir las resistencias al cambio y a la formación, sin menospreciarlas.
— Articular enfoques transversales y didácticos y mantener una mirada sistémica.

Partiendo de estos retos, Perrenoud (2004) compartió una propuesta de competencias, con intención de modernizar y democratizar el sistema educativo, así como de aumentar la calidad de la formación inicial:

Tabla 20. Competencias básicas y específicas en la formación del profesorado según Perrenoud (2004).

1. Organizar y animar situaciones de aprendizaje.
- Construir y planificar dispositivos y secuencias didácticas.
- Conocer, a través de la una disciplina determinada, los contenidos que hay que enseñar y su traducción en objetivos de aprendizaje.
- Trabajar a partir de los errores y los obstáculos en el aprendizaje.
- Trabajar a partir de las representaciones del alumnado.
- Implicar al alumnado en actividades de investigación, en proyectos de conocimiento.
2. Gestionar la progresión de los aprendizajes.
- Adquirir una visión longitudinal de los objetivos de enseñanza.
- Establecer vínculos con las tareas que sostienen las actividades de aprendizaje.
- Concebir y hacer frente a situaciones problema ajustadas al nivel y a las posibilidades del alumnado.

- Observar y evaluar al alumnado en situaciones de aprendizaje, según un enfoque formativo.
- Establecer controles periódicos de competencias y tomar decisiones de progresión.

3. Elaborar y hacer evolucionar dispositivos de diferenciación.

- Practicar un apoyo integrado, trabajar con el alumnado con grandes dificultades.
- Hacer frente a la heterogeneidad en el mismo grupo-clase.
- Compartimentar, extender la gestión de clase en un espacio más amplio.
- Desarrollar la cooperación entre el alumnado y ciertas formas simples de enseñanza mutua.

4. Implicar al alumnado en su aprendizaje y en su trabajo.

- Instituir y hacer funcionar un consejo de alumnos/as (consejo de clase o de escuela) y negociar con ellos varios tipos de reglas y acuerdos.
- Fomentar el deseo de aprender, explicar la relación con el conocimiento, el sentido del trabajo escolar y desarrollar la capacidad de auto evaluación del niño.
- Favorecer la definición de un proyecto personal del alumnado.

5. Trabajar en equipo.

- Impulsar un grupo de trabajo; dirigir reuniones.
- Elaborar un proyecto de equipo, de representaciones comunes.
- Afrontar y analizar conjuntamente situaciones complejas, prácticas y problemas profesionales.
- Hacer frente a crisis o conflictos entre personas.
- Formar y renovar un equipo pedagógico.

6. Participar en la gestión de la escuela.

- Elaborar, negociar un proyecto institucional.
- Coordinar, fomentar una escuela con todos los componentes (extraescolares, del barrio, asociaciones de padres, etc.).
- Organizar y hacer evolucionar, en la misma escuela, la participación del alumnado.
- Administrar los recursos de la escuela.

7. Informar e implicar a los padres.

- Favorecer reuniones informativas y de debate.
- Implicar a los padres (madres o tutores) en la valoración de la construcción de conocimientos.

8. Utilizar las nuevas tecnologías.

- Utilizar los programas de edición de documentos.
- Explotar los potenciales didácticos de programas en relación con los objetivos de los dominios de enseñanza.
- Comunicar a distancia a través de la telemática.
- Utilizar los instrumentos multimedia en su enseñanza.

9. Afrontar los deberes y los dilemas éticos de la profesión.
- Prevenir la violencia en la escuela o la ciudad. - Luchar contra los prejuicios y las discriminaciones sexuales, éticas y sociales. - Participar en la creación de reglas de vida común referentes a la disciplina en la escuela, las sensaciones, la apreciación de la conducta. - Analizar la relación pedagógica, la autoridad, la comunicación en clase. - Desarrollar el sentido de la responsabilidad, la solidaridad, el sentimiento de justicia.
10. Organizar lo propia formación continua.
- Saber explicitar sus prácticas. - Establecer un control de competencias y un programa personal de formación continua propios. - Aceptar y participar en la formación de los compañeros. - Negociar un proyecto de formación común con los compañeros (equipo, escuela, red). - Implicarse en las tareas a nivel general de la enseñanza o del sistema educativo.

Es remarcable cómo la octava competencia básica está especialmente ligada a la tecnología y la competencia digital, al ser uno de sus bloques de contenido sobre la tecnología digital. No obstante, la reformularía terminológica y conceptualmente; puede ser que en el contexto Perrenoud en 2004 hubiera que promover su uso, pero actualmente casi parece que una función educativa es prevenir o reducir su uso. Por ello, a esa competencia básica de la formación docente se podría denominar «Pensar la tecnología».

Si bien en numerosos contextos y escrito se habla de que los estudiantes de enseñanza deben tener o adquirir una formación y actitudes críticas, esto es irrealizable sin conocimientos. Para criticar al conocimiento, hay que «tenerlo» (o «estar en él») previamente. Para ser críticos con los modelos de enseñanza y aprendizaje de siglos anteriores, o los actuales, hay que conocerlos. Igualmente, para adoptar una actitud fundamentada y tomar decisiones rigurosas para con los materiales y recursos en educación infantil, se deben conocer los fundamentos del área de la didáctica. Lo contrario, como pueden ser ciertas interpretaciones del enfoque *competencialista* o *metodologista-activo* actuales, implicaría considerar que el pensamiento es solo una habituación ordenada, cuando realmente son necesarios muebles (conocimientos) previamente. Tanto tener muebles, como una buena disposición general de la habituación, es necesario para un pensar crítico.

¿Cómo se define el buen profesional docente? ¿Qué debe saber? Estas preguntas son clásicas en la investigación específica de pedagogía y didáctica (Mishra & Koehler, 2006; Shulman, 1986). Especialmente, el área de tecnología y didáctica ha sido área a menudo criticada por su falta de base teórica. Para responder a la clásica pregunta *¿qué debe saber un docente para ser un buen docente?,* surgió el modelo *"Technological Pedagogical Content Knowledge"* TPAK, con intención de aunar la dimensión curricular-epistemológica, la pedagógica, y la tecnológica. Previamente a él, se van a esbozar brevemente el camino conceptual hasta llegar a él.

Históricamente, las bases de conocimiento de la formación docente se han centrado en el conocimiento del contenido del docente, o conocimiento disciplinar ("C", según la FIGURA 8). Más recientemente, la formación docente ha cambiado su enfoque principalmente a la didáctica (la "D", según la FIGURA 8), enfatizando las prácticas pedagógicas generales en el aula, independientemente de la materia y, a menudo, a expensas del conocimiento curricular específico. Serían las actuales corrientes metodologistas donde se defienden como multicurriculares y multiárea (aula invertida, aprendizaje servicio, STEAM, etc.). Esta dicotomía se representaría como dos conjuntos que no interseccionan. La consecuencia práctica de comprender como separados estos ámbitos es la producción de programas de formación docente en los que domina el enfoque en la materia o en la didáctica general (Mishra & Koehler, 2006).

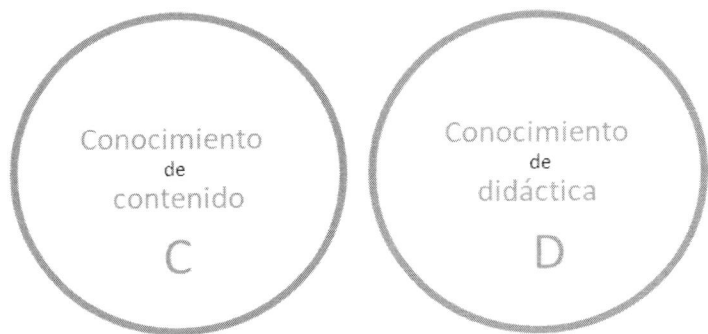

FIGURA 8. Los dos conjuntos que representan el conocimiento didáctico y de contenido.

Shulman (1986) defendió que tener conocimiento de la materia y de las estrategias pedagógicas generales, aunque necesario, no era suficiente para captar el conocimiento de los buenos docentes. Para caracterizar las formas complejas en que los profesores piensan sobre cómo se debe enseñar un contenido particular, defendió el «conocimiento del contenido pedagógico», lo que sería la conjunción «CD» (*FIGURA 9*).

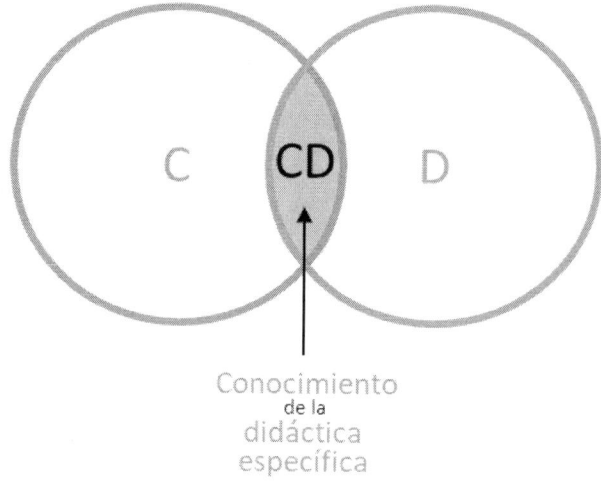

FIGURA 9. Didáctica específica como intersección del conocimiento disciplinar o de contenido más el conocimiento didáctico general.

Shulman (1986) no discutió la tecnología y su relación con la didáctica y el contenido disciplinar seguramente porque el papel de la dimensión tecnológica no era tan relevante como lo ha ido siendo posteriormente. Así, partiendo de este análisis de Lee Shulman, Mishra & Koehler (2006) añadieron la tercera dimensión tecnológica (*FIGURA 10*), relevante ante las nuevas problemáticas que surgen especialmente por esta dimensión. Estos autores se cercioraron de que, al igual que sucedió con la exclusión del conocimiento disciplinar respecto del didáctico, ahora surge algo similar respecto a lo tecnológico, a saber, el conocimiento de la tecnología a menudo se considera separado del conocimiento de la didáctica y del contenido disciplinar específico. Por ello defienden un modelo donde las tres dimensiones sean representadas como tres conjuntos interseccionados, lo que en inglés se ha llamado modelo TPACK (Mishra & Koehler, 2006). Años más tarde le dieron un enfoque más contextualista-situacionista, en respuesta a algunas críticas que incidían en el carácter recetario del modelo TPACK (Harris et al., 2009). Actualmente se debe concebir, pues, como un modelo conceptual a través del cual observar fenómenos educativos, así como planificar situaciones de enseñanza.

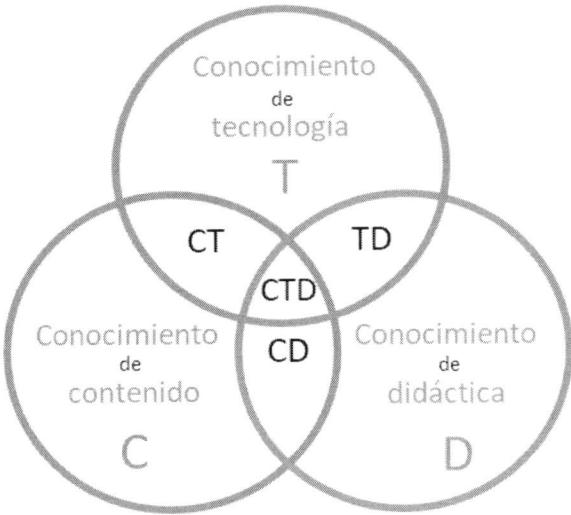

FIGURA 10. Modelo del conocimiento disciplinar-didáctico-tecnológico.

Este modelo, según el diagrama de Venn (*FIGURA 10*), establece siete zonas distintas de conocimientos (componentes):

— Conocimiento didáctico (D): Base de conocimiento sobre la ciencia de la enseñanza, es decir, sobre la didáctica.

— Conocimiento disciplinar o de contenido (C): es el conocimiento que el docente debe tener del área de conocimiento que va a impartir.

— Conocimiento tecnológico (T): es el conocimiento sobre la tecnología, especialmente referida a las TIC.

— Conocimiento de didáctica específica (CD): es el conocimiento de las didácticas de las distintas áreas de conocimiento, lo que implica integrar el conocimiento del área y de cómo enseñarla. Afecta al conocimiento pedagógico y disciplinar. ¿Qué vamos a enseñar?, ¿cómo lo vamos a enseñar?, ¿qué conocimientos previos se requieren?, ¿qué situaciones de enseñanza son las más adecuadas?

— Conocimiento tecnológico disciplinar (CT): es el conocimiento sobre qué tecnologías son las más adecuadas para enseñar un área concreta. Por ejemplo, para la enseñanza de la historia del arte un docente debería conocer programas como *Aurasma*, de realidad aumentada.

— Conocimiento tecnológico didáctico (TD): es el conocimiento sobre tecnología educativa en general, o la didáctica tecnológica. Sería un saber propio de materias universitarias como esta. ¿Cuándo y cómo introducir las TIC en niños de infantil? ¿Qué ventajas y desventajas tienen las TIC en la profesión de una maestra de infantil?

— Conocimiento tecnológico, didáctico y disciplinar (CTD): Es la conjunción de todos los componentes anteriores. Implica integrar lo que el docente sabe sobre el área de conocimiento que desea impartir, la didáctica más adecuada a la situación concreta del alumnado, y cómo integrar la tecnología para enseñar de forma óptima un contenido concreto.

Sobre esta última dimensión, la más integral, se ha propuesto un programa de aplicación del modelo TPACK, evitando el frecuente enfoque tecnocéntrico (Harris et al., 2009):

1. Seleccionar los objetivos de aprendizaje de la materia concreta que se va a impartir.
2. Determinar cómo van a ser las experiencias de aprendizaje.
3. Selección y secuenciación de las actividades.
4. Seleccionar las estrategias que se van a seguir para aplicar la evaluación formativa y sumativa.
5. Selección de las tecnologías más adecuadas para el desarrollo de las actividades propuestas.

Se considera que la virtud de este modelo es que ha sido ampliamente difundido, y se ha investigado sobre ello en el contexto de formación inicial en maestros (Gómez, 2015). Igualmente, parece que tiene una intención integradora, y es útil para asignaturas o formaciones específicas sobre materiales, recursos y TICs en general, como es el caso de MRD. No obstante, dotar a la tecnología de una dimensión de la misma categoría que el conocimiento didáctico o el disciplinar quizá no esté justificado (más allá de la tecnocracia actual). Por otro lado, los presupuestos del modelo TPACK, basados en la complejidad, el contextualismo y el situacionismo. Por ello, se va a complementar con otro modelo, que, si bien se basa en el TPACK, amplía y complementa la visión desde el punto de vista de la competencia digital docente.

4.3.2. La competencia digital docente: el modelo del INTEF

La revolución tecnológica y de las comunicaciones no implica una revolución educativa. La educación y la escuela digitales no se caracterizan por la mera presencia de aparatos tecnológicos que antes no existían. Como indica Rivoltella (2013):

> «Debe haber un cambio pedagógico de comprensión, métodos y finalidades educativas, reflexionando sobre las prácticas habituales, pues de lo contrario, la tecnología es una simple coartada que no responde a intereses pedagógicos». (p. 8)

La agenda digital de la Unión Europea contempla el impacto de estas tecnologías en el contexto educativo, en concreto el papel fundamental de los enseñantes y los nuevos principios pedagógicos, como el aprendizaje activo o la capacidad de gestión de los nuevos ambientes virtuales de aprendizaje (Ferrari, 2012). El informe *Erydice* sobre el desarrollo de las competencias clave (Comisión Europea, 2013) establece como reto «la mejora del estatus de la competencia transversal digital» (p. 7), y la considera como una de las ocho competencias clave para el desarrollo personal, la ciudadanía activa, la inclusión social y el empleo. En la presente investigación se va a referir el término *competencia digital* como sinónimo de *competencia mediática*. La competencia digital (CD) es considerada en la «*Official Journal of the European Union* » (2006) como básica y fundamental para el aprendizaje permanente de la ciudadanía, y la describe del siguiente modo:

> «La Competencia digital implica el uso crítico y seguro de las Tecnologías de la Sociedad de la Información para el trabajo, el tiempo libre y la comunicación. Apoyándose en habilidades TIC básicas: uso de ordenadores para recuperar, evaluar, almacenar, producir, presentar e intercambiar información, y para comunicar y participar en redes de colaboración a través de Internet» (p. 6).

En esta definición Ferrari se distinguen cinco partes: dominio de aprendizaje, herramientas, reas competenciales, modos y finalidad. Se considera que esta definición es poco práctica por su complejidad y excesiva especificidad. Se podría definir como «la facultad de una persona de usar y dominar los recursos cognoscitivos, motrices, afectivos, y axiológicos que posee, para desenvolverse con éxito en los ámbitos de la vida especialmente relacionados con la era digital», y no al revés, esto es, que los ámbitos digitales dominen la vida de la persona. Es una definición lo suficientemente específica, y a la vez lo suficiente amplia, para comprender de qué estamos hablando, y saber a qué ámbitos se aplica.

En la enseñanza y aprendizaje mediante nuevas TIC se debe tener en cuenta que el fundamento de ellas es la educación mediática. Por esta se puede entender «el proceso a través del cual se adquiere, por una parte, competencia para el consumo crítico y para la deconstrucción de los textos mediáticos, y por otra, el proceso mediante el cual se adquiere competencia para crear textos mediáticos» (Prellezo, Malizia y Nanni, 2008, p. 373). Desde los años noventa hasta hoy, la educación mediática ha adquirido autonomía propia como campo de investigación disciplinar.

Por ello, hablar de educación mediática es hablar de competencia comunicativa, fundamental para cualquier educador con una perspectiva didáctica-pedagógica y no tanto técnico-burocrática (Quintas y Latre, 2015). Pero la educación mediática tiene relación directa también con la competencia digital, donde la alfabetización digital solo es el primer paso para adquirir una competencia íntegra. La educación en nuevas TIC implica trabajar con nuevas representaciones informacionales y conceptuales que ya no son lineales y planas, sino multidireccionales y multidimensionales. Esto implica especializar las competencias necesarias para desenvolverse en este nuevo tipo de comunicación (Prellezo et al., 2008, p. 375).

La incorporación de las nuevas TIC en el sistema educativo se ha caracterizado por la magnificación de sus bondades, creando grandes mitos alrededor de su incompetencia y obsolescencia, y precipitando al alumnado y profesorado a involucrarse en su uso y manejo de manera irracional (Ruiz-Velasco, 2012, p. 1). Las tecnologías digitales normalmente se han introducido en el sistema educativo, creyendo que ello ya las convertía en innovaciones educativas, o que generan aprendizajes: se dio con las aulas de informática en los noventa, en los primeros años del presente siglo con las *tablets PC*, y más recientemente con las pizarras digitales interactivas. El planteamiento ha sido normalmente introducir la tecnología digital *porque sí* —con el correspondiente gasto público y privado—, y posteriormente pensar el posible uso y la formación que requeriría el profesorado. De hecho, continúa existiendo una gran brecha digital, y una escasez de formación específica en el profesorado, como muestran numerosos estudios (De Pablos, 2015; Pedró, 2015). Por ello, se hace necesario recordar que hay que imbricar tecnología y didáctica de manera coherente y fundamentada.

Los tres planos que toda maestra debe controlar respecto a la tecnología, el ontológico, el epistemológico y el metódico, implica actualizar la competencia docente, debiendo hacer referencia a la competencia digital docente. La competencia digital es la facultad de una persona de usar y dominar los recursos cognoscitivos, motrices, afectivos y axiológicos que posee, para desenvolverse con éxito en los ámbitos de la vida especialmente relacionados con la era digital, y no al revés, esto es, que los ámbitos digitales dominen la vida de la persona (Quintas, 2019*c*).

Específicamente la competencia digital docente referirá a la misma competencia digital que debe tener la ciudadanía, además del carácter específico de la profesión docente, a saber, generar procesos de enseñanza-aprendizaje de —o a través de— las TIC, las Tecnologías para el Aprendizaje y el Conocimiento (TAC) y las Tecnologías para el Empoderamiento y la Participación (TEP), que permita hacer un uso eficaz y autónomo, pero también crítico, seguro, y emancipador de las mismas. Una maestra deberá ser competente digitalmente para poder diseñar y aplicar situaciones de enseñanza-aprendizaje donde los recursos digitales no entorpezcan el proceso, sino que lo potencien. Un libro impreso es una tecnología, pero no digital —y, por tanto, limitado para generar redes globales—. Un *smartphone* es una tecnología digital, pero no suele ser en sí misma una tecnología del aprendizaje y el conocimiento, ni una tecnología que implique directamente más participación y empoderamiento. Será la docente la que, siendo competente digital y didácticamente, sepa llevar a cabo actividades de enseñanza-aprendizaje significativas y compatibles con el mundo digital (físico, relacional y simbólico).

Ferrari (2013) estableció cinco dimensiones específicas que abarcaran la competencia digital. Posteriormente fueron especificadas aún más en el reciente documento *Marco Común de Competencia Digital Docente* del Instituto Nacional de Tecnologías Educativas y de Formación del Profesorado (INTEF, 2017, p. 7), incluyendo las siguientes áreas:

— Información y alfabetización digital.

— Comunicación y colaboración.

— Creación de contenidos digitales.

— Seguridad.

— Resolución de problemas.

La primera área se refiere a la capacidad de comprensión, análisis y evaluación de contenido digital. La segunda a la comunicación y conexión humana a través de canales digitales, así como la participación y común en el desarrollo de cualquier tipo de proyecto. La tercera implica tener la capacidad de sintetizar —generar— y reelaborar contenido digital multimedia. La cuarta área requiere de un tratamiento aparte, dado que, ante la aparición de las nuevas TIC, y prácticamente desde la masificación de Internet, se han generado nuevas amenazas, asociadas a la protección de datos, a la protección de la identidad digital y a la protección personal. La última área, más amplia y de carácter trasversal, sería el mayor indicador de sabiduría digital, pues permitiría identificar las necesidades digitales, hablar sobre decisiones en torno a recursos digitales, y aplicar soluciones efectivas a problemas específicos. El estudio del INTEF (2017) se añade también varias competencias específicas para cada área (Tabla *21*).

Tabla 21. Áreas y competencias específicas de la Competencia Digital, según INTEF (2017)

Competencia digital	
Dimensión	*Competencia específica*
Información Alfabetización digital	— Navegación, búsqueda y filtrado de información, datos y contenido digital. — Evaluación de información, datos y contenido digital. — Almacenamiento y recuperación de información, datos y contenido digital.
Comunicación Colaboración	— Interacción mediante tecnologías digitales. — Compartir información y contenidos. — Participación ciudadana en línea. — Colaboración mediante canales digitales. — Netiqueta (etiqueta en la red). — Gestión de la identidad digital.
Creación de contenido digital	— Desarrollo de contenidos digitales. — Integración y reelaboración de contenidos digitales. — Derechos de autor y licencias. — Programación.
Seguridad	— Protección de dispositivos y de contenido digital. — Protección de datos personales e identidad digital. — Protección de la salud y el bienestar. — Protección del entorno.
Resolución de problemas	— Resolución de problemas técnicos. — Identificación de necesidades y respuestas tecnológicas. — Innovación y uso de la tecnología digital de forma creativa. — Identificación de lagunas en la competencia digital.

Las dimensiones y competencias específicas para desarrollar en el alumnado se expresan de forma gráfica también en la FIGURA *11*.

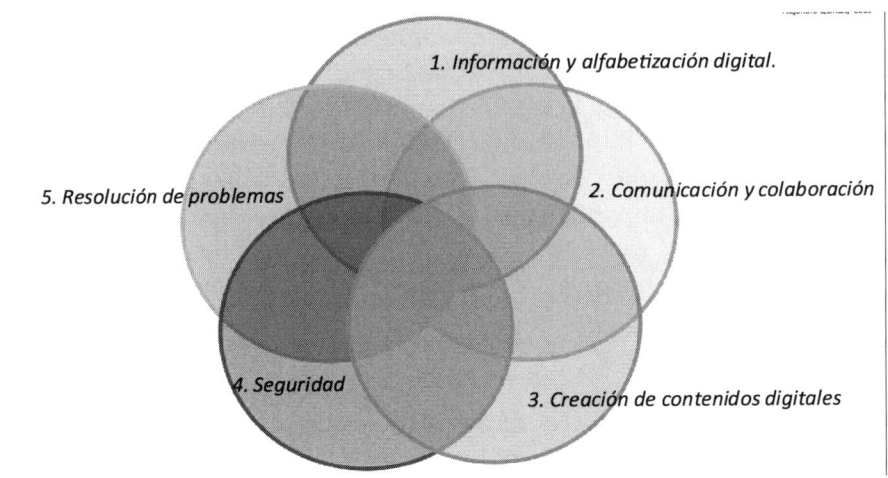

FIGURA 11. Áreas de la competencia digital a desarrollar en el alumnado.

En 2022 se ha desarrollado un nuevo Marco de Referencia de la Competencia Digital Docente, el cual es una adaptación del Marco de competencias digitales para los educadores (DigCompEdu) a la legislación española. El objeto de este marco has sido describir las competencias digitales de todo docente de enseñanzas reguladas en la Ley Orgánica de Educación a lo largo de las distintas etapas de su desarrollo profesional, y por tanto incluida la educación infantil, e independientemente de la materia o de la etapa o tipo de enseñanza que imparta. Por tanto, tiene un carácter general y está estructurado a partir de las funciones que todo el profesorado comparte y que son la siguientes (INTEF, 2022, p. 8):

a) La programación y la enseñanza de las áreas, materias, módulos o ámbitos curriculares que tengan encomendados.

b) La evaluación del proceso de aprendizaje del alumnado, así como la evaluación de los procesos de enseñanza.

c) La tutoría de los alumnos, la dirección y la orientación de su aprendizaje y el apoyo en su proceso educativo, en colaboración con las familias.

d) La orientación educativa, académica y profesional de los alumnos, en colaboración, en su caso, con los servicios o departamentos especializados.

e) La atención al desarrollo intelectual, afectivo, psicomotriz, social y moral del alumnado.

f) La promoción, organización y participación en las actividades complementarias, dentro o fuera del recinto educativo, programadas por los centros.

g) La contribución a que las actividades del centro se desarrollen en un clima de respeto, de tolerancia, de participación y de libertad para fomentar en los alumnos los valores de la ciudadanía democrática y de la cultura de paz.

h) La información periódica a las familias sobre el proceso de aprendizaje de sus hijos e hijas, así como la orientación para su cooperación en el mismo.

i) La coordinación de las actividades docentes, de gestión y de dirección que les sean encomendadas.

j) La participación en la actividad general del centro.

k) La participación en los planes de evaluación que determinen las Administraciones educativas o los propios centros.

l) La investigación, la experimentación y la mejora continua de los procesos de enseñanza correspondiente.

Este nuevo marco tiene seis áreas, que son cada una de las categorías en las que se organizan las competencias digitales de los docentes y se centran en diferentes aspectos de las actividades profesionales de los docentes (Intef, 2022, p. 9):

— Área 1: Compromiso profesional. Uso de las tecnologías digitales para la comunicación; la coordinación, participación y colaboración dentro del centro educativo y con otros profesionales externos; la mejora del desempeño a partir de la reflexión sobre la propia práctica; el desarrollo profesional y la protección de los datos personales, la privacidad y la seguridad y el bienestar digital del alumnado en el ejercicio de sus funciones.

— Área 2: Contenidos digitales. Búsqueda, modificación, creación y compartición de contenidos digitales educativos.

— Área 3: Enseñanza y aprendizaje. Gestión y organización del uso de las tecnologías digitales en la enseñanza y el aprendizaje.

— Área 4: Evaluación y retroalimentación. Utilización de tecnologías y estrategias digitales para mejorar la evaluación, tanto del aprendizaje del alumnado, como del propio proceso de enseñanza-aprendizaje.

— Área 5: Empoderamiento del alumnado. Uso de las tecnologías digitales para mejorar la inclusión, la atención a las diferencias individuales y el compromiso activo del alumnado con su propio aprendizaje.

— Área 6: Desarrollo de la competencia digital del alumnado. Capacitación de los estudiantes para utilizar de forma creativa y responsable las tecnologías digitales para la información, la comunicación, la participación segura en la sociedad digital, la creación de contenidos, el bienestar, la preservación de la privacidad, la resolución de problemas y el desarrollo de sus proyectos personales. Serían las dimensiones expresadas en el anterior Marco Común de 2017. Estas mismas seis nuevas dimensiones se describen en la *Tabla 22*.

Tabla 22. Áreas y competencias del nuevo Marco de Comeptencia Digital. INTEF (2022)

Área	Competencias
Compromiso profesional	1.1. Comunicación organizativa
	1.2. Participación, colaboración y coordinación profesional
	1.3 Práctica reflexiva
	1.4. Desarrollo profesional digital continuo
	1.5. Protección de datos personales, privacidad, seguridad y bienestar digital
Contenidos digitales	2.1. Búsqueda y selección de contenidos digitales
	2.2. Creación y modificación de contenidos digitales.
	2.3. Protección, gestión y compartición de contenidos digitales
Enseñanza, aprendizaje	3.1. Enseñanza
	3.2. Orientación y apoyo en el aprendizaje
	3.3. Aprendizaje entre iguales
	3.4. Aprendizaje autorregulado
Evaluación y retroalimentación	4.1. Estrategias de evaluación
	4.2. Analíticas y evidencias de aprendizaje
	4.3. Retroalimentación y toma de decisiones
Empoderamiento del alumnado y atención a la diversidad	5.1. Accesibilidad e inclusión
	5.2. Atención a las diferencias personales en el aprendizaje
	5.3. Compromiso activo del alumnado con su propio aprendizaje
Desarrollo de la competencia digital del alumnado	6.1. Alfabetización mediática y en tratamiento de la información y de los datos
	6.2. Comunicación y colaboración, y ciudadanía digital
	6.3. Creación de contenidos digitales
	6.4. Uso responsable y bienestar digital
	6.5. Resolución de problemas

Al mismo tiempo, estas seis áreas están organizadas en los tres bloques (FIGURA *12*). Estos bloques van más allá de lo digital de las competencias y permitirían su integración con el proyecto educativo y organizativo del centro educativo, con un probable marco de las competencias profesionales docentes y con el currículo del alumnado. Estos tres bloques son los siguientes (INTEF, 2022):

— Competencias profesionales de los docentes: tienen un carácter complementario a las competencias específicas de la profesión, aunque son indispensables para su ejercicio.

— Competencias pedagógicas de los docentes: son aquellas específicamente centradas en los procesos de enseñanza y aprendizaje y, por tanto, en los aspectos definitorios y diferenciadores del ejercicio de la profesión docente.

— Competencias docentes para el desarrollo de la competencia digital del alumnado: son las competencias pedagógicas del profesorado aplicadas, de forma concreta, a la consecución de los objetivos de aprendizaje relacionados con el desarrollo de la competencia digital del alumnado.

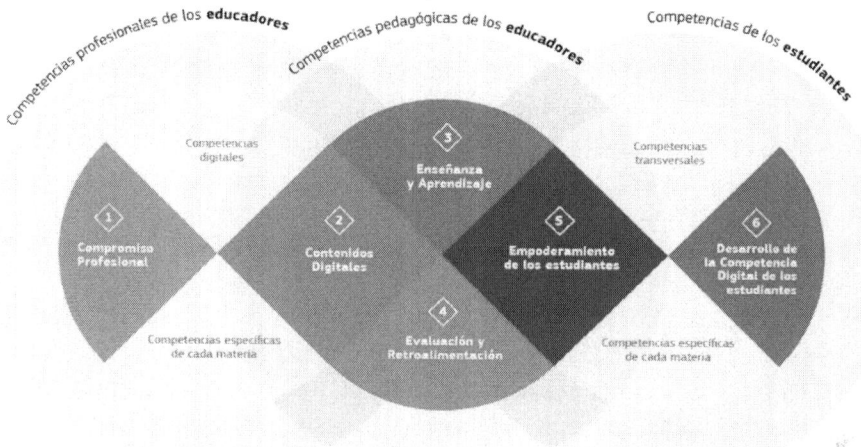

FIGURA 12. Relación de las áreas y bloques de la competencia digital (INTEF, 2022).

Este nuevo marco de 2022 ofrece también una progresión en etapas de aptitud de la competencia digital. Hay tres etapas, cada una con dos niveles (FIGURA *13*).

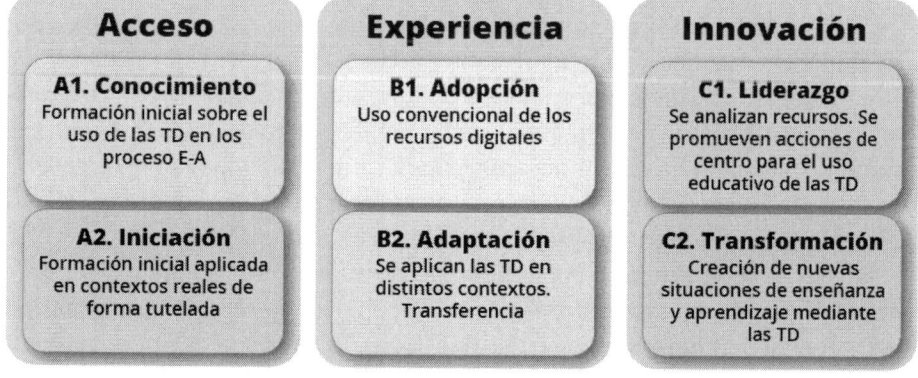

FIGURA 13. Etapas y niveles de la competencia digital docente. Fuente: INTEF (2022, p. 18).

Una estudiante que acabe de Grado en Magisterio de Educación Infantil debería adquirir, según el Marco Común, la etapa uno en su primer nivel. Este nivel competencial se adquiere cuando el docente dispone bien de conocimiento teórico sobre el uso de las tecnologías digitales en la docencia, bien de experiencia docente práctica, pero no de ambas. En el caso de las egresadas de este Grado de Infantil sería la primera casuística: tienen el conocimiento teórico, pero faltaría la práctica. Pudiera ser que aquellas estudiantes que ya ejercen la profesión (porque son maestras de primaria previamente, o han ejercido como técnicas de infantil), también tuvieran experiencia previa de aplicación de tecnología digital, por lo que podrían acceder al nivel 2 de esta primera etapa. En todo caso, se reconoce de forma acreditativa si acaban el Grado en Magisterio de Educación Infantil, según la *Resolución de 1 de julio de 2022, de la Dirección General de Evaluación y Cooperación Territorial, por la que se publica el Acuerdo de la Conferencia Sectorial de Educación sobre la certificación, acreditación y reconocimiento de la competencia digital docente.*

Por último, se ha propuesto también un modelo de competencia docente integral para el mundo digital concretado para el profesorado (Esteve *et al.*, 2018), que se basa en las siguientes cualidades profesionales:

1. Generar y gestar prácticas pedagógicas emergentes: la maestra debe ser experta en conocimiento pedagógico teórico-práctico, siendo capaz no solo de usar las TIC para enriquecer sus estrategias didácticas habituales, sino también de desarrollar prácticas innovadoras basadas en las posibilidades que brinda la tecnología digital.

2. Controlador de contenidos pedagógicos digitales: refiere a la capacidad de la maestra para saber relacionar el conocimiento tecnológico, pedagógico y de contenidos curriculares.

3. Práctico reflexivo aumentado: refiere a la capacidad de la maestra para mantener una actitud reflexiva en la acción docente, y sobre la acción docente en el mundo digital.

4. Creador de entornos enriquecidos de aprendizaje personal y organizativos: refiere a la capacidad de la maestra para aprender, tanto de las fuentes científicas como de la acción de otros docentes, comprendiendo el nuevo papel de las TIC en la sociedad, y sabiendo crear entornos personales de aprendizaje, así como entornos organizativos de aprendizaje.

5. Ser sensible al uso de la tecnología desde el compromiso social: refiere a la capacidad de la maestra para apreciar el papel de la tecnología digital como herramienta de compromiso social que fomente alumnado crítico, reflexivo y

comprometido. Debería entender cuáles son los presupuestos pedagógicos, políticos, económicos que hay detrás de las herramientas que usa.

6. Usar la tecnología para expandir su relación con la familia y el entorno del estudiante: es la capacidad de la maestra para concebir la tecnología digital como una oportunidad de acercarse a la dimensión más social del alumnado (familia, amigos, centro, barrio), mejorando sus condiciones y ofreciéndole experiencias positivas de relación humana y social.

En la relación de la didáctica con la tecnología, lo realmente importante no es solo la cuestión técnica, sino la reflexión en, de y sobre la práctica docente. Como especifica Rivoltella (2015):

> «Cuando pensamos en la educación en medios tecnológicos en términos de qué tipo de tecnología podríamos introducir en las aulas —*netbooks* o *tablets*—, estamos pensando en las herramientas: nuestra atención es sobre la tecnología en sí misma, argumentando probablemente que, si elegimos la correcta, pudiera ser que la escuela innovara y los estudiantes aprendieran mejor. La investigación nos muestra que el asunto es bastante diferente (OECD, 2015). El problema real no es la tecnología, sino las prácticas de los profesores y los alumnos». (p. 1)

El profesorado de cualquier etapa educativa requiere tener una competencia digital pedagógica que le permita aunar fundamentos pedagógicos con habilidades técnicas para generar un sistema educativo acorde a las necesidades sociales y profesionales, las cuales implican las TIC-TAP-TEP. Como se ha revisado, sigue existiendo gran cantidad de experiencias educativas basadas en la herramienta tecnológica.

Respecto a la tecnología digital y el sistema educativo, se conciben diferentes relaciones según tres tipos de actitud en el profesorado. La actitud tecnofílica es aquella que pretende introducir la tecnología digital en la escuela siempre que se puede, dado que parte del presupuesto de que toda tecnología digital es positiva. La postura contraria es la actitud tecnofóbica —o quizá, *amish* digital—, la cual rechaza o evita cualquier relación que se pueda dar entre la tecnología digital y la escuela, dado que se presupone que la tecnología digital trae más perjuicios que beneficios. Entre medio, estaría una actitud crítica ante la tecnología digital en el sistema educativo, la cual maneja diferentes criterios didácticos y pedagógicos para valorar introducir o no una determinada herramienta digital.

Los profesionales de la educación se pueden hacer un decálogo de preguntas críticas que permitan valorar si una herramienta tecnológica debe ser implementada en el sistema educativo o no (Adell, 2018):

1. ¿Cuál es el problema que una tecnología pretende solucionar?
2. ¿De quién es el problema?

3. ¿Qué nuevos problemas, previsiblemente, va a crear la solución?

4. ¿Desde qué instancias se propone dicha solución? ¿A quién va a beneficiar (por ejemplo, a quién va a dar más información, datos, poder, etc.) y a quién va a perjudicar?

5. ¿Qué cambios en el lenguaje y en los aspectos materiales y organizativos de la educación promueve esta innovación didáctico-tecnológica?

6. ¿Qué tipo de conocimiento vehicula la nueva tecnología? ¿Qué actitudes y valores enseña? ¿Cómo se enseña/aprende (sistema medios-fines)?

7. ¿Cómo «trata» las desigualdades sociales y económicas existentes? ¿Las aumenta? ¿Las reduce?

8. ¿Cómo redefine (o no) los roles de docentes y estudiantes? ¿Qué tipo de estudiante supone y propone?

9. ¿Qué usos alternativos puedo hacer de esta tecnología? ¿Puedo «apropiármela» para mis propios objetivos? ¿Empodera a uno mismo o se desprofesionaliza como docente?

10. Piense aquí su propia pregunta crítica.

A continuación, se exponen algunos subtemas asociados a la didáctica y la tecnología relevantes para la educación infantil específicamente.

4.3.3. Tecnología digital en la edad infantil

La tecnología digital está protagonizando una revolución sociocultural en la actualidad. Así, se debe reflexionar y operativizar su tratamiento a nivel educativo. Es por ello que se ha propuesto oficial e institucionalmente (INTEF, 2022) que la presencia de la tecnología educativa en el ámbito educativo debe verse desde dos perspectivas. La primera, como objetivo de aprendizaje *per se*; la educación en tecnología digital se torna igual de importante que la lectoescritura y el cálculo, pudiéndose entender la necesidad de una nueva alfabetización (tecnológica o mediática). La segunda, como medios o herramientas que tanto profesorado como alumnado pueden utilizar para conseguir otros aprendizajes.

En 2009 se aprobó en España el Programa Escuela 2.0., cuyo objetivo era dotar de ordenadores ultraportátiles al alumnado y al profesorado, así como digitalizar las aulas de los centros educativos. Es en este punto donde las TIC no se consideraron solo como un apoyo al sistema educativo, sino como fenómeno fundamental en el proceso de enseñanza-aprendizaje (Salomé *et al.*, 2011, p. 72). Es necesario cerciorarse de que el programa se enmarcó en el Plan Español para el Estímulo de la Economía y el Empleo, PLAN-E, es decir, que el programa respondía primero a un planteamiento económico y laboral y, después, pedagógico. Las bases del programa consisten en manejar el lenguaje específico de las TIC, presuponiendo que la utilización de las TIC en el sistema educativo potencia el aprendizaje visual del alumnado, su participación, su motivación y su creatividad. Igualmente presupone que el profesor imparte clases más atractivas y documentadas y sirven de gran ayuda para educación especial. El programa se basa en los siguientes ejes:

1. Aulas digitales: dotar de recursos TIC al alumnado, al profesorado y los centros: aulas digitales con dotación eficaz estandarizada.

2. Garantizar la conectividad a Internet y la interconectividad dentro del aula para todos los equipos y facilitar el acceso a Internet desde los domicilios de los alumnos en horarios especiales.

3. Asegurar la formación del profesorado, tanto en los aspectos tecnológicos, metodológicos y sociales para la integración de estos recursos en su práctica docente cotidiana.

4. Implicar al alumnado y a las familias en la adquisición, custodia y uso de estos recursos.

Por otro lado, en el Real Decreto 95/2022, de 1 de febrero, por el que se establece la ordenación y las enseñanzas mínimas de la Educación Infantil se menciona en varias ocasiones la necesidad de desarrollar la competencia digital docente y trabajar las tecnologías digitales. El decreto sitúa las tecnologías de la información y la comunicación junto a la lecto-escritura y la numeración en la lista de iniciaciones tempranas, subrayando que el contacto con lo digital debe ser vivencial y lúdico, no meramente instrumental. La equiparación con lo artístico (expresión visual y musical) refuerza la idea de que las TIC pueden —y deben— convertirse en lenguaje creativo. Al figurar como una de las ocho competencias clave, la dimensión digital deja de ser opcional: el currículo declara que alfabetizar digitalmente forma parte de la misión ética de la escuela infantil. No bastará, por tanto, con disponer de dispositivos; se exige diseñar experiencias donde el niño acceda a la información, comunique, cree y comparta de modo significativo. El texto afirma que la integración de medios digitales puede aumentar la motivación, la comprensión y el progreso —si bien esto habría que comprobarlo científicamente, y no está tan claro—. La formulación alude a la función compensadora de la tecnología: apoyos visuales, interactivos o multisensoriales que facilitan la participación de alumnos con estilos cognitivos o necesidades diversas, coherentes con el Diseño Universal para el Aprendizaje. En la página 12 explica:

«Se inicia, en esta etapa, el proceso de alfabetización digital que conlleva, entre otros, el acceso a la información, la comunicación y la creación de contenidos a través de medios digitales, así como el uso saludable y responsable de herramientas digitales. Además, el uso y la integración de estas herramientas en las actividades, experiencias y materiales del aula pueden contribuir a aumentar la motivación, la comprensión y el progreso en la adquisición de aprendizajes de niños y niñas».

4.3.3.1. La dieta mediática

Dieta procede del término griego *díaita* —δίαιτα—, que refería a régimen de vida. No debe asociarse por tanto solo a la nutrición, sino a cualquier hábito. De igual forma no debe asociarse solo a restricción o privación del consumo, dado que, en el caso de la nutrición, puede haber dietas hipercalóricas, por ejemplo.

La dieta mediática refiere a los hábitos de consumo respecto a los medios de comunicación. Será importante tanto conocer descriptivamente cuál es la dieta mediática de un momento dado, tanto de una persona como de la población, así como cuál debiera ser la dieta mediática, es decir, el plano prescriptivo a nivel educativo.

De forma abstracta, se puede decir que un español medio en un día medio tiene un consumo mediático de 3 horas y 47 minutos, de los cuales el 75 % se dedica a la televisión, el 10,5 % a la informática y los videojuegos —excluido el uso directo de internet—, y el 6 % a la lectura de libros (que supone 13 minutos al día). La televisión es el medio al que más tiempo se dedica (190 minutos diarios) y el más usado por la población (89 %) (Callejo, 2015). No existen datos estadísticos de consumo en menores de 15 años porque el Instituto Nacional de Estadística se centra en población joven y adulta, sin embargo, se puede esperar que los niños se vean influenciados por las dietas de los adultos con los que viven, dado que afecta directamente al ambiente.

Se han diferenciado, estadísticamente, los cuatro tipos de dietas mediáticas más usuales en la población española, los cuales se asocian a diferentes estilos de vida (Callejo, 2015):

— Dieta lectora: vinculada al trabajo doméstico y de cuidados. Se caracteriza por dedicar a la lectura más de 20 minutos al día, aunque también dedica a la televisión casi tres horas y media diarias. Más frecuente en edad adulta (65-72 años).

— Dieta televisiva: escasa relación con la ocupación (empleo remunerado o estudios), siendo la propia relación con la televisión la que consume casi siete horas diarias. Presente en personas mayores, jubiladas, viviendo solas o únicamente con su pareja y con unos ingresos en el hogar bajos.

— Dieta moderada: vinculada a un mayor tiempo libre. Es la mayoritaria en la población. Presenta medias de consumos de los distintos medios de comunicación por debajo de los de la población general, es decir, no tiene un gran uso de medios concretos.

— Dieta digital: vinculada a la actividad laboral o de estudios. Presente en menores de 45 años, residiendo en hogares con pareja e hijos, y con ingresos altos. Focalizada por la relación con el Internet, un ordenador, o videojuegos.

Hablar de dieta presupone pensar un reparto equilibrado en los hábitos de uso y consumo. Si bien existen dietas alimenticias extremas —que quitan un tipo de alimentos u otros, por diversas razones fisiológicas o axiológicas—, la mayoría de los expertos intentan construir una dieta equilibrada, que incluya una gran variedad de alimentos y en su proporción justa. De igual forma, una dieta mediática para educación infantil debería implicar pensar qué elementos mediáticos incluir en la dieta, y cómo incluirlos o restringirlos de manera proporcionada, entendiendo que no existe una dieta universal y válida para todo el mundo (Ferrari *et al.*, 2019). En este sentido, los posicionamientos consistentes en retirar todo elemento mediático o tecnológico-digital del aula con fines proteccionistas acaban teniendo resultados contrarios: una exposición extraescolar más peligrosa para el alumnado infantil, dado que no se le han dado recursos actitudinales e info-alfabéticos para hacer frente a esa realidad. El neuropsiquiatra Tisseron (2016) entiende que son la autorregulación y la responsabilización las estrategias a través de las cuales se promueve un uso consciente y equilibrado de las pantallas, lo que no requiere un monitoreo constante de los adultos —que cada vez es más difícil— porque es capaz de reflexionar y tener un espíritu crítico.

La intervención de la maestra —y en general de los adultos responsables— es fundamental en la construcción de una dieta mediática, teniendo el deber de acompañar al niño en el uso de las pantallas, tomar conciencia de su propio consumo, explicar las razones que lo llevan a aprovechar las pantallas y monitorear el consumo. El papel de la maestra será significativo si realmente conoce a cada alumno, pudiendo ajustar la dieta mediática y su intervención a su personalidad y biografía (Ferrari *et al.*, 2019).

La *pedagogía del contrato* (Meirieu, 2005) es un buen enfoque con el cual generar una dieta mediática consensuada, dado que dicha pedagogía se basa en la reflexión, la responsabilización y la negociación. A pesar de estar basada en la preparación de reglas, la pedagogía contractual se configura como una herramienta que facilita el acceso a la autonomía del niño (Lo Jacono, 2018). La concepción de niño que hay detrás de esta pedagogía es la de una persona pensativa, dialógica, y con capacidad para leer la realidad y juzgar. Esto permitiría evitar un prohibicionismo estricto y monológico de las maestras y los padres, sin embargo, no implica que el alumnado sea totalmente autónomo. Por ello, en el periodo de 0 a 6 años debe haber siempre un acompañamiento adulto cuando el alumnado entra en contacto con las TIC. Un aspecto clave de esta estrategia es la participación de los diversos actores, creando propuestas efectivas de dietas consensuadas, en las que todas las partes deben respetar lo establecido.

En la televisión se presentan modelos de comportamiento con los que fácilmente el niño puede identificarse (anuncios, películas, teleseries, concursos...). Algunos consejos de actuación son que la televisión no sea el sonido de fondo del hogar —si esto es así, el niño verá y oirá todo—, dedicar un tiempo determinado para ver la televisión, acompañar siempre al niño cuando ve la televisión, y seleccionar los programas más interesantes según criterios pedagógicos a la vez que recreativos (Sáez *et al.*, 2009, p. 143). Por otra parte, Rivoltella (2016*b*, p. 8) recuerda tres conceptos a tener en cuenta para la educación de las pantallas y su posible dieta asociada:

— Autorregulación: no se trataría de sobreproteger a los niños de la presencia de las pantallas, sino de darles recursos para que sepan convivir equilibradamente con ellas. Delegar en la responsabilidad del alumnado es positivo en tanto que se educa al mismo tiempo, pero también conlleva un riesgo.

— Alternancia: la dieta digital debe caracterizarse por un «y-y» y no por un «o-o». En este sentido, los videojuegos no sustituyen a los juegos tradicionales, la *tablet* no sustituye al libro y el lápiz. Se deben ofrecer varias opciones y un reparto equilibrado en los tiempos de uso.

— Acompañamiento: refiere al papel del adulto en el proceso de la educación tecnológica con pantallas. El problema de las pantallas —como cualquier problema educativo— no se resuelve una vez por todas adoptando filtros de navegación o decidiendo no adquirir un *smartphone* para el niño. Se requiere tiempo, paciencia, capacidad de lectura de cada situación y disponibilidad para ir creciendo junto al niño.

4.3.3.2. El modelo 3-6-9-12 en el contexto multipantalla

Serge Tisseron (2016) ofrece en su obra *3-6-9-12. Crecer en la época de las pantallas digitales* un modelo de enseñanza—aprendizaje de los niños y jóvenes respecto al contexto multipantalla en el que deben crecer actualmente, según la franja de edad que tengan:

1. Antes de los 3 años: hay que evitar lo más posible la televisión y accesorios —lector de DVD, videoconsola, etc.—, y buscar ver, cuando los niños están presentes, solo los programas que te interesan realmente. Hay que evitar, igualmente, colocar una televisión en su habitación. En este periodo el aprendizaje por imitación es muy importante, por lo que si el niño ve a sus padres viendo la televisión, él querrá ver también la televisión —incluso, simplemente, jugar a ver la televisión, aunque no le interese el contenido—. Lo mismo sucederá con el *smartphone* o cualquier otro dispositivo. Hay que recordar que los niños que no viven en una casa que posea un *smartphone*, *tablet* o televisión no sufrirán ningún tipo de problema en el desarrollo.

Algunes veces, sí que se puede jugar con el niño utilizando una pantalla, pero teniendo muy presente algunas de estas reglas:

a) Permanecer con el niño mientras lo utiliza, y acompañarlo. Se debe evitar el hábito de darle una pantalla para «tranquilizarlo» y que el adulto descanse.

b) Reducir este momento de juego con los dispositivos digitales a breves periodos durante el día, y no olvidar jugar también con a otras actividades o juegos tradicionales.

c) No buscar hacerle aprender algo durante ese periodo de presencia de la pantalla, sino simplemente jugar con él.

d) Informarse de los programas televisivos —o de otro formato— que se adecúan a su edad, dado que no todos lo son.

2. De 3 a 6 años: sigue siendo recomendable no instalar una televisión (u ordenador o videoconsola) en la habitación del niño, y controlar el tiempo de uso de los dispositivos con pantalla. Media hora al día es suficiente. Habría que compartir estas reglas y frecuencias de uso, de forma explícita, con cualquier que vaya a estar con los niños —cuidadores profesionales, sus tíos o abuelos, etc.—; es importante crear un clima de desarrollo donde las reglas no van cambiando según qué adulto esté presente.

No sobra decir que es necesario informarse sobre la adecuación de la edad de los programas de televisión, incluso leyendo las recensiones de los argumentos. Si se ve un programa televisivo junto al niño, debe ser de una forma realmente activa, pudiendo hacer juicios o preguntas en determinadas escenas; es menos frecuente abrir un libro ilustrado junto al niño, y dedicarse simplemente a mirarlo en silencio. Sin embargo, los adultos suelen mantener una actitud pasiva y de recibimiento hacia la televisión —como usuarios que son— en otras ocasiones, que no deben reproducir delante de los menores.

Respecto a los videojuegos, es preferible jugarlos en familia, y sobre todo aquellos que permiten *videojugar* varias personas. El videojuego es una oportunidad de jugar en familia y aprender acompañado, pero cuando se delega en un videojuego individual, el dispositivo personal donde se procesa el juego puede convertirse rápidamente en un fenómeno impulsivo. En la mayoría de los videojuegos, el niño va a privilegiar una inteligencia operatoria en lugar de una inteligencia simbólica.

3. De 6 a 9 años: es necesario continuar sin introducir una televisión, un ordenador o un dispositivo personal en la habitación del niño. Se deben asentar las reglas establecidas en periodos anteriores, de tal forma que las desarrolle de manera autó-noma —y no heteró-noma—. Puede comenzar la pedagogía del contrato (Lo Jacono, 2018). Así, puede elegir y gestionar el tiempo de pantalla a lo largo del día, mientras mantenga las reglas de autorregulación y alternancia (Rivoltella, 2016*b*), es decir, compatibilizándolo bien con el resto de tareas vitales. El adulto debe dar las razones por las cuales hay límites en el uso de ciertos dispositivos o servicios, para de esta forma crear el contrato racional. Se debe evitar el «porque aún eres aún pequeño» o «está reservado solo para los adultos», dado que, teniendo en cuenta el deseo general de un niño de volverse grande y ganar estatus, producirá el efecto contrario, es decir, probar aquello que tiene prohibido por la simple justificación de su edad.

Si videojuega, se deben respetar las indicaciones de PEGI (véase 4.4.4. Los videojuegos). El acceso a internet solos debería estar limitado para los niños. Se pueden crear cuentas personales para los niños en los ordenadores, de tal manera que ciertos servicios estén limitados. Permitir el uso de Internet antes de los 9 años supone más peligro que ventajas de entretenimiento, aprendizaje o desarrollo.

4. De los 9 a los 12 años: deben continuar los límites de la dieta mediática y de las normas de uso. Sin embargo, se debe permitir que desarrolle la autorregulación de su propio tiempo de uso en el ordenador, la videoconsola o la televisión. Pero habrá que darle importancia a ese fenómeno, preguntándole por lo que ha visto, lo que ha jugado, etc.

Se debe determinar cuándo podrá tener un *smartphone* propio, porque será una pregunta usual después de ver el contexto de sus amigos y amigas. Igualmente, se deberán establecer reglas previas bien estrictas respecto a su uso. En muchas ocasiones, de nada sirve verbalizar las reglas que se establecen a los niños si después en la mesa de la cena los adultos sacan los móviles para cualquier asunto, rompiendo con la dinámica social.

El acceso a Internet solos debería seguir estando limitado para los niños. Este periodo es muy adecuado para hablar y prevenir sobre la publicidad, la privacidad en la red, la supuesta gratuidad, los derechos de las imágenes personales, etc. Será a partir de los 12 años cuando pueda comenzar a navegar por Internet.

4.3.3.3. Educación en contrapublicidad

La publicidad, si bien puede tener una función difusora y comunicativa, funciona como un organismo de control social, y está orientada hoy en día a crear consumidores mediante la generación de productos y necesidades inútiles. La población infantil no se ha quedado fuera del *target* de la publicidad, convirtiéndose en una población especialmente vulnerable. Los juguetes de *merchandising* asociados a una serie animada de televisión, los *Happy Meal,* los muñecos o piezas de regalo tras el consumo de un producto alimenticio, etc.

Al niño se le considera ya consumidor, en tres aspectos (Bringué, 2001):

— Como mercado primario con posibilidad de realizar compras con dinero propio.

— Como sujeto de influencias cuando sus preferencias inciden en el consumo o gasto ajeno.

— Como mercado futuro cuando adquiere determinados conocimientos y actitudes sobre marcas y productos que todavía no están a su alcance.

Será esta tercera dimensión la más preocupante, dado que la publicidad ya no solo pretende vender productos —un *smartphone*, por ejemplo—, sino estilos de vida —tu incapacidad para vivir sin un *smartphone*—. La publicidad es muy eficaz debido a que se basa en estudios psicológicos y sociológicos. Ello exige que las maestras deban conocer también perfectamente la psicología y sociología infantil para contrarrestar las influencias. La información de la publicidad infantil va a ser siempre persuasiva, amigable y estética; por lo que la información educativa también habrá de serlo si quiere suponer realmente un contrapeso.

Los formatos más usuales de publicidad infantil en los anuncios son los siguientes:

— Testimonial directo de una o varias personas reales: los personajes del anuncio son individuos de la calle, no actores profesionales, que explican los aspectos relevantes del producto y su uso interpelando directamente al espectador del mensaje.

— Testimonial directo de una persona ficticia: como el caso anterior, pero utilizando actores profesionales.

— Testimonial indirecto: los personajes principales, reales o ficticios, muestran mediante comentarios entre ellos los atributos del producto.

— Demostración: el anuncio muestra cómo funciona el producto, sin interpelación directa al espectador por parte de los personajes del anuncio.

— Presentación del niño ofreciendo el producto a otros niños: este formato permite que el espectador conozca, sin ser interpelado directamente, las razones para adquirir el producto.

— Adulto o personaje fantástico ofreciendo el producto: similar al caso anterior, pero con adultos o personajes fantásticos.

El anunciante considera más efectivo comunicar directamente con el niño, fiándose de su capacidad de influencia hacia el comprador principal, por el formato testimonial indirecto —acorde al aprendizaje por imitación—, y por la alusión a la fantasía, la diversión, y el juego (Bringué, 2001).

Ante la extensión e invasión de la publicidad en todas las esferas de la vida, la maestra debe reflexionar sobre la presencia y sentido de la publicidad en el espacio educativo. La publicidad es un formato de comunicación, y su finalidad no es *per se* educativa, por lo que se debe identificar y controlar desde la escuela. Si bien es cierto que la didáctica tiene que aprender ciertas técnicas de la publicidad —porque indirectamente esta se nutre de estudios neurocientíficos los cuales financia—, en especial con técnicas de transmisión de la información, también debe evitar intenciones perversas como la comunicación subliminal o los intereses ocultos detrás de la publicidad. La publicidad de calidad es mucho más estética, y por ello es más atractiva, y por tanto efectiva, y ello es uno de los puntos a imitar. Sin embargo, se vive en un entorno de normalización de la publicidad que es perjudicial, desde los *remakes* de Disney hasta la introducción de las grandes marcas —Apple, Facebook, Amazon, Google, Samsung, etc.—. Evitar los anuncios publicitarios en la escuela —en el patio, en las aulas, en los pasillos, los polideportivos, los uniformes…— es una manera de proteger los derechos de la infancia, intentando no normalizar su presencia en todas las esferas de la vida (López, 2018, p. 286). Concienciar de que nada es gratis es una de las tareas educadoras antipublicitarias. Cuando un servicio digital se concede al usuario prestando solo la información personal, entonces el producto es el propio usuario, y no el servicio que se ofrece. En este caso, y debido a la sociedad de la información y el conocimiento, es mucho más valioso para las grandes marcas la información que los costes del servicio que ofrecen sin el pago directo del usuario. Si un niño de 6 años ya sabe descargar una aplicación para el móvil, entonces, ya debe tener una competencia digital completa, la cual incluye la seguridad.

FIGURA 14. Ejemplo de contrapublicidad. Autor: Siro López. Lo que mata engorda: https://cutt.ly/KexXfYl

Una de las posibilidades de prevenir y concienciar sobre la publicidad es la contrapublicidad artística. De forma creativa, se pueden realizar proyectos que desarrollen el porqué de ciertas marcas, el para qué, y el cómo se podrían modificar para enviar mensajes paradójicos. Aunque quizá la concienciación crítica de carácter más abstracto deba trabajarse en la etapa de educación primaria, en educación infantil no debe restringirse la contrapublicidad al ocultamiento de esta, a la protección absoluta de los niños a este tipo de discursos. Hoy en día se hace muy difícil controlar todo el ambiente en el que puede desarrollarse la vida de un niño de educación infantil (la calle del colegio, el barrio, la ciudad, la televisión, etc.). De hecho, las acciones publicitarias saben que su gran oportunidad de atrapar las apetencias de los niños son los sábados y la Navidad (Bringué, 2001), precisamente momentos en los cuales la maestra no puede impedirlo o regularlo. Por ello, es necesario también educar en ciertas competencias que den recursos al niño para afrontar la inmediatez e inmensidad del consumo actual, por ejemplo, con control y regulación emocional, mediante contravalores, etc.

4.3.3.4. Las emociones y el uso saludable de la tecnología

Se va a recordar, brevemente, qué podemos entender por *emoción*, y su relación educativa, para posteriormente vincularlo con la tecnología y el mundo actual en el que se desarrolla o se van a desarrollar los niños de educación infantil.

Etimológicamente, *emoción* proviene del latín *emotio, emotionis,* derivado del verbo *emovere* (formado por *ex* que significa «hacia fuera» y *movere* que significa mover, trasladar, retirar…), por tanto, se podría definir como «mover hacia afuera». De acuerdo con la propuesta de Salovey y Mayer (1990), la emoción puede ser entendida como un conjunto de respuestas organizadas que se articulan en distintos niveles: fisiológico, cognitivo, motivacional y experiencial. Esta caracterización enfatiza la naturaleza multidimensional del fenómeno emocional, cuya manifestación no se limita a una esfera única del funcionamiento psíquico. En una línea similar, aunque con un acento puesto en la complejidad orgánica de dicho estado, Bisquerra (2000) define la emoción como una configuración compleja del organismo, caracterizada por una excitación o perturbación que desencadena una respuesta organizada. Esta definición destaca el carácter homeostático de la emoción, es decir, su función de reorganización interna ante estímulos externos o internos. Desde una perspectiva eminentemente fisiológica, Barooah (2019) señala que la emoción constituye una experiencia corporal que se expresa conductualmente mediante sentimientos, en respuesta a información sensorial específica, lo cual implica la activación de sistemas endocrinos y de diversas regiones cerebrales, tales como la amígdala, el hipotálamo y la corteza prefrontal.

De forma general, podría decirse que las emociones pueden ser comprendidas como respuestas automáticas —tanto a nivel conductual como fisiológico— que el organismo activa frente a estímulos percibidos como amenazantes o propicios, según el marco de evaluación subjetiva del individuo (Reeve, 2002). Esta reactividad inmediata supone un mecanismo adaptativo que contribuye a la regulación del comportamiento rápido, y por tanto a la supervivencia. Sin embargo, pese a la universalidad de los correlatos fisiológicos implicados en la experiencia emocional —como la activación del sistema nervioso autónomo o la liberación de determinadas hormonas—, la codificación simbólica, la interpretación semántica y la representación conceptual de las emociones varían considerablemente entre culturas, lenguas y sistemas normativos, tal como han demostrado Shuman et al. (2015) en sus estudios transculturales. Cabe destacar, no obstante, un punto de consenso empírico: las emociones fundamentales, en tanto estructuras psicobiológicas primarias, son innatas y se manifiestan en todas las culturas humanas, lo que ha sido ratificado por las investigaciones interculturales de Evans (2019), quien sostiene que existe una arquitectura emocional compartida a nivel filogenético, independientemente del contexto sociocultural particular. Estas consideraciones son especialmente relevantes en educación infantil, pues los primeros años de vida son especialmente *emotivos*.

En los últimos años, la creciente imbricación entre los dominios de la afectividad y la cognición ha conducido a la acuñación de nuevos conceptos destinados a vincular esta interacción de manera más precisa. Uno de los más relevantes es el de *pensamiento emocional*, una noción que designa el entramado de procesos cognitivos que se encuentran modulados por la emoción y que participan activamente en la construcción del conocimiento. Este concepto engloba funciones tales como la memoria, la toma de decisiones, la motivación, el aprendizaje y la creatividad, (Yang y Damasio, 2007).

La literatura especializada ha documentado de forma prolija la incidencia de los estados emocionales sobre los procesos cognitivos esenciales para el aprendizaje. Así, investigaciones recientes (Gkintoni et al., 2023; Hökkä et al., 2020) han mostrado cómo las emociones inciden directamente en los niveles de atención —focalizando o dispersando la capacidad de captar estímulos relevantes—, en la consolidación y evocación de la memoria —facilitándola o entorpeciéndola en función del grado de carga emocional— y en el razonamiento lógico —potenciando o inhibiendo la resolución de problemas según la valencia emocional del estado afectivo predominante—.

En consonancia con esta línea teórica, ha surgido otra categoría de gran pertinencia para el campo educativo: las *emociones académicas*, que refieren all conjunto de experiencias emocionales que el discente experimenta en contextos de enseñanza-aprendizaje, ya sea en relación con tareas concretas, con la evaluación de su rendimiento o con las interacciones institucionales (Pekrun et al., 2002). Estas emociones —de valencia positiva o negativa— tienen efectos significativos sobre el desempeño académico, como ha sido constatado por diversos estudios empíricos. Por ejemplo, Tan et al. (2021) hallaron que las emociones académicas positivas —como el entusiasmo, el orgullo o la esperanza— se correlacionan con un mayor rendimiento, mientras que aquellas de carácter negativo —como la ansiedad, la frustración o la desesperanza— tienden a obstaculizar el proceso de aprendizaje.

Pueden distinguirse dos grandes vías mediante las cuales se pueden pensar las emociones en su faceta educativa (Sierra y Quintas, 2024; Ruiz Martín, 2020). En primer lugar, se reconoce su papel como modulador del aprendizaje. En este sentido, las emociones actúan como catalizadores del proceso mnémico, facilitando la fijación y recuperación del conocimiento a través de la evocación afectiva de experiencias significativas vividas en el entorno escolar. El aula, como espacio socialmente cargado de interacciones, se convierte en un escenario donde los estados emocionales —ya sean positivos o negativos— median la percepción, la atención y la interpretación del saber, configurando una experiencia de aprendizaje que no puede ser disociada de lo vivido emocionalmente.

En segundo término, se advierte una creciente tendencia hacia la creación intencionada de ambientes educativos que contemplen de manera explícita la dimensión emocional del estudiantado, como se analizó en el tema 2. Este enfoque encuentra su expresión más sistemática en la denominada *educación emocional*, entendida como una *praxis* pedagógica orientada a promover el desarrollo afectivo a través de estrategias que fortalezcan la autoconciencia emocional, la autorregulación, la empatía y las habilidades interpersonales.

Uno de los factores moduladores del aprendizaje derivado de las emociones es su posible potenciación de la retención y el recuerdo. Según Ruiz Martín (2020), las emociones que el estudiantado vive influyen directamente en su capacidad para asimilar y rememorar los contenidos. En el contexto tecnológico actual, este principio adquiere relevancia: por ejemplo, al presentar un vídeo interactivo en una tablet, la reacción emocional captada amplifica la fijación de la información presentada. Cuando las emociones se activan en el proceso formativo, pueden intensificar la memoria de una vivencia específica o, por el contrario, dispersar la concentración hacia estímulos irrelevantes. En escenarios digitales —por ejemplo, al visualizar una animación atractiva— la emocionalidad puede dirigir toda la atención hacia los efectos audiovisuales, desplazando la atención de la explicación conceptual.

Así, una exposición prolongada a pantallas, como ya se vio de la mano de Tisseron (2016), puede generar respuestas afectivas que favorezcan o perjudiquen la atención dirigida al aprendizaje, sin que ello implique una mayor disposición temporal o esfuerzo del estudiante. Según el nivel de activación emocional, podría suceder lo contrario: es habitual estar media hora, o una hora entera, visualizando vídeos breves como consumidores, y no poder evocar posteriormente nada de lo que se ha visto (Sierra y Quintas, 2024). Diversas investigaciones (Dunsmoor & Kroes, 2020; Kensinger & Ford, 2020) han demostrado que es más fácil recordar experiencias con alta carga emocional que las rutinarias. Ello se explica porque la emoción induce una atención focalizada. Sin embargo, como ocurre en un recurso multimedia que sorprende constantemente, quizás recuerden la experiencia audiovisual, pero no los conceptos o explicaciones que la acompañaban —como sucede en el llamado *efecto Google,* esto es, recordar dónde se guarda algo, pero las características de aquello que se guarda—. Laney et al. (2003) observaron que no se requiere un estímulo emocional intenso para lograr un recuerdo completo: un tema emotivo permite la rememoración integral. Al combinar esto con la tecnología

—por ejemplo, al narrar una historia emocional en formato digital— se favorece la retención del contenido, no solo del estímulo aislado.

El hipocampo es el núcleo de la memoria explícita, constituida por la memoria episódica (vivencias personales) y la semántica (conceptos). En la tecnología educativa, es fundamental que las herramientas digitales potencien ambas, pero parece que en la deriva actual no se desarrollen ninguna de ellas. Es verdad que las emociones podrían influir más en la memoria episódica, pero experiencias digitales menos intensas también pueden consolidar aprendizajes. Por ejemplo, una aplicación educativa en infantil sin estímulos fuertes, pero con narración emocional moderada, podría fomentar el recuerdo conceptual y no solo sensorial. Por ello, la intensidad emocional es determinante: una experiencia educativa con gran carga emocional en pantalla favorece el recuerdo del estímulo, pero puede desviar el foco del contenido. Vogel & Schwabe (2016) advierten que ello ocurre también con audiovisuales muy intensos, que suelen priorizar la vivencia sobre la comprensión conceptual.

Asimismo, el nivel de activación emocional condiciona el aprendizaje. Estímulos digitales que provocan sobreactivación (pantallas excesivamente vibrantes) o infraactivación (contenido plano) dificultan funciones cognitivas como atención y razonamiento. Según Ruiz Martín (2020), se necesita un nivel de activación intermedio, lo cual implica diseñar interfaces y contenidos que equilibren estímulo emocional sin saturar al estudiantado. Además, tanto las emociones positivas como las negativas afectan el rendimiento académico (Ge, 2021; Tang et al., 2017). En los espacios escolares digitales, las interacciones —ya sea a través de chat, vídeo o aplicaciones— generan emociones ligadas al reto educativo. Son estas emociones las que, finalmente, influyen en el desempeño académico frente a la tecnología. En determinadas circunstancias, el impacto sobre el aprendizaje se manifiesta de forma positiva, incrementando la motivación intrínseca del estudiantado y su compromiso con el proceso de aprendizaje —como se ve en los trabajos de Mayer (2009)—, gracias a la interactividad, la estética visual atractiva y la inmediatez del *feedback* que ofrecen estas herramientas. Sin embargo, esta dimensión beneficiosa coexiste con efectos adversos cuando el uso de dichas tecnologías se desvía de prácticas saludables o carece de una mediación pedagógica crítica. Estudios como los de Rosen et al. (2013) o Valkenburg y Peter (2011) han puesto de relieve los riesgos psicoemocionales asociados a este uso desregulado: desde el incremento del estrés y la ansiedad hasta la aparición de sintomatologías depresivas, sobre todo en edades tempranas. Frente a este panorama, la educación emocional, y en particular la regulación emocional, suponen una vía de salida para contrarrestar los efectos nocivos de la exposición excesiva a las tecnologías y promover una relación crítica y saludable con los entornos digitales.

Al examinar el impacto específico de ciertas plataformas sobre la salud emocional, se advierte que algunas aplicaciones han devenido en focos de vulnerabilidad para amplios sectores de la población infantil y juvenil. *Instagram*, por ejemplo, ha sido identificada como una plataforma que exacerba las comparaciones sociales, afectando la autoestima y favoreciendo estados de ansiedad y depresión. *Facebook*, por su parte, ha contribuido al fenómeno del *FOMO —Fear of Missing Out—*, generando sentimientos de aislamiento y una constante necesidad de conexión. *TikTok*, con su lógica de consumo visual inmediato y de contenido viral, ha favorecido patrones de atención fragmentada y comportamientos adictivos, los cuales dificultan el mantenimiento de procesos cognitivos sostenidos —fundamentales para el aprendizaje profundo—. *Snapchat* ha sido relacionada con dinámicas de ansiedad social y una obsesión creciente por la autoimagen, a menudo mediada por filtros estéticos que distorsionan la percepción del propio cuerpo. Finalmente, *X* —en referencia al antiguo *Twitter*— ha mostrado un potencial para amplificar conflictos, agresiones verbales y conductas hostiles, lo que contribuye al deterioro del bienestar emocional. No obstante, sería reductivo circunscribir estas plataformas exclusivamente a sus efectos negativos: han posibilitado formas inéditas de creatividad visual, expresión artística y conexión global que no deben ser desestimadas. En este sentido, el problema no reside tanto en la tecnología *per se*, sino en el tipo de vínculo que se establece con ella y en la ausencia de una alfabetización emocional y digital que permita su uso responsable y crítico (Sierra y Quintas, p. 53-54).

Paralelamente, han surgido herramientas tecnológicas específicamente diseñadas para promover la inteligencia emocional dentro del ámbito escolar. *ClassDojo*, por ejemplo, favorece la comunicación fluida entre docentes, estudiantes y familias, a la vez que permite reforzar comportamientos prosociales, estimular la empatía y fomentar el sentido de comunidad. *Mind Yeti* ofrece prácticas guiadas de meditación y ejercicios de atención plena —o *mindfulness*— que permiten al alumnado tomar conciencia de sus estados emocionales y gestionar el estrés. *Smiling Mind* propone programas diferenciados por rangos etarios que desarrollan habilidades de autorregulación y autoconciencia emocional, mientras que *Mood Meter*, inspirada en los trabajos del Centro de Inteligencia Emocional de Yale, proporciona un marco para el reconocimiento y la gestión de emociones cotidianas. Otra aplicación destacada es *Peekapak*, que integra relatos interactivos y actividades orientadas al desarrollo de competencias socioemocionales —como la resolución de conflictos o la comunicación asertiva— dentro del currículo formal. Sin embargo, su potencial educativo estará supeditado, en última instancia, a la competencia digital del cuerpo docente, encargado de discernir, seleccionar e integrar estos recursos en función de criterios pedagógicos sólidos y de las necesidades concretas del estudiantado. Este ejercicio de mediación es, sin duda, el núcleo de una práctica educativa verdaderamente transformadora en la era digital.

Se van a plasmar aquí algunas de las conclusiones que se han extraído previamente en otros escritos (Sierra y Quintas, pp. 56-57):

— Los modelos de aprendizaje personalizados favorecen de manera más efectiva el desarrollo integral del estudiantado cuando integran explícitamente la dimensión emocional en su diseño pedagógico.

— Las emociones pueden clasificarse según dos dimensiones continuas: el nivel de activación o arousal, que alude a su intensidad, y la valencia afectiva, que distingue entre emociones agradables y desagradables.

— Una situación altamente emotiva no constituye un requisito indispensable para que se produzcan el recuerdo y el aprendizaje significativo.

— La presencia de una elevada carga emocional en las actividades educativas puede intensificar el recuerdo de la experiencia, pero al mismo tiempo dificultar la comprensión de contenidos de naturaleza estrictamente cognitiva.

— Tanto la intensidad emocional como la valencia positiva o negativa de las emociones inciden directamente en los procesos de aprendizaje.

— Diversas investigaciones han constatado una correlación positiva entre la inteligencia emocional y el rendimiento académico del estudiantado.

— La educación emocional se presenta como una estrategia eficaz para potenciar el desarrollo integral del alumnado, así como para fortalecer sus vínculos sociales, su desempeño académico y su capacidad de aprendizaje.

— Actualmente existen aplicaciones tecnológicas orientadas específicamente al fortalecimiento de la inteligencia emocional del estudiantado.

— El uso de tecnologías digitales puede ejercer un impacto emocional ambivalente en la adolescencia, con efectos tanto beneficiosos como perjudiciales, dependiendo del modo en que se gestionen y contextualicen dichas herramientas.

4.4. Materiales y recursos digitales

Los materiales y recursos digitales podrían introducirse en el «Tema 5: Recursos y materiales didácticos» como una subcategoría de los mismos, en una posible clasificación debido a su estructura. Sin embargo, debido a su actualidad y a la especificidad de la asignatura que estudia la sociedad de la información y el conocimiento, se ha decidido incluir en este apartado algunos de los materiales y recursos más usuales o adecuados para la educación infantil. Algunos de ellos se ajustan solo a las maestras en tanto que adultas, no necesariamente pudiendo ser aplicados a la etapa de infantil.

Para crear material multimedia genérico, existen desde hace muchos años muchas aplicaciones y programas con las cuales las maestras pueden personalizar las actividades: *Jclic, Hot Potatoes, Squeak, Malted, Keduca, Textoys, Macromedia Flash, Swish...* (Ortiz, 2011, pp. 154-155). Existen multitud de tipos de recursos multimedia, que no se van a exponer, como podría ser la radio, la televisión, la música digital, el cine, la webquest, los editores de vídeo, las aplicaciones concretas para *smartphones*, etc. A continuación, se exponen solo algunos de los recursos digitales que se pueden usar en educación infantil, y se han incluido según el criterio de pertinencia, utilidad y novedad —cubriendo las necesidades de formación de las maestras—.

4.4.1. El blog educativo

Blog proviene, en inglés, de *web log*, que significa registro en la web. Un blog es una publicación digital, a modo de página web, caracterizada por su frecuente actualización, su gestión y enfoque personal —y no de una empresa o medio de comunicación profesional—, y la interacción social mediante comentarios. Los blogs son llamados también cuadernos de bitácora, porque funcionan como un diario personal, pero que es publicado en la red. Habitualmente, un blog se compone de una página de entradas que son accesibles por el público, ordenadas cronológicamente en orden inverso, y que presentan enlaces a otros blogs, sitios web o redes sociales (Aguaded *et al.*, 2009).

El blog tuvo un lento inicio a finales de los años noventa, y creció exponencialmente los primeros años del siguiente milenio. Parte de su éxito era la fácil creación y mantenimiento del sitio web, así como el incentivo de crear una comunidad de lectores asociados al autor. Inicialmente lo relevante en los blogs era el contenido textual, pero posteriormente, y con el avance de la tecnología digital, se han desarrollado también fotoblogs o blogs gráficos, los «*vlogs*» o videoblogs o los audioblogs.

Los *edublogs* son blogs pensados y diseñados específicamente para el ámbito educativo. Existe gran variedad de ellos porque pueden suponer un repositorio de experiencias educativas, propuestas de recursos y materiales, foros de debate, etc. Desde la perspectiva docente, una buena fuente de información y conocimiento didáctico son los edublogs de maestros y maestras *bloggers,* donde periódicamente comparten información educativa de interés, permiten la creación de comunidades educativas que tienen un foco en común, y favorecen el debate sobre algún tema. Un edublog puede ser más corporativo, y ser el blog de un colegio o de un aula a modo de web, sin embargo, esto pierde la personalidad de un blog común y muestra información algunas veces más administrativa (Salomé y Suñé, 2011, p. 112).

Desde la perspectiva discente, los edublogs suponen una fuente de materiales y recursos que se puedan aplicar directamente en la enseñanza y el aprendizaje en clase. Igualmente, y por la facilidad técnica que implica crear un blog, las maestras pueden transferir la libre expresión del alumnado de infantil a un blog, si son ellas las que mantienen siempre el dominio de este recurso digital.

Los dos grandes recursos para crear un blog en la actualidad son *Wordpress* y *Blogger*, pero existen muchísimos más disponibles. Especialmente, en el ámbito educativo aragonés existe el recurso *Arablogs,* el cual gestiona el Centro Aragonés de Tecnologías para la Educación (CATEDU).

Para crear y gestionar un edublogs, es aconsejable publicar aportaciones claras y asociadas a los contenidos de la materia o asignatura, realizar interrogantes que estimulen el pensamiento, fijar temporalmente una actividad para que no quede abierta para siempre, comprobar los enlaces que se facilitan en las publicaciones, y explicitar la *netiqueta* (Romero *et al.*, 2009, pp. 191-192).

4.4.2. La wiki

Wiki wiki significa «rápido» en hawaiano, y hace buena referencia a su principal característica, a saber, la creación rápida de documentos —páginas digitales— interconectados. Además, presenta otra característica básica respecto a un blog: su creación colaborativa entre muchas personas, las cuales pueden añadir nuevas páginas wiki o editar las existentes directamente desde el navegador. Es decir, es como un blog sin editor o propietario único, sino que puede ser editado por muchas o todas las personas de manera libre. Ello no implica que no haya una *netiqueta,* es decir, unas normas de funcionamiento y comportamiento en la red. De hecho, suele haber un administrador y un moderador de la wiki.

Fue Ward Cunningham quien creó la primera wiki en 1995 y le puso el nombre *WikiWikiWeb*. Normalmente, se utiliza el término *wiki* tanto para denominar al sistema colaborativo, como a cada una de las páginas individuales editables. Para esta creación, se utiliza o un lenguaje HTML —*HyperText Markup Language*, es decir, Lenguaje de Marcas de HiperTexto— o un lenguaje propio de wiki, más fácil para usuarios no acostumbrados al lenguaje HTML y a programar (Salomé y Suñé, 2011, pp. 122-123).

El fenómeno de la wiki es el que más ha contribuido a crear la Web 2.0. o Web Social, dado su carácter social y colaborativo en la creación de información y contenidos digitales. El caso de más éxito es *Wikipedia* (www.wikipedia.org), la wiki más grande y multilingüe a nivel mundial. Lo más deseable es que cuando se añada nueva información, se justifique de dónde se extrae, es decir, citar las fuentes de información, de tal forma que la información aportada en la wiki gane rigor y credibilidad para el usuario, e incluso pueda ser fácilmente contrastada. Sin embargo, sigue existiendo en las wikis, y en la propia Wikipedia, muchísima información que está añadida sin especificar las fuentes, por lo cual los usuarios deben ser prudentes en su uso.

Aun así, la wiki puede ser vulnerable, dado que siempre puede haber gente que se dedique a borrar contenidos intencionalmente, o personas que simplemente añadan información errónea. Como procedimiento de revisión y comprobación, las wiki no solo son colaborativas, sino que guardan mucha metainformación de interés, como quién ha realizado cambios, qué cambios ha realizado (qué ha añadido, quitado, o modificado), a qué hora y en qué fecha, así como el historial de los cambios, de forma que se puede volver a una versión anterior. Es un procedimiento de transparencia, el cual se basa además en el *Código Abierto* y sus valores éticos, dota de valor al proceso de construcción del conocimiento, y no solo al producto final que se ve en la página. Este proceso suele estar regulado por un administrador o moderador, que supervisa el desarrollo de una página wiki concreta. La revisión y control comunitario de las wikis se ha mostrado como un principio eficaz de seguridad. Sería como si todas las puertas de un vecindario estuvieran abiertas, pero los propios vecinos estuvieran siempre cerca y activos para controlar (Romero *et al.*, 2009, p. 211).

Existen varios recursos disponibles para realizar wikis educativas, como «*Google Sites*» o «*MediaWiki*»; este último permite instalar un sistema wiki en caso de que se tenga un servidor propio o alquilado. Dado que existen tantas otras opciones, hay que recordar la necesidad de revisar las políticas de privacidad y la protección de datos en cada una de ellas.

4.4.3. Pizarra digital interactiva

La pizarra digital interactiva es un dispositivo que muestra información visible en la pantalla de un ordenador y que se puede controlar y manipular mediante hardware (como lápices electrónicos) o bien directamente con los dedos, si permiten esta interacción. Lo más adecuado para educación infantil es que la PDI sí permitiera esta interacción *digital* —etimológicamente en latín refiere al dedo—, dado el carácter más psicomotriz.

La pizarra digital interactiva no es un dispositivo simple, como podría ser un *smartphone*, sino compuesto. Incluye un ordenador, un videoproyecto, una pantalla o superficie sobre la que proyectar, y un software específico —un programa—, además de otros periféricos posibles.

Existen diferentes tipos de pizarra digital interactiva según la interacción que se puede dar: táctiles (p. e. *SmartBoard*, electromagnéticas (p. e. *Interwrite*), y de infrarrojos o ultrasonidos (p. e. *eBeam*), basadas en dispositivos que se fijan en una superficie vertical para convertir una zona en una interactiva. Para que la pizarra digital interactiva tenga más potencial didáctico, será sugerente, aunque no obligatorio, que tenga acceso a Internet y periféricos de audio (Salomé y Suñé, 2011, p. 85). Existe la posibilidad, con ciertos conocimientos técnicos, de crear una pizarra digital interactiva propia sin tener que comprar marcas o aparatos ya fabricados —siempre vienen bien los videotutoriales para conseguirlo—.

Al igual que la televisión condiciona la configuración de un salón en una casa, así como promueve su uso en lugar de otros hábitos —la lectura, el diálogo cara a cara, etc.—, la pizarra digital interactiva condiciona mucho la disposición del aula, provocando muchas veces que el alumnado y el resto de mobiliario se dirijan o adapten su colocación a la posición de la pizarra digital interactiva. Sería un tema para reflexionar en el «Tema 2. Diseño y organización de los espacios didácticos».

Mediante la pizarra digital interactiva se pueden realizar todas las actividades clásicas, de corte psicomotriz, de identificación y discriminación, de lectoescritura, etc. Sin embargo, la pizarra digital interactiva no resulta muy innovadora en aquellos casos en los que se podía realizar la esencia de la tarea de una manera analógica o mecánica —con lápiz y papel—. Pero sí se pueden realizar actividades más interactivas, con el software adecuado. Por ejemplo, una actividad de cuentacuentos, donde la maestra narra el cuento mientras se proyectan en la pizarra ciertos escenarios, con los cuales incluso el alumnado puede interactuar —haciendo elecciones, pintando los dibujos, etc.—.

En la red existen muchos materiales y actividades donde se requiere la pizarra digital interactiva (Martínez *et al.*, 2011, pp. 132-133):

— INTEF: aporta materiales basados en PDI de diferentes materias y etapas. Existen gran cantidad de recursos educativos en abierto, dado que el Instituto depende del Ministerio de Educación.

— Genmagic.org: tiene un banco de fichas que se pueden crear para pizarra digital interactiva, así como imprimirse o guardarse en varios formatos.

— Escuela TIC 2.0.: wiki sobre pizarras interactivas: es una wiki formada por maestros donde se ofrecen recursos en abierto para su uso.

— Educa-Rioja: es un espacio donde se facilita un repertorio de actividades para pizarra digital interactiva.

— Lola Pirindola: es una editorial que ofrece cuentos personalizados, así como otras actividades específicas para educación infantil y la pizarra digital interactiva.

— Etapa Infantil: es el blog de la maestra Salomé Recio, quien utiliza de forma habitual la PDI en sus clases de educación infantil.

4.4.4. Videojuegos

Un concepto más adecuado y general que videojuego sería el de «juego digital», dado que el videojuego es un tipo de juego digital. Otro tipo de juegos digitales serían los audiojuegos, muy adecuados para personas ciegas. Para alcanzar una definición de juego digital habrá que partir de la definición de juego abordada en el punto «3.2. El concepto de juego», matizando aquello que tiene de especial y característico el juego digital, a saber, su estructura tecnológica digital: el *juego digital* es el conjunto de actividades que los participantes del mismo realizan voluntaria y placenteramente dentro de una ámbito virtual y digital concebido como un entorno simbólico de manejo de posibilidades donde las consecuencias no trascienden a ese ámbito. Al mismo tiempo, se recuerda que la tecnología digital refiere a aquella que se basa en la naturaleza numérica y discreta de la información, la cual permite representarse mediante un lenguaje de código binario, y funcionar mediante soporte electrónico.

El videojuego se originó a mediados del siglo XX, por un lado, con finalidad funcional mediante simuladores de vuelo, y por otro lado, con finalidad de ocio como en el caso de OXO en 1952 —basado en el tres en raya— o el Tennis for two en 1958 —basado en el tenis de mesa—. Los videojuegos se desarrollaron a la par que el avance tecnológico digital y de las TIC. En los setenta se implantaron en los salones recreativos, en los ochenta se extendieron de forma masiva consolas domésticas, y comenzaron las primeras consolas domésticas. En los años noventa hubo un salto técnico que permitió videojugar en diferentes formatos y con la tecnología CD-ROM, y ya con las primeras experiencias tridimensionales. También en los noventa los videojuegos *arcade* perdieron fuerza y comenzaron a dominar el mercado las consolas portátiles como *Game Boy* (Belli *et al.*, 2008). Del año 2000 en adelante fue característico la extensión de los videojuegos en línea, como *World of Warcraft* en 2004, lo que produjo la conectividad de una comunidad de videojugadores que para entonces ya era enorme. En los años diez se suman los videojuegos específicos para *smartphone*, por ejemplo con *Candy Crush* en 2012 o *PokemonGO* en 2016. En la actualidad, los videojuegos no son creados principalmente por aficionados a la electrónica que desarrollan de forma *amateur* un videojuego, sino que el fenómeno ha sido acaparado por una industria muy potente, que en España por ejemplo facturó más que la industria de la música y el cine juntos, y en Estados Unidos tuvo más espectadores que la final de la NBA (Llorente *et al.*, 2018). Los videojuegos son, pues, un fenómeno social y actual.

A nivel educativo, la incorporación de los videojuegos como recurso no es del todo novedosa, dado que el 31 % del profesorado ya lo ha implementado, especialmente en las áreas de matemáticas, conocimiento del medio y lengua española. Entre los que lo han usado como recurso, el 21 % lo ha aplicado con alumnado menor de 5 años, y 64 % con alumnado de entre 5 y 8 años. Las razones alegadas para su uso fueron primero la motivación que creen que genera, y después el aprendizaje que puede crear, especialmente de carácter cognitivo y psicomotriz (Gómez *et al.*, 2012). Cabe mencionar que este tipo de estudios suelen tener cierto interés en la industria del videojuego, por lo que se debe mantener siempre una actitud crítica, dado que tienden a concluir aspectos siempre positivos del uso de los videojuegos, minusvalorando los posibles perjuicios.

El software-hardware más adecuado al niño de educación infantil será aquel que se base en el juego y tenga intención de conseguir aprender. Es decir, no se trataría de pasar el tiempo jugando o un mero entretenerse, sino aprender mientras se juega. Así, un videojuego infantil suele basarse en laberintos, juegos de emparejamiento, dibujos, actividades de reconocimiento de letras, colores, números, formas, notas musicales, etc. (Romero *et al.*, 2009, p. 21).

Los objetivos educativos a perseguir con un videojuego en educación infantil no serán diferentes a los que se debieran buscar mediante los juegos en general. Sin embargo, por la propia estructura del recurso de los videojuegos, se pueden trabajar más específicamente algunos elementos curriculares, como el objetivo de etapa «g) Descubrir las tecnologías de la información y la comunicación e iniciarse en su uso», la competencia clave «4. Tratamiento de la información y competencia digital», o el contenido trasversal «Educación para el consumo crítico».

¿Qué tienen los videojuegos para que tantos jóvenes los usen y se mantengan largo tiempo en ellos? ¿qué podría aprender la didáctica de los videojuegos para imitar aquellos aspectos que sí funcionan y son compatibles con la enseñanza-aprendizaje y los valores considerados educativos? Mantener una actitud, de nuevo, reacia hacia el mundo del videojuego y su tratamiento educativo sería exponer al alumnado de infantil a un mundo en el cual estaría rodeado de juegos digitales, pero sin recursos para afrontarlos con autonomía, competencia y crítica. Los videojuegos han sido diseñados con base en la estructura MDE explicada en el apartado «3.8. Gamificación», por lo cual, no debería ser ningún misterio para las maestras saber qué hay detrás de un videojuego: psicología. Todos los elementos de la estructura del videojuego (puntos, emblemas, agrupaciones, estética, retos, tablas de resultados, etc.) están pensados en la actualidad para potenciar el placer psicológico del videojugador. Un juego digital tiene una principal ventaja respecto al juego no-digital —tradicional—: multiplica exponencialmente todos los atributos de un juego reglado, multiplicando también de esta manera el placer del jugador. Así, un videojuego es mucho más interactivo, informativo, estético, reforzador de conductas, etc. que un juego no digital.

A nivel educativo, Paul Gee (2003, pp. 207-212) en su obra *Lo que enseñan los videojuegos sobre el aprendizaje y el alfabetismo* explica 36 principios que explican qué y cómo permiten aprender los videojuegos, que se explican a continuación:

1. Principio del aprendizaje activo y crítico: todos los aspectos del entorno de aprendizaje propician un aprendizaje activo y crítico, no pasivo. Se asociarían a la mayoría de los planteamientos métodicos de la Escuela Nueva.

2. Principio de diseño: aprender y valorar el diseño virtual, así como los principios del diseño audiovisual. La estética audiovisual es fundamental para la etapa infantil, al igual que lo textual. Se asemeja al principio de la estética en educación de Malaguzzi (Hoyuelos, 2006).

3. Principio semiótico: aprender y llegar a valorar las interrelaciones entre, y a través de, múltiples sistemas de signos (imágenes, palabras, acciones, símbolos, artefactos, etc.). Aspecto asociado a la competencia digital particularmente.

4. Principio del dominio semiótico: el aprendizaje supone maestría sobre un dominio semiótico y ser capaz de participar en un grupo de afinidad o en grupos

conectados con él. Aspecto asociado a la competencia digital, y la comunicativa.

5. Principio del pensamiento metanivel acerca del dominio semiótico: el aprendizaje implica el pensamiento activo y crítico sobre las relaciones entre el dominio semiótico en el que se logró el aprendizaje y otros dominios semióticos.

6. Principio de «moratoria psicológica»: los aprendices se atreven a correr riesgos cuando las consecuencias reales de sus actos son leves o de bajo impacto. Es decir, dentro del círculo mágico (Huizinga, 1972), no hay consecuencias en la vida real, por ello el videojuego es un juego.

7. Principio de compromiso con el aprendizaje: los aprendices participan comprometiéndose plenamente (poniendo mucho esfuerzo y dedicación) porque sienten inmersión y se identifican con las acciones que suceden dentro del videojuego. Se correspondería con el concepto de estado de Flow de Csíkszentmihályi (1990) (véase 3.8.2. Fundamentos psicológicos de la gamificación).

8. Principio de identidad: el alumnado siente que su identidad real se ha extendido en una identidad virtual que le compromete. El aprendizaje implica tomar o jugar con diversas identidades, pudiendo reflexionar sobre las relaciones entre las nuevas identidades y las anteriores, así como entre las identidades en el mundo real y en el mundo virtual. Correspondería al juego simbólico (Piaget, 1984).

9. Principio de autoaprendizaje: el mundo virtual ha sido construido de tal manera que los aprendices pueden aprender no solo acerca del dominio del juego, sino también acerca de sí mismos y de su actuales y potenciales capacidades. El videojuego promueve la autonomía del alumnado.

10. Principio de amplificación de los *inputs*: para un pequeño *input* — entrada de información—, los aprendices proporcionan muchos *outputs* — productos o información de salida— .

11. Principio del logro: existen recompensas desde el inicio del videojuego, diferenciados según el nivel de aprendizaje y el esfuerzo requerido, así como un reconocimiento continuo de los logros alcanzados. Sería similar a la técnica de los refuerzos positivos de Skinner (1953).

12. Principio de la práctica: los aprendices tienen muchas oportunidades de practicar, pero en un contexto en el que practicar no es aburrido, por lo que emplean gran cantidad de tiempo probando.

13. Principio del aprendizaje en proceso: la diferencia entre el aprendiz y el experto no es clara, ya que los aprendices, gracias al principio de régimen de

competencia, explicado más adelante, deben deshacerse de la rutina que los hizo expertos para adaptarse a unas nuevas o modificadas condiciones. Sería similar a la diferencia entre asimilación y acomodación en Piaget (1984), es decir, cuando el jugador ya ha automatizado las respuestas a las dificultades del videojuego, las dificultades y condiciones cambian.

14. Principio del régimen de competencia: el aprendiz tiene muchas oportunidades para usar sus propios recursos, más allá de sus límites actuales, pero de manera que no siente que el reto es imposible. Sería similar al principio de zona de desarrollo próximo de Vygotski (1978).

15. Principio de exploración: el videojuego permite aprender mediante un ciclo de exploración-descubrimiento del mundo virtual: (1) exploración inicial del mundo virtual, (2) reflexión sobre el mundo y sobre la exploración que se está realizando, a partir de lo cual se formulan hipótesis, (3) re-exploración del mundo para verificar dicha hipótesis, (4) aceptar o rechazar finalmente la hipótesis. Estaría asociado al principio de aprendizaje por descubrimiento (Bruner, 1963).

16. Principio de múltiples caminos: el videojuego permite varios caminos para avanzar, progresar y aprender. Se permite a los aprendices tomar decisiones, confiar en sus propias fortalezas y en sus estilos para aprender y para solucionar problemas, así como explorar estilos alternativos. Sería un principio que promovería la autonomía del videojuego, una de las tres necesidades psicológicas básicas (Ryan y Deci, 2017).

17. Principio del significado situado: los significados de los signos (palabras, acciones, objetos, artefactos, símbolos, textos, etc.) se sitúan siempre desde y en la experiencia personal. No hay significados generales o descontextualizados. Detrás de toda generalidad en los significados se descubre siempre una experiencia personal desde la que ha partido. Estaría asociado a la didáctica del episodio de aprendizaje situado (Rivoltella, 2016*a*).

18. Principio del texto: los textos no se comprenden solo verbalmente sino que son comprendidos en términos de experiencias personales. Los aprendices se mueven, de un lado al otro, entre los textos y sus experiencias personales. Se asociarían con el principio de aprendizaje enactivo (Bruner, 1963).

19. Principio intertextual: comprender un grupo de textos como un género de textos es en gran medida lo que ayuda al aprendiz a construir el sentido de tales textos, es decir, de manera relacional y conectada.

20. Principio multimodal: el aprendizaje mediante videojuegos es multimodal (imágenes, textos, símbolos, interacciones, abstracciones, sonidos, etc.), y no solo textual.

21. Principio de la inteligencia material: los conocimientos, las decisiones y la solución de problemas son guardados en objetos materiales y en el entorno. Esto libera a los aprendices para que se puedan focalizar en otras tareas, pudiendo así lograr efectos más potentes. Podría estar asociado a un currículum en espiral (Bruner, 1963), en lugar de lineal.

22. Principio del conocimiento intuitivo: se tiene en cuenta el conocimiento intuitivo o tácito, construido en la práctica repetida y en la experiencia, no solo el conocimiento verbal.

23. Principio del subconjunto: el aprendizaje, incluso en sus inicios, se desarrolla en un (simplificado) subconjunto del dominio real.

24. Principio de incremento: las situaciones de aprendizaje son ordenadas, inicialmente, para que los primeros casos puedan conducir a generalizaciones que sean provechosas para la comprensión de los casos posteriores. Se ajustaría al principio de nivelación en la teoría de la gamificación MDE (Quintas, 2019*b*, p. 261).

25. Principio del ejemplo concentrado: signos y acciones fundamentales se concentran, en los estadios iniciales, para que los aprendices los usen frecuentemente y los aprendan bien.

26. Principio de habilidades básicas de abajo a arriba: las habilidades básicas no se aprenden aisladas o fuera de contexto, sino, más bien, lo que realmente se considera habilidad básica es desarrollada, desde abajo, enganchando más y más en el dominio de un juego o en los dominios de juegos similares. Las habilidades básicas son elementos comunes de un dominio dado.

27. Principio de la información explícita, bajo demanda y oportuna: el aprendiz recibe información explícita cuando él la demanda y en el momento oportuno, cuando él la necesita, o el momento adecuado, es cuando puede comprenderla y usarla en la práctica. Este principio estaría asociado a la ontología del *affordance*.

28. Principio de descubrimiento: se tiene cuidado en que las explicaciones e indicaciones iniciales sean muy bien pensadas, cortas y concisas, para dar la mayor oportunidad a los aprendices a experimentar y descubrir por sí mismos. Estaría asociado, como el principio 15 de exploración, con el aprendizaje por descubrimiento (Bruner, 1963).

29. Principio de transferencia: los aprendices pueden transferir lo que aprendieron al principio hacia nuevos problemas, incluyendo problemas que exigen adaptación y transformación de los primeros aprendizajes.

30. Principio de los modelos culturales sobre el mundo: el aprendizaje se establece teniendo en cuanto la existencia de diferentes identidades y culturas en el mundo virtual.

31. Principio de los modelos culturales sobre el aprendizaje: el aprendizaje se establece teniendo en cuanto la existencia de diferentes métodos y maneras de aprender.

32. Principio de los modelos culturales acerca de los dominios semióticos: el aprendizaje se establece teniendo en cuanto la existencia de diferentes métodos y maneras, los diferentes modelos semióticos.

33. Principio de distribución: el significado/conocimiento se encuentra distribuido entre el aprendiz, los objetos, las herramientas, los símbolos, las tecnologías y el entorno.

34. Principio de dispersión: el significado/conocimiento se encuentra disperso en el sentido en el que el aprendiz lo comparte con otros fuera del dominio del videojuego.

35. Principio de grupo de afinidad: los aprendices constituyen un grupo de afinidad que está principalmente unido por esfuerzos, objetivos y prácticas y que no comparten etnia, género, edad, nacionalidad o cultura. Correspondería a una de las necesidades psicológicas básicas (Ryan y Deci, 2017), las relaciones sociales.

36. Principio de *insider* o iniciado: el aprendiz es un productor, profesor e *insider*, y no solo un consumidor, capaz de personalizar la experiencia de aprendizaje y el dominio/juego desde el inicio y durante toda la experiencia.

Es especialmente importante que en la etapa de infantil los padres y el profesorado conozcan qué objetivos educativos se pueden cumplir con el uso de determinado videojuego, y sobre todo el contenido del videojuego con el cual interactuarán los niños. Una posible fuente de información para decidir qué videojuego, o para valorar si introducir un videojuego propuesto por alguien, es consultar la Clasificación PEGI (*Pan European Game Interaction*). Este código, promovido por la Unión Europea, establece una doble clasificación. Según la edad, pueden ser videojuegos a partir de 3, 7, 12, 16 y 18 años. Según los contenidos, indica si hay lenguaje soez, discriminación, drogas, miedo, apuestas, sexo, violencia y en línea (FIGURA *15*).

FIGURA 15. Criterios informativos según PEGI para clasificar los videojuegos.

4.4.5. Realidad aumentada

La Realidad Aumentada (RA) es un tipo de tecnología que añade a tiempo real información digital sobre la información física del mundo, mediante un dispositivo (Fombona *et al.*, 2012). El grado de virtualidad (realidad sintética) es la que la diferencia de la Realidad Virtual, la cual tiene un componente mucho mayor de virtualidad que de realidad natural. Este grado se enmarca en un continuo que va de lo más real-natural a lo más virtual-sintético: realidad aumentada, realidad mixta, virtualidad aumentada, y realidad virtual. La tecnología basada en RA necesita cuatro elementos, a saber:

— El nivel 0 consiste en los conocidos hiperenlaces que llevan a espacios web o dan información en forma de texto, sonido, etc., como por ejemplo los códigos QR.

— El nivel 1 incluye marcadores, como un texto, un vídeo, un audio, etc.

— En el nivel 2 los marcadores son la propia situación geolocalizada, de forma que el software procesa la situación personal y los distintos lugares y rutas elaboradas previamente.

— Para el nivel 3 sería necesario hardware actualmente poco desarrollado y masificado, como cascos de realidad virtual, de forma que se accedería a un mundo mixto real-digital (en un continuo: mundo real/realidad aumentada/mundo mixto/virtualidad aumentada/mundo digital).

La RA, en su nivel 0, ya ha sido ampliamente aplicada en educación en la última década (Quintas *et al.*, 2018); sin embargo, faltan experiencias didácticas prácticas e investigación específicamente en el ámbito de educación infantil, y en niveles superiores de RA. La RA más aplicada en educación infantil se basa en los libros y textos con códigos QR. El origen del nivel 0, de los QR —*Quick Response*—, se remonta a 1994. Los códigos de barras originales pasaron a ser *datamatrix*, que eran matrices de datos en 2D (dimensiones vertical y horizontal), y finalmente se desarrollaron los QR, denominados así por la capacidad de ser codificados rápidamente. Además, tienen la característica de ser funcionales incluso cuando pierden el 30 % de la información visual.

La RA se puede llevar implementar fácilmente con los dispositivos móviles. El *m-learning* o aprendizaje móvil no debe reducirse a la mera incorporación de dispositivos tecnológicos nuevos, si no que se debe entender y aplicar didácticamente los cambios que suponen los móviles en cuanto a la forma, lugar, tiempo y extensión de acceso al conocimiento. Uno de los elementos positivos del *m-learning* es que integra artefactos y experiencias cercanas a la vida real del alumnado. En concreto, para generar contenidos QR, se ha propuesto Unitag (https://www.unitag.io/es/qrcode), QR Code (http://www.qrcode.es/es/) o QR Code Generator (http://es.qr-code-generator.com/); y para decodificar contenidos QR, se ha propuesto para iPhone BeeTagg QR Reader (disponible en Apple Store) o para Antroid QR Droid (disponible en Play Store) (Quintas *et al.*, 2018). Para usar y crear contenidos de RA se pueden utilizar diferentes aplicaciones como Aurasma (nivel 2), Arloon Geometry (nivel 2), Anatomy 4D (nivel 1), GeoAumentaty (nivel 2) o Plickers (nivel 1).

La RA permite una nueva relación alumno-mundo físico-mundo digital, dado que permite abordar contenidos de una manera más audiovisual y semejante a la realidad, con figuras o representaciones en 3D, así como un aprendizaje más corporal y motriz. Permitiría trabajar contenidos de diversas áreas de conocimiento en educación infantil como el conocimiento del entorno, el lenguaje artístico, y el cuidado personal y la salud, entre otros. Existen buenas prácticas basadas en los museos aumentados, la didáctica de las matemáticas con RA, la didáctica del arte con RA, o la creación de cuentos aumentados.

Por la dificultad técnica de la RA, se considera un recurso educativo más útil para las maestras que para el alumnado, si bien se pueden realizar diversas actividades más experienciales. En un estudio empírico (Neira, Del-Moral Fombella, 2019) se creó una maqueta tridimensional inspirada en *El paseo de Rosie* —un libro infantil de Pat Hutchins— con RA, buscando un aprendizaje inmersivo y multisentido. La experiencia práctica se materializó en un escenario tangible provisto de marcadores digitales donde el alumnado, tras escanear figuras, resolvía tareas de orientación y cooperaba en micro-situaciones problemáticas, mientras la investigación examinaba cuatro dimensiones: inmersión, interacción, implicación cognitiva e inteligencias activadas. Los hallazgos indicaron un aumento de la *presencia psicológica*, una interacción más densa y la preeminencia de la capacidad viso-espacial, naturalista y cinestésico-corporal.

4.4.6. Programación y robótica educativa

Un «*robot*», término extraído de una obra literaria del siglo XX —parece ser que de la mano del autor de ciencia ficción Karel Čapek—, refiere a un sistema electromecánico que normalmente puede moverse, hacer funcionar un brazo mecánico, percibir y manipular su entorno y mostrar un comportamiento inteligente. A partir de los años 70 comenzó a aumentar la tecnociencia de la robótica, creando cada vez robots más sofisticados. La función principal de un robot es ejecutar ciertas tareas previamente programadas, las cuales deben ser *automatizables*. En la actualidad, con el desarrollo de la inteligencia artificial, no todo tiene que estar previamente programado por un diseñador, dado que una de las características de este tipo de inteligencia es la de aprender solo, adaptándose al entorno. Por todo ello, la robótica tiene que ver con la programación informática.

La programación informática consiste en crear programas o aplicaciones mediante la escritura de un código fuente basado en el conjunto de instrucciones que sigue el ordenador para ejecutar el programa. La programación ya se introdujo en el ámbito educativo en los años setenta y ochenta. Sin embargo, en la última década ha tenido un crecimiento exponencial tanto en las clases formales de todas las etapas como en actividades extraescolares. Ello quizá sea debido al interés de la nueva industria tecnológica de aplicaciones informáticas y robóticas. Especialmente, la programación y la robótica han cobrado importancia en educación obligatoria también por el surgimiento de aplicaciones especialmente diseñadas para la educación, como Scratch (Moreno-León *et al.*, 2015).

Scratch es un ámbito de programación desarrollado en código abierto y dirigido inicialmente a niños de 6 a 8 años. Está escrito en *squeak,* un lenguaje basado en objetos. Scratch se basa en una sintaxis sencilla de uso intuitivo de bloques que se unen para formar el código, de manera similar a bloques de construcción. Esto permite al alumnado centrarse en qué instrucciones dar y no en cómo hacerlo. Este software permite que los niños aprendan a programar —o mejor, a pensar computacionalmente— a la par que crean historias interactivas, animaciones, presentaciones, música, o cualquier otra actividad lúdica (Salomé y Suñé, 2011, p. 250).

Softwares anteriores como Logo, destinados a la programación infantil, no tuvieron éxito por basarse en una sintaxis complicada para la edad, así como un diseño no ajustado a la etapa evolutiva y a la población infantil y juvenil. Scratch basa su diseño en tres principios que la hacen más adecuada para la educación (López-Escribano *et al.*, 2012):

— El lenguaje de programación es lúdico: la dificultad técnica para programar no debe ser un limitante, sino que la lengua de programación debe facilitar el juego.

— La experiencia al utilizar el lenguaje de programación debe ser significativa: hay que partir de proyectos, contenidos, y estética especialmente ajustados a la población infantil y juvenil.

— El uso de la lengua de programación debe propiciar la interacción social: para que Scratch tenga éxito se requiere que la comunidad de personas comparta y colabore en las elaboraciones.

La robótica educativa permite implementar actividades educativas desde un enfoque más heurístico que algorítmico, es decir, en lugar de permitir a los estudiantes seguir la organización secuencial de las actividades propuestas por la maestra, se puede proponer un entorno educativo que permita al alumnado crear, organizar, ejecutar y controlar sus propias experiencias (Ruiz-Velasco, 2012, p. 74)

La robótica educativa permite también desarrollar un nuevo enfoque del aprendizaje, el construccionismo, que refiere a la unión de la teoría constructivista del aprendizaje con la tecnología. La teoría construccionista concibe que se logra un aprendizaje significativo cuando los niños se implican en la construcción de productos: un poema, un texto, una historia, un dibujo, una canción, o un robot. En este sentido, hay tanto construcción de conocimiento a nivel cognitivo del niño, como construcción de un producto externo. Cada vez que el alumnado sea capaz de construir productos del mundo externo más sofisticados, construirá al mismo tiempo conocimientos más complejos, generando de esta forma más conocimiento (Ruiz-Velasco, 2012, p. 63). La educación mediante robótica educativa, bien planteada, puede crear un entorno de trabajo activo, que favorecerá la experimentación directa por parte de los estudiantes, así como la capacidad de resolución de problemas de manera heurística (Ruiz-Velasco, 2012, p. 74).

Una posible línea de trabajo con la robótica educativa y la introducción a la programación en educación infantil sería mediante las salas de exploración de robótica, fundamentadas en construccionismo, en el Aprendizaje por Diseño, el Aprendizaje por Proyectos, y en la interdisciplinariedad (Lourdes, 2009, p. 4).

4.4.7. Inteligencia artificial

Una de las líneas actuales de investigación y desarrollo es la inteligencia artificial (IA), especialmente en el ámbito de las matemáticas, la informática y la lingüística. A medida que crece el potencial de la IA, también crecen las nuevas realidades a considerar, como la seguridad, la responsabilidad, la equidad, la ética o la accesibilidad (Saghiri et al., 2022) . La educación es uno de los ámbitos donde ya se ha considerado su introducción, por lo que la didáctica y la pedagogía deben abordar esta cuestión a nivel axiológico, epistemológico y programático. Si quizás hace pocos años su potencial y sus aspiraciones eran más teóricas que prácticas, parece que en la actualidad se ha revolucionado este sector tecnológico, por lo que se deben analizar las implicaciones pedagógicas, éticas, políticas e incluso ontológicas que pueden analizarse. Primero que todo, ¿qué es la IA?

Etimológicamente, inteligencia se refiere a la elección o lectura (*-legere*) entre dos o más caminos (*inter-*). Dicho de otro modo, una persona inteligente es aquella capaz de decidir y elegir, entre dos o más opciones de una realidad, cuál es la más adecuada en función de ciertos criterios o premisas de aplicación. Por otro lado, artificial se refiere a lo que se hace (*facere*) mediante la técnica (*techné, ars*), es decir, un no nacido. Por tanto, la IA puede concebirse etimológicamente como lo que está técnicamente hecho y tiene la capacidad de decidir y elegir lo más adecuado entre dos o más opciones en función de ciertos criterios (Quintas, 2021). Sin embargo, el planteamiento etimológico es demasiado ambiguo, pues se corresponde con muchos programas y tecnologías informáticas actuales. McCarthy, el impulsor de la investigación en IA, definió la IA como un programa de cálculo inteligente en 1954, acercándose al enfoque matemático-informático (Copeland, 1996). Schank (1984) comprendió que las IA son computadoras capaces de realizar tareas cognitivas, a menudo asociadas con los humanos, especialmente el aprendizaje y la resolución de problemas. Más recientemente, el filósofo Bostrom (2016) entiende la IA como una máquina capaz de completar una tarea con éxito y de forma flexible. Nilsson (2009) consideró que, para ser considerado IA, un programa debería ser capaz de realizar al menos el 80 % de las tareas igual o mejor que los humanos. Cabe entender, con todas estas contribuciones decisivas, que la primera dificultad de la IA es conceptual: comprender qué es exactamente y qué la diferencia de cualquier programa informático, si es que existe.

Se debe considerar brevemente qué tipos de inteligencia artificial se reconocen, atendiendo a una clasificación con base histórica (Saghiri et al., 2022). La IA Estrecha hace referencia a aquellos sistemas inteligentes —o agentes— que pueden desempeñar tareas muy específicas, como identificar rostros o resolver problemas dentro de un juego, pero que no son capaces de adaptarse a situaciones nuevas ni de autoorganizarse. Por otro lado, la IA General describe sistemas que, en teoría, podrían alcanzar un nivel de inteligencia equiparable al humano. Este punto es especialmente controvertido entre especialistas, ya que plantea preguntas que exceden lo técnico y nos obligan a reflexionar sobre lo que implica «ser humano»; por ejemplo, si un agente logra mantener una conversación en redes sociales sin ser identificado como máquina —superando así el *Test de Turing*—, ¿podemos considerarlo inteligente? Finalmente, la Superinteligencia Artificial alude a sistemas capaces de resolver tareas humanas de manera más eficaz —más rápido, con mayor calidad o con mayor alcance— dependiendo del contexto. Un ejemplo sería predecir qué estudiantes tendrán más éxito en una formación, a partir del análisis de múltiples variables previas (Bostrom, 2016).

La primera definición de McCarthy —«programa de computación inteligente»— surgió en el contexto de la investigación de la IA «ajena», con una comprensión más amplia y, quizás, mayor potencial al no limitarse a los humanos. La segunda línea, denominada IA «humana», constituye una investigación más específica, centrada en la emulación cerebral completa, cuyo objetivo es desarrollar una IA no humana, pero que simule los mecanismos del cerebro y del sistema nervioso humanos como base funcional. Posteriormente, la primera línea ha sido la que ha predominado hasta la actualidad, lo que ha supuesto una paulatina pérdida de interés en disciplinas como la psicología, la filosofía o la pedagogía, ya que para avanzar en una IA verdaderamente humana es imprescindible conocer con mayor profundidad la naturaleza humana: cómo aprende, cómo piensa y cómo actúa (Quintas, 2021).

Hoy en día, la inteligencia artificial constituye una tendencia en pleno auge, no solo en los ámbitos tecnológico y científico, sino también en el tejido social y cultural. Sin embargo, esta fascinación contemporánea por el potencial de la IA no es nueva: a lo largo del siglo XX ya se depositaron grandes esperanzas en sus capacidades. En la década de 1970, estas expectativas se vieron truncadas al constatarse que la IA solo podía ejecutar con éxito tareas muy delimitadas, en contextos excesivamente acotados —una heurística limitada, incapaz de responder a la complejidad de las dinámicas sociales reales—, lo que condujo al denominado «invierno de la IA»: un periodo de desinversión y pérdida de interés por parte de la comunidad científica e institucional. Durante los años 80, surgió una nueva «primavera» gracias al desarrollo de los sistemas expertos orientados a la toma de decisiones, aunque esta etapa también desembocó en un segundo «invierno», marcado por la persistente dificultad de trasladar esos avances a contextos generalizables. No fue sino hasta la década de 1990 —y sobre todo en las décadas posteriores— cuando la IA recobró su protagonismo, impulsada por el perfeccionamiento de técnicas de computación, redes neuronales y algoritmos evolutivos, así como por el surgimiento de enfoques conexionistas, el reconocimiento de patrones complejos y métodos de retropropagación del error en el aprendizaje automático.

Desde la década de 1990, la inteligencia artificial ha ido consolidando su relevancia tanto en el campo científico como en el imaginario social, hasta el punto de que, una vez más, se proyectan sobre ella enormes expectativas y responsabilidades de cara al futuro (Bostrom, 2016; Brighton, 2019). Por un lado, ha conseguido ejecutar tareas que, en su momento, se consideraban inalcanzables para una máquina —una actitud recurrente que se manifiesta en el cómodo escepticismo de afirmaciones como «la IA nunca podrá hacer...»—. Por otro lado, los discursos tecnoutópicos suelen situar sus predicciones en un horizonte temporal de más de veinte años, un plazo estratégico: lo bastante próximo como para captar la atención del público y lo suficientemente lejano como para justificar, en caso de fracaso, cualquier tipo de contratiempo técnico, sin cuestionar en ningún momento los fundamentos conceptuales del planteamiento. Finalmente, la postura escéptica exige no solo una actitud crítica, sino una demostración operativa de que ciertas capacidades —tradicionalmente atribuidas en exclusiva al ser humano— pueden ser efectivamente replicadas por sistemas artificiales, si es que dicha comparación tiene sentido desde un punto de vista epistémico.

Como es sabido, a finales de 2022 hubo un cambio visible que se puede considerar revolucionario, pues surgió y se difundió ChatGPT. Su desarrollador, OpenAI, era inicialmente una organización sin fines de lucro orientada a garantizar que la IA general —IA no humana, que se comentaba antes— beneficiara a toda la humanidad. ChatGPT es una interfaz conversacional construida sobre la arquitectura *Transformador Generativo Pre-entrenado* (las siglas GPT) que fue lanzada públicamente como una suerte de experimento abierto: un diálogo entre el público global y la automatización estadística sofisticada. Su éxito fue inmediato y arrollador: en apenas cinco días superó el millón de usuarios. A diferencia de sus predecesores, ChatGPT podía participar de las formas humanas de la conversación, simular empatía, redactar textos académicos, crear ficciones y hasta explicarse a sí mismo. ¿Cómo funcionar, realmente, una IA generativa para que sea tan verosímil? La IA generativa de texto se puede definir, en términos básicos, como un sistema algorítmico capaz de producir lenguaje humano coherente, informativo y contextualizado, a partir de datos previos y sin requerir instrucciones humanas línea por línea. Lo que subyace es un entramado matemático-lingüístico: modelos de lenguaje estadísticos, entrenados con ingentes cantidades de textos humanos, cuya función es anticipar la siguiente palabra —o secuencia de palabras— dada una entrada inicial. Dichos modelos no poseen comprensión semántica al modo humano; funcionan mediante inferencias probabilísticas sobre cuál es la palabra más plausible en un contexto dado. En este sentido, actúan como autómatas simbólicos que simulan nuestra producción discursiva —una crítica interesante sería que el pensamiento y simbolismos humanos también puedan ser una mera simulación—.

Quizá una analogía didáctica pueda servir. Imagínese que el modelo GPT ha leído toda una biblioteca: desde los diálogos de Platón hasta los manuales pedagógicos contemporáneos —Rousseau, Comenius, y todos los comentados en el tema 1—, pasando por artículos científicos, novelas, enciclopedias y hasta comentarios de redes sociales. A partir de ese *corpus* inmenso, la IA genera patrones —no memoriza, sino que calcula regularidades— y con ellos aprende, por ejemplo, que después de «los niños necesitan» suele venir algo como «atención individualizada» o «espacios seguros». Aquí el verbo *aprender* está bien usado: la IA precisamente aprende, en tanto que se adapta, cambia, no solo replica o reproduce, sino que interactúa con el entorno. Detrás de este proceso subyace una arquitectura técnica compleja. El paradigma dominante hoy es el llamado *transformer*, introducido por Vaswani et al. (2017), que permitió un salto cualitativo en la capacidad de los modelos para captar relaciones sintácticas y semánticas a largo plazo en un texto. Estos modelos están compuestos por millones —o incluso billones— de parámetros entrenables: variables matemáticas ajustadas durante un proceso denominado *aprendizaje automático supervisado*, aunque muchas veces se complemente con aprendizaje por refuerzo (Vannieuwenhuyze, 2020).

Ahora bien, el aspecto más sofisticado de estos modelos radica en su capacidad de «atención» contextual. A diferencia de modelos más antiguos, los *transformers* asignan distintos pesos a las palabras según su relevancia contextual, como si un lector experto jerarquizara mentalmente la importancia de cada término en una oración. Esto les permite no solo generar frases con cohesión interna, sino también mantener la coherencia discursiva a lo largo de varios párrafos. Como se ve, esta manera de generar texto no se parece en nada a lo que hacen los humanos, por eso es un tipo de IA *ajena*. Por otro lado, una crítica importante a esta nueva tecnología, es que, con bastante probabilidad, cada vez todo el contenido digital que se genere va a ser más parecido; pues la IA genera productos en base a lo más probable dado un contexto, pero resulta que en los contextos cada vez más se usa IA, es decir, que la IA influirá en la propia IA. Es por ello que los textos generados por IA, para un lector o escrito *avispados*, son claramente distinguibles, por repite estructuras con frecuencia, son muy predecibles, o son simplemente *impersonales*.

El impacto social de este fenómeno ha sido y está siendo multidimensional. Por un lado, ha provocado una resignificación profunda del trabajo cognitivo: desde programadores hasta abogados, desde docentes hasta guionistas, múltiples profesiones comenzaron a repensar su lugar frente a una máquina que, si bien no «piensa» en el sentido comentado anteriormente, sí produce textos con una verosimilitud funcional. En el ámbito educativo —y esto debe interpelar especialmente a los futuros docentes—, ChatGPT ha generado tanto alarma como entusiasmo. Se teme por el plagio, por la banalización del esfuerzo académico, por la automatización del pensamiento crítico. Pero se ha observado también un uso transformador: el modelo se ha convertido en tutor personalizado, en corrector de estilo, en compañero de lectura y escritura. El mayor problema que se considera aquí es la economía del esfuerzo: el uso generalizado de una IA generativa —ya no texto, sino cálculos, imágenes, vídeos, mapas conceptuales, resúmenes, etc.— es muy frecuentemente sustituido por antiguos caminos que se usaban antes para realizar esos productos: pensar, revisar, conversar, equivocarse, etc. El sesgo de la economía energética, es decir, que la persona desee el producto antes y con menos esfuerzo, es, quizá, el mayor problema de esta inserción automatizada de la IA; en todo caso, tampoco es una desventaja inherente de este tipo de tecnología, pues ya se ha dado en la historia con otras.

Tema 5. Recursos y materiales didácticos

Nuestros primeros maestros de filosofía son nuestros pies, nuestras manos, nuestros ojos. Sustituir por libros todo esto no es enseñarnos a razonar, es enseñarnos a servirnos de la razón de otros; es enseñarnos a creer mucho, y a no saber nunca nada.

Jean-Jacques ROUSSEAU

El término «recurso» proviene del latín *recurrere*, el cual se refería a volver a correr para pedir ayuda. El recurso es, por tanto, algo a lo que se puede volver continuamente, re-curriendo a él.

5.1. Técnicas didácticas como recursos

Las técnicas didácticas son un saber y un saber hacer que la maestra posee y puede aplicar en el momento educativo adecuado. Sería la aplicación de la técnica, *techné,* en tanto que saber hacer con conocimiento de causa, aplicado al ámbito educativo. Las técnicas didácticas determinan qué tipo de actividades se van a realizar, en qué contexto, y con qué relaciones entre el alumnado y para con la maestra. A continuación, se especifican varias técnicas didácticas que la maestra puede utilizar específicamente en educación infantil, y las cuales tienen en común que pueden presentarse en forma de *ambientes:* los centros de interés, los rincones, los talleres, los espacios de acción y aventura, el trabajo por proyectos, y las zonas de juego. Esta última técnica didáctica se ha desarrollado específicamente en el «Tema 3. El juego».

5.1.1. Los centros de interés

Los centros de interés se basan en el principio del aprendizaje globalizado de Decroly (1.1.1.3. La Escuela Nueva), según el cual se presenta un espacio acondicionado al alumnado basado en un elemento de interés para el mismo (Gaver, 1991, pp. 163-165). Este interés será el que produzca motivación en el alumnado a iniciar una actividad, a continuarla, y a volverla a retomar en el futuro. Es aconsejable su uso a partir del año y medio de edad, y puede implicar el acondicionamiento completo del aula —o el colegio— o una parte de la misma.

En términos didácticos, se trataría de convertir un contenido de aprendizaje que la maestra quiere que el alumnado aprenda, en un ambiente de aprendizaje estimulante para los niños. Ello significa que hay que decidir previamente qué objetivos y contenidos se van a abordar. Por ejemplo, durante una semana se podría trabajar el mundo de las plantas como centro de interés, usándolas como hilo conductor para abordar, de manera global y conectada, tantos otros elementos educativos: la nutrición, su clasificación, la gestión de los alimentos, la relación con la naturaleza, los colores, etc. Otros centros de interés más clásicos son la Navidad o el carnaval, a través de los cuales los niños comprenden la realidad social en la que viven, mientras aprenden multitud de realidades concretas.

El tiempo de un centro de interés puede ser variable según diversos criterios docentes: la meteorología, el calendario escolar, la disponibilidad de espacios, la coordinación con otras profesoras, eventos o visitas especiales —la policía, los padres/madres, etc.—. En todo caso, el centro de interés deberá responder a la motivación del alumnado, que no será muy difícil de conseguir si se plantea el ambiente de una manera misteriosa y curiosa.

Las actividades que pueden desarrollarse son de observación e identificación, de asociación y comparación, y de experimentación. En el ejemplo anterior, puede ser observar un jardín con plantas identificando diferentes colores, la comparación de estas según sus colores o alturas, y la experimentación o manipulación de las mismas mientras se canta una canción propia de la temática.

5.1.2. Los rincones

Los rincones refieren a espacios acondicionados para que el alumnado realice especialmente juego simbólico. Los rincones suelen ser representaciones de la realidad, pero más simplificada, tras aplicarse lo que se llama transposición didáctica, para facilitar el aprendizaje del alumnado de aspectos realistas y actuales. Las hermanas Agazzi fueron precursoras de esta técnica didáctica. Los rincones son una técnica adecuada a partir de los dos años, dado que el juego simbólico se desarrolla especialmente en el tercer y cuarto año de vida.

El rincón se fundamenta en el concepto de Piaget de juego simbólico y en el de Bruner de representación simbólica. Un símbolo es algo que representa otra realidad, y cuya relación con esa realidad es convencional —al contrario que un icono, como una llama dibujada para representar el fuego real—. En el juego simbólico el niño juega a realizar lo que hacen los adultos: cocinar, dialogar, comprar en el supermercado, leer, etc.

Normalmente los rincones están montados en un espacio concreto del aula —un niño no necesita mucho más espacio para realizar ciertos juegos simbólicos—, estando presentes de manera simultánea con otros rincones totalmente diferentes. A pesar del término «rincón» se pueden montar en espacios centrales del aula o laterales en las paredes. Por ello, la concepción más general de rincón sería espacio de juego simbólico.

Los rincones se pueden compatibilizar con los centros de interés, si bien los fundamentos son diferentes. En los rincones es necesario que haya materiales mixtos, es decir, materiales didácticos —como juguetes o elaboraciones propias de la escuela— y materiales reales de la sociedad. La intervención de la maestra será mínima, por lo que la configuración de los rincones deberá ser tal que permita al alumnado interactuar con ellos de manera exploratoria.

La buena organización y optimización del aula será clave para poder implantar varios rincones de forma armónica. Igualmente, la gestión del aula será clave para que los rincones se mantengan en el tiempo. Se debe educar en su buen uso, por ejemplo recogiendo los materiales y devolviéndolos a su sitio. La principal ventaja de los rincones es que requieren poca explicación por parte de la maestra, dado que en su propia configuración deben predisponer al juego simbólico, y que puede haber varios montados a la vez, por lo que el alumnado puede ir moviéndose de un rincón a otro según sus intereses (Muñoz y Zaragoza, 2008, pp. 166-168).

5.1.3. Los talleres

El taller también es heredero del *learning by doing* defendido por Dewey (2015) y reelaborado por Freinet al sostener que el niño —y el ser humano— prefiere trabajar a jugar (Freinet, 1972), se integra en Educación Infantil como acontecimiento cuidadosamente temporalizado que invita a la manipulación, a la observación y a la expresión multisensorial. A diferencia del enfoque globalista de Decroly, su propósito es concentrar la atención en una destreza o en un objeto intelectual acotado —amasar pan, descubrir la ductilidad de la arcilla, explorar el color que emerge al mezclar pigmentos— y otorgar al proceso la misma dignidad educativa que al eventual producto. La huella de Malaguzzi resulta decisiva: el *atelier* de las escuelas de Reggio Emilia, donde la figura del *atelierista* dinamiza materiales poco usuales, ensancha lo que el autor denominó los «cien lenguajes de la infancia» (Malaguzzi, 1993).

La experiencia se inicia habitualmente con una provocación que despierta la curiosidad. La maestra exhibe, por ejemplo, un tronco lleno de túneles de xilófagos o un pigmento mineral de textura inesperada, interroga al grupo con un «¿qué creéis que ocurrirá si...?» y conecta la temática con conversaciones anteriores. Tras ese detonante se abre un periodo de exploración guiada que, en la etapa 3-6 años, se circunscribe al aula y al patio: los niños manipulan, mezclan, comparan y registran hallazgos mediante dibujos, fotografías comentadas o dictados al adulto. La presencia de un segundo adulto —tallerista o auxiliar— no solo incrementa la seguridad cuando se usan herramientas atípicas, sino que permite una observación más fina de los procesos emergentes, tal como recomiendan Helm y Katz (2016). Durante esta fase la maestra dosifica el andamiaje, documenta con imágenes y transcribe el discurso infantil, de modo que cada participante advierte que su voz posee relevancia epistemológica. En el taller no debe prevalecer la creación de un producto, sino que debe tener igual importancia educativa todo el proceso: organización de la actividad, orden de las ejecuciones, respeto de las normas, higiene antes, durante y después del taller, etc.

Llega luego el tiempo de la síntesis: los hallazgos se comparten con otras aulas o con las familias mediante exposiciones, dramatizaciones o libros digitales elaborados colectivamente. Thomas (2000) subraya que dicha socialización confiere sentido epistémico al conocimiento construido, pues lo sitúa en una esfera pública donde puede ser apreciado y cuestionado.

Al abordar un aspecto concreto, la maestra puede programar un taller como si fuera una actividad o conjunto de actividades concretas, las cuales puede enmarcar en un centro de interés o un proyecto de trabajo. Ejemplos de talleres centrados en temáticas o habilidades concretas son: la pintura, el pincel, la plastilina, la arena, la cocina, los descubrimientos, etc.

Es muy aconsejable el acompañamiento de un segundo adulto además de la maestra, dado que el taller trabaja aspectos muy concretos, y con materiales también muy específicos con los cuales el alumnado no está acostumbrado a interactuar. En el enfoque de Malaguzzi, se contempla la figura de un *atelierista* o tallerista. Se puede comenzar a usar esta técnica a partir del año, valorando siempre la seguridad y la adecuación del nivel de dificultad.

Los beneficios que la literatura atribuye al taller infantil son plurales. En el plano psicomotor, la manipulación reiterada —amasar, verter, recortar— refuerza la coordinación óculo-manual y estimula la función ejecutiva (Beneke, Ostrosky & Katz, 2018). En el dominio cognitivo-lingüístico, la confrontación entre hipótesis propias y explicaciones adultas activa la zona de desarrollo próximo descrita por Vygotski (2000), mientras la disponibilidad de materiales heterogéneos —pétalos machacados, arenas coloreadas, herramientas domésticas reformuladas— enriquece el léxico descriptivo y aviva la creatividad (Vecchi, 2010). El plano socioemocional se nutre de la interacción cooperativa: compartir utensilios, turnarse en la prensa de arcilla o negociar la limpieza final fomenta la empatía, la autorregulación y el sentimiento de pertenencia (Hovey & Ferguson, 2014). Además, la secuencia de normas de higiene y orden —lavarse las manos antes y después, clasificar los residuos— introduce una ética del cuidado que ancla la autonomía incipiente en la responsabilidad colectiva.

5.1.4. Espacios de acción y aventura

Esta técnica didáctica consiste en reorganizar la circunstancia ambiental para potenciar el juego, el aprendizaje y el desarrollo global de los niños de educación infantil, especialmente en aras del desarrollo psicomotriz y corporal (Mendiara, 1999). Esta técnica, desarrollada espacialmente en Huesca por el maestro Javier Mendiara, es adecuada para conseguir los siguientes objetivos para con los niños de infantil:

— jugar para adquirir autonomía,

— moverse libremente por el espacio,

— desarrollar la capacidad creativa y la fantasía,

— mejorar la adaptación al mundo exterior,

— madurar aspectos psicomotrices (físicos, cognitivos, afectivos y sociales).

El planteamiento de esta técnica, a nivel didáctico, es el buen uso y re-uso de materiales y espacios escolares para construir nuevos espacios, que son de acción y son de aventura (FIGURA *16*). Estos espacios podrán ser totalmente diferentes, según la creatividad de la maestra, y pueden permanecer durante dos semanas. Esta técnica va más allá del planteamiento del aula de psicomotricidad desde una óptica funcional o terapéutica, sino que parte de un concepto global del movimiento y de la educación infantil.

FIGURA 16. Ejemplo de espacio de acción y aventura, en el Colegio Pío XII de Huesca.

A nivel psicológico, se fundamenta en el placer de los niños en el simple hecho de desplazarse por diferentes superficies y obstáculos —correr, girar, impulsarse, rodar, saltar, etc.—. Este desplazamiento responde a los espacios, que ya existían previamente, de placer sensoriomotor. Pero el alumnado pasa del mero placer por desplazarse al placer por actuar —es decir, realizar una acción intencionalmente—, por lo que entra en juego la voluntad, la emoción, la relación, etc. Por ello son espacios *de acción*. Pero además, estos espacios pueden implicar aventura, en el sentido que suponen retos y desafíos al alumnado; para ello la maestra debe pensar bien el espacio de aventura, e ir modificándolo para que suponga un reto interesante para gran parte del alumnado. La intervención docente no será directiva, sino que el propio espacio invita a moverse libremente al alumnado, según sus apetencias de movimiento y acción. Para construir un buen espacio de acción y aventura el papel de la fantasía es fundamental. En este sentido, se puede generar un clima que permita la inmersión del alumnado en un nuevo mundo, a través de atrezo específico, colores, materiales, música, etc.: *los piratas en el mar*, *las casas en el bosque*, *el parque de atracciones*, etc. Esto supone la entrada del juego simbólico.

Un espacio de acción y aventura también se puede realizar en espacios abiertos. El riesgo puede ser mayor, pero no hay libertad sin riesgo. La maestra que diseña este tipo de espacios debe pensar bien la relación entre la libertad y los límites que va a vivenciar el alumnado. Richard Louv investigó y confirmó que al aumentar el tiempo de juego libre y el contacto con la naturaleza como un espacio de aprendizaje, se mejora el sistema inmunológico —dado que se reduce el estrés—, disminuye la fatiga cognitiva y la agresividad y mejoran la concentración y las relaciones sociales (Louv, 2013, citado en López, 2018, p. 284).

5.1.5. El trabajo por proyectos

El trabajo por proyectos es una técnica que simula el proceso de adquisición de conocimiento en una investigación real, por lo que tiene elementos similares con el proceso de la investigación científica, filosófica, policial, periodística, etc. Todas ellas parten de una pregunta, y se inicia un método para contestar a esa pregunta con rigor. Actualmente, se le conoce frecuentemente como *aprendizaje basado en proyectos* —aunque realmente es un método educativo, no un aprendizaje—.

El aprendizaje basado en proyectos (ABP) en Educación Infantil hunde sus raíces en la filosofía progresista de John Dewey, quien concebía la experiencia como epicentro de la actividad educativa —la escuela debía parecerse a la vida y no a una antesala de ella— (Dewey, 2015). William Kilpatrick sistematizó este planteamiento en la Project Method, otorgando al grupo infantil la posibilidad de investigar fenómenos significativos para su cotidianeidad (Kilpatrick, 1918). Igualmente, este método se fundió con aportaciones constructivistas, de carácter sociocultural como el de Vygotski, o cognitivistas como el de Piaget, los cuales coincidieron en que había que partir de situaciones o problemas del mundo real para que el alumno aprenda y construya algo nuevo. El contenido y procedimiento de aprendizaje en esta técnica didáctica trasciende el aula de clase y se basa en la realidad natural y social más allá de la clase.

Diversos tratados contemporáneos —entre ellos el de Katz y Chard (2000) o el de Hernández y Ventura (1992)— describen el ABP infantil como un dispositivo curricular que nace de la curiosidad del alumnado, se prolonga en la investigación compartida y culmina en la comunicación pública de los hallazgos.

El trabajo por proyectos se caracteriza por ser interdisciplinar —no se ajusta a las clasificaciones artificiales de las clásicas asignaturas o áreas de conocimiento—, tienen relevancia social o natural, usan capacidades también sensoriales y no solo cognitivas, y promueve el aprendizaje cooperativo y la comunicación activa (Torres, 2017, p. 181). Este método supera la lógica disciplinar; estructura la enseñanza en torno a ejes temáticos complejos que exigen la convergencia de saberes científicos, artísticos y lingüísticos. De este modo se favorece una interdisciplinariedad orgánica —aspecto esencial para que el niño aprehenda la realidad con coherencia ontológica— (Beneke et al., 2018). Igualmente, se podría unir al enfoque STEAM, esto es, el desarrollo de un proyecto que existe de muchas áreas de conocimiento; este enfoque es especialmente relevante por su compatibilidad curricular, y por la adecuación de la etapa.

En la *praxis* del segundo ciclo de Educación Infantil pueden distinguirse, con matices según los autores, tres momentos interdependientes. La primera es la fase de provocación o anticipación: la docente suscita la curiosidad mediante preguntas abiertas, narración de relatos, breves exploraciones por el centro o la exposición de objetos enigmáticos —un nido vacío, semillas de formas insólitas—. Chard (1998) indica que el tema ha de brotar de la vida del aula para asegurar pertinencia emocional y cognitiva. Le sigue la fase exploratoria propiamente dicha. El grupo formula hipótesis, diseña microindagaciones dentro del colegio, invita a familiares o profesionales para dialogar en lenguaje accesible y registra datos con lenguajes múltiples: dibujos, maquetas, fotografías y dictados al adulto. En este tramo la maestra se convierte en mediadora heurística: dosifica el andamiaje, documenta procesos y legitima la voz infantil sin suplantarla (Helm & Katz, 2016). La tercera fase se consagra a la síntesis y a la difusión: se preparan exposiciones, dramatizaciones o presentaciones digitales dirigidas a otras aulas y a las familias. Thomas (2000) subraya que esta culminación otorga densidad epistémica a la pesquisa al mostrar la relevancia social del conocimiento generado. A pesar de que este método está más extendido y se ajusta más a la etapa de educación primaria —por ser más abstracta e intelectualista—, sí que se puede trabajar en educación infantil de una manera global, guardando lo esencial de la investigación, a saber (Castro *et al.*, 2016, pp. 149-151):

1. ¿Qué sabemos y qué queremos saber?
2. ¿Qué hacemos para conseguirlo? (planificar, programar, gestionar…)
3. ¿Qué necesitamos para conseguirlo? (materiales, recursos, visitas…)
4. ¿Contestan estos resultados a la pregunta inicial? (evaluación).

Las ventajas de este método es que desarrolla el proceso de investigación de forma natural (pregunta inicial, hipótesis, método…), y que intenta partir del interés del alumnado. Así, la temática del proyecto de investigación no tiene por qué venir programada por la maestra, sino que puede surgir en el día a día según las inquietudes de los niños. La función de la maestra será de guía y gestión del proceso de desarrollo del proyecto. Dependiendo de la temática y la dificultad del trabajo, este puede durar un par de días, o una semana, o más tiempo, siempre que se mantenga la esencia del proyecto, y no parezca que se estén realizando actividades inconexas. Esta técnica sería más adecuada para los dos últimos años de educación infantil.

Se han hallado algunas ventajas en términos de efectos empíricos. Desde la óptica cognitiva, se ha visto cierto incremento en la capacidad de planificación, la flexibilidad cognitiva y las funciones ejecutivas —competencias que anticipan el aprendizaje formal de la lectura y las matemáticas— (Bell, 2010). En el ámbito lingüístico, la exposición a registros variados y la negociación semántica refuerzan el vocabulario académico y la conciencia fonológica (Beneke et al., 2018).

Katz y Chard (2000) advierten que la evaluación de este método debe enfocarse en la documentación de procesos: paneles, diarios de aula, portafolios narrativos. Este enfoque permite visibilizar aprendizajes invisibles a la prueba estandarizada, tales como la perseverancia, la argumentación y la creatividad.

No obstante, la bibliografía indica algunas ciertas alertas. El ABP exige tiempo prolongado, acceso a recursos variados y una cultura docente proclive a la indagación; en su ausencia, la propuesta degenera en actividad anecdótica (Thomas, 2000). Además, la implicación familiar resulta decisiva: las visitas a expertos, el préstamo de materiales y la validación doméstica del proyecto pueden reforzar la motivación intrínseca de los niños (Helm & Katz, 2016). Las condiciones de ratio y la precariedad material pueden dificultar este entramado, de ahí la necesidad de políticas educativas que respalden la práctica con dotaciones horarias y formativas (Hovey & Ferguson, 2014). Igualmente, hay que tener mucha precaución, porque no siempre realizar un proyecto en grupo puede ser eficaz para producir aprendizaje en un estudiante. Se tienen que dar ciertas condiciones donde cada estudiante puede participar, puede concentrarse realmente en la tarea, y no en el ruido. Y le supone cierto desafío. Por ello, este método, según cómo se aplique, puede suponer una gran pérdida de tiempo en el sentido del aprendizaje, aunque pueda producir bastante entretenimiento en el alumnado (Mayer, 2020, p. 127-130).

5.1.6. La asamblea

La asamblea es una técnica didáctica muy paidocéntrica y democrática, que da importancia al propio alumnado en su aprendizaje de forma grupal. Consiste en una reunión grupal de todo el alumnado, normalmente al inicio de la clase —aunque se puede convocar para hablar sobre un conflicto o cualquier evento que se considere relevante— y manteniendo una agrupación circular o semicircular. Las asambleas suelen comenzar después de que el alumnado llegue al colegio, deje la ropa de calle, y realice las rutinas que cada maestra haya establecido para estar preparados ante actividades programadas del día.

La asamblea escolar —concebida desde la tradición freinetiana como reunión deliberativa del grupo-aula— promueve una vida escolar realmente comunitaria en educación infantil. Tal rito no constituye una mera rutina: construye la identidad del aula al otorgar legitimidad a la palabra de cada participante y al desplazar el eje de la autoridad desde el adulto hacia la norma consensuada.

La asamblea es una forma política de participación, donde todos los integrantes tienen el derecho —e incluso se debe entender que también es un deber— de participar activamente mediante el libre pensamiento y la libre expresión. A nivel de educación infantil, la figura de una autoridad, que es la maestra, se suele conservar, haciendo de moderadora de los turnos, reparto equitativo del tiempo, estimulación para la participación, etc. Hay que recordar que la asamblea es una técnica política, es decir, es una estructura que, en sí misma, tiene un contenido político —el democrático, participativo, e incluso anarquista—, donde se debe entender que todo el mundo tiene derecho a opinar, pero que no todas las opiniones son válidas, pues la legitimidad de cada opinión depende del contenido de dicha opinión.

Por su propia estructura la asamblea ya es educadora en cuanto a los valores y procederes que promueve, sin embargo, es una técnica didáctica que permite ser una actividad de enseñanza-aprendizaje en sí misma. Por ejemplo, en una asamblea con alumnado de 4 años, es una opción para leer los nombres de los compañeros mientras se pasa lista, una forma de contar cuántos han asistido y cuántos no ese día, identificar qué día de la semana y qué meteorología hace, etc.

En muchas ocasiones, se usa de forma incorrecta la *asamblea* entre el profesorado para referirse a un tipo de disposición espacial dentro del aula, esto es, el semicírculo o la semiluna. Sin embargo, no hay que confundir una disposición espacial con una técnica didáctica que tiene un componente de contenido político, organizativo y dialógico.

Especialmente, la asamblea desarrolla la competencia lingüística (Pascual, 2017, p. 209), dado que es una buena ocasión para intercambiar impresiones y opiniones, explorar conocimientos nuevos, escuchar al resto de los compañeros, etc. Es decir, en la asamblea se ejercita la expresión y la comprensión oral, así como se mantienen diálogos y se expresan normas.

Las bases psicopedagógicas de la asamblea se anclan en el socioconstructivismo. Vygotski concibió el desarrollo como proceso de internalización mediado —la zona de desarrollo próximo se activa cuando el diálogo posibilita operaciones todavía inalcanzables para el individuo— (Vygotski, 1989). Bruner amplía esta idea al describir el andamiaje verbal que, retirado gradualmente, faculta la autonomía, mientras Wood, Bruner y Ross (1976) evidenciaron que la tutela experta propicia la emergencia de competencias superiores. La asamblea materializa dicho andamiaje a través de turnos de palabra que la maestra modula sin cortar la iniciativa infantil.

En lo lingüístico, la conversación plurigestionada que brinda la asamblea permite pasar del lenguaje estrictamente contextual al discurso descontextualizado —condición indispensable para el ulterior dominio de la lengua escrita— (Sánchez Rodríguez & González Aragón, 2016). La participación discursiva, la escucha activa, la reformulación y la argumentación incipiente progresan al calor de un formato estable y predecible.

Piaget sostuvo que la autonomía moral se cimienta en el paso de la sanción expiatoria a la reciprocidad; la asamblea facilita ese tránsito mediante la elaboración cooperativa de normas, el examen de sus transgresiones y la deliberación sobre posibles sanciones (Piaget & Heller, 1968). El resultado observable es la emergencia de conductas prosociales —ayuda, consuelo, reparto equitativo— que consolidan la cohesión grupal (Sánchez Rodríguez & González Aragón, 2016), al mismo tiempo que es una oportunidad para resolver, y prever, los conflictos sociales, que son naturales e inherentes al ser humano.

La figura docente asume una función hermenéutica más que directiva. Su tarea consiste en administrar silencios, legitimar voces incipientes y redirigir la atención hacia las consecuencias tangibles de cada intervención. La asamblea puede promover la escucha activa, la abstención de juicios personalistas y la focalización en los efectos de las acciones generan una atmósfera de confianza y rigor discursivo (Sánchez Rodríguez & González Aragón, 2016; Wood et al., 1976).

La literatura advierte, sin embargo, un riesgo: la banalización. Portillo (2000) señala que, si la asamblea se reduce a trámite matinal, pierde su relevancia educativa. Para evitar dicha deriva, resulta imprescindible preservar el sentido temático —conflictos reales, proyectos significativos, decisiones que afecten a la vida del aula— y mantener la periodicidad suficiente para consolidar la expectativa de participación. Cuando el discurso versa sobre cuestiones auténticas, los niños comprueban la eficacia de la palabra compartida y confirman su condición de sujetos interlocutores.

5.2. Los materiales didácticos

Existe gran cantidad de léxico didáctico en torno a los materiales: medios, recursos, materiales, instrumentos, tecnologías... complementados con los apellidos *didácticos* o *curriculares* indistintamente. Fue a partir de la LOGSE (1990) cuando se revalorizó el peso de los materiales didácticos en el currículum (Heredia, 2007, p. 141). Un material didáctico es «todo tipo de medio, soporte o vía que facilita la presentación y tratamiento de los contenidos objeto de enseñanza-aprendizaje» (Escamilla, 2009, p. 134).

Un principio didáctico establece que el mejor método de aprendizaje es el proporcionado por la experiencia directa del aprendiz con la realidad; cuando esto no es posible, entonces la maestra debe hacer uso de los materiales didácticos, de forma que estos *median* entre la realidad y el aprendiz (Heredia, 2007, p. 143). Por ejemplo, si con alumnado de 2.º curso de infantil no es posible viajar a un lugar con nieve por la geolocalización del colegio, es posible usar un vídeo educativo sobre la nieve, a modo de recurso didáctico que dé una experiencia indirecta al aprendiz. Cuando no se pueden facilitar experiencias directas con la realidad, o no es conveniente —la realidad debe transformarse por la didáctica—, entonces se pueden utilizar dos tipos de materiales didácticos:

— Materiales icónicos-figurativos: aquellos que priorizan la participación verbal, pero son representaciones mecánicas de la realidad. Por ejemplo: mapas, dibujos, esquemas, objetos, ejemplares, modelos, figuras, diapositivas, películas, fotos, radio, etc.

— Materiales verbales-simbólicos: aquellos que priorizan la representación abstracta de la realidad. Por ejemplo: narración, clases magistrales, escritura, formulación, etc.

En el contexto de la educación infantil, el material didáctico va más allá de tener una función instrumental, y supone una mediación simbólica entre la experiencia del infante y la estructuración cognitiva que deriva de ella. Como señala Velasco-Guerrero (2023), el material no debe concebirse como un mero soporte de actividades, sino como un artefacto diseñado con criterios perceptivos, afectivos y funcionales que suscitan en el niño procesos de autoexploración y construcción activa del conocimiento. Este tipo de insumos —muchas veces elaborados con materiales reutilizables y accesibles— actúa como facilitador de la motricidad, e incluso de habilidades preescriturales y lógico-matemáticas, mediante un uso que privilegia la manipulación directa, la observación dirigida y el ensayo-error.

5.2.1. La transposición didáctica

La principal virtud de un material didáctico —para ser didáctico, y no cualquier otro tipo de material—, es que facilita la transposición didáctica. Dicho concepto alude al paso que se produce entre la realidad y aquello que, finalmente, llega a constituirse como saber en el alumno que aprende (Chevallard, 1998). Una buena maestra se puede definir como aquella que facilita y realiza la transposición didáctica de manera eficaz. Esta transposición no es un acto singular, sino un itinerario de tres fases sucesivas.

La primera de estas fases, denominada «transposición académica», interroga el pasaje del «*savoir savant*» —es decir, el conocimiento producido en los núcleos científicos o académicos, a menudo ajeno a las necesidades inmediatas del aula—

hacia una forma de saber enseñable. Este saber debe ser reconfigurado para integrarse en el diseño curricular. El proceso no es neutro: implica decisiones político-epistemológicas que articulan intereses de actores diversos —ministerios, asociaciones docentes, pedagogos— en una arquitectura que traduce, selecciona y ordena los contenidos que serán objeto de enseñanza. Un ejemplo paradigmático reside en la escuela tradicional del siglo XX, donde se consideró necesario memorizar la nómina de los reyes godos: un contenido seleccionado como legítimo. Pero en educación infantil suele suceder con el sistema solar —alguien en algún momento decidiría que es muy importante dar contenido de astronomía en infantil, y luego se ha ido reproduciendo por pura tradición—. En la actualidad, esta transposición académica puede estar condicionada por la normativa educativa vigente, por hábitos profesionales heredados —«enseño lo que a mí me enseñaron»— o por demandas sociales que exigen incluir ciertos saberes o competencias en el currículo. Por ejemplo, la biología escolar no reproduce la totalidad del saber biológico, sino fragmentos filtrados según criterios pedagógicos, ideológicos o pragmáticos. Esta selección y codificación constituye la transposición didáctica externa.

La segunda etapa, conocida como «transposición docente», analiza cómo el saber destinado a la enseñanza se cambia a un saber efectivamente enseñado, en el marco concreto de las prácticas pedagógicas. Aquí intervienen múltiples condicionantes: la disposición del alumnado, el calendario lectivo, los recursos disponibles, la modalidad evaluativa y las normas institucionales.

La tercera y última fase es la «transposición discente», momento en el cual el conocimiento enseñado se convierte en saber interiorizado por el estudiante. Es este el instante en que el contenido —filtrado, adaptado y vehiculado— se subjetiva, es decir, se transforma en experiencia cognitiva efectiva. Este saber aprendido no es idéntico al que se concibió originalmente en el ámbito científico, ni al que fue planificado para ser enseñado, ni al que fue efectivamente expuesto por el docente; es el resultado de una apropiación situada, marcada por las trayectorias individuales del discente. No obstante, es natural y necesario para que se produzca el aprendizaje discente deseado.

Por tanto, al proceso por el cual la maestra convierte la realidad natural y social en contenidos didácticos más asequibles para aprender, se le denomina «transposición didáctica». En resumen, la transposición didáctica es el proceso por el cual una realidad es estudiada (saber sabio), elegida para enseñar (saber para enseñar), moldeada para ser enseñada eficazmente (saber enseñado) y adquirida por el alumno (saber aprendido). En este proceso, se ha ganado en claridad y facilidad para el aprendizaje, pero también se ha perdido mucha información y concreción sobre la realidad. Cuando hay una escasa o excesiva transposición didáctica, se producen problemas de aprendizaje —aburrimiento, desinterés, ansiedad, frustración, etc.—. Igualmente, en muchas ocasiones se ha producido que en esa transposición didáctica hay errores, mitos, simplificaciones falsas, etc. Por ejemplo, la enseñanza y aprendizaje del corazón humano, suele pasar del corazón real a un esquema simbólico del mismo, incluso hasta el símbolo no esquemático (FIGURA *17*).

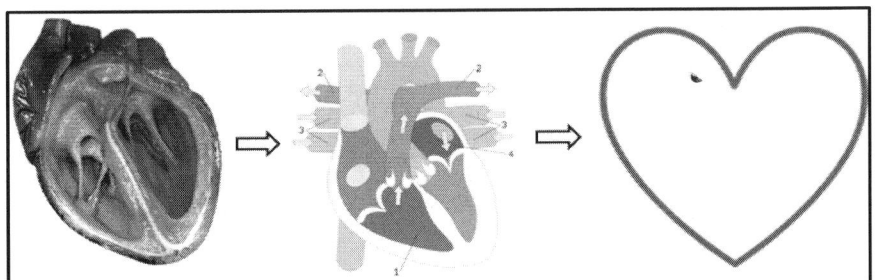

FIGURA 17. Ejemplo de transposición didáctica con el corazón humano.

5.2.2. Clasificación de los materiales didácticos

Como toda clasificación, es necesario establecer un criterio que marcará las diferentes categorías. Por tanto, según qué criterio se establezca, se podrán crear diversas clasificaciones de los materiales didácticos. En este caso, atendiendo al criterio de alta frecuencia y presencia usual en los colegios, se describen las siguientes categorías de materiales didácticos (Heredia, 2007, p. 147):

— Objetos reales: son los que permiten la mayor experiencia del alumnado con la realidad. Por ejemplo, en un museo escolar —dentro o fuera del aula— donde se aúnan un conjunto de objetos reales con intencionalidad didáctica. Igualmente, pueden ser piedras, vestimentas, hojas, plantas, etc.

— Reproducciones de la realidad: son materiales parecidos a los de la categoría anterior, pero con modificaciones artificiales en algún atributo —tamaño, color, material, figura, etc.—. Pueden tener la ventaja de ser más interesantes, más didácticos, más disponibles, o más seguros. Por ejemplo: maquetas, modelos, recortables, juguetes, miniaturas, puzles…

— Materiales impresos: todos los materiales basados en la impresión de texto. Por ejemplo: libros de texto, cuentos, enciclopedias, libros, guías, cuadernos de trabajo, fichas, prensa, revistas, etc.

— Materiales visuales: serían como la categoría anterior, pero con dominancia de la imagen sobre la palabra: cómics, fotonovelas, vídeos, proyecciones, carteles, ilustraciones, dibujos, esquemas, grabados, etc.

— Materiales sonoros: son los materiales donde domina la manifestación sonora: canciones, radio, instrumentos, pódcast, etc.

— Materiales soporte: refieren a todos aquellos que facilitan desplegar las categorías anteriores. Por ejemplo, mobiliario del aula, cañón proyector, reproductores de vídeo y audio, pantallas, pizarras, material genérico escolar, etc.

5.2.3. Funciones de los materiales didácticos

Para reflexionar sobre la funcionalidad de los materiales didácticos, es necesario recordar el concepto de *affordance* u ofrecimiento (Gaver, 1991) (véase punto «3.7. El juguete»). Específicamente, se pueden mencionar algunas funciones relevantes para la didáctica:

— Función innovadora: el material didáctico se presenta como un cambio educativo que pueda suponer modificaciones en las interacciones tradicionales de la educación (maestra-alumno, entre alumnos, en el clima de clase, etc.). En este caso, existe en la actualidad cierta tendencia a introducir materiales didácticos nuevos, especialmente digitales, con la presunción de que producirá sí o sí un cambio a mejor —el solucionismo tecnológico—, basándose en el dogma de que la educación auxiliada por la tecnología genera una educación de calidad (Aguilar, 2011).

— Función motivadora: el material didáctico se presenta como posibilitador o favorecedor de la motivación como aspecto psicológico del alumnado. De nuevo, se suele presuponer que todo material nuevo producirá más motivación, cuando en muchos casos puede ser debido simplemente al efecto de la novedad —que es, por tanto, pasajero—. Es necesario recordar que la finalidad de la escuela es realmente aprender, y no la motivación en sí misma, y que es también muy importante la motivación del profesorado, la cual se presupone positiva, y no solo la motivación del alumnado, la cual se presupone actualmente negativa.

— Función operativa: los materiales actúan como guías metódicas de experiencias de aprendizaje y facilitando la acción instructiva, con el objetivo de mejorar la eficacia de la educación y la instrucción. Por ejemplo, se puede introducir una proyección audiovisual para que quede más claro las estaciones del año, en lugar de experienciar una de ellas en el presente, o escucharlo en modo de lección por parte de la maestra.

Aunque los materiales tienen un número indeterminado, pues se pueden crear y modificar tanto como se desee según la necesidad de cada alumnado y contexto, a continuación se van a presentar algunos que han compartido maestras en ejercicios, dividido por las principales áreas de conocimiento.

5.2.4. Materiales para enseñar matemáticas

Montserrat Torra (2015; 2016) presenta una selección de materiales manipulables diseñados para facilitar la enseñanza de contenidos matemáticos en la educación infantil. A través de propuestas concretas, se busca favorecer la acción, la exploración y la representación variada del número desde una perspectiva vivencial y constructiva:

— Tiras de cartulina: se utilizan para construir figuras geométricas planas como cuadrados o triángulos, permitiendo al niño razonar sobre lados, vértices y proporcionalidad.
— Palos (o fregonas) (FIGURA *18*): sirven para trazar círculos en el suelo mediante el giro corporal del infante, facilitando la comprensión vivencial de la figura circular y la constancia de radio, siendo el estudiante el centro de la figura.

FIGURA 18. Alumna realizando un círculo con todo el cuerpo mediante un palo.

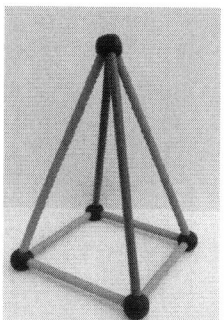

FIGURA 19. Figuras con cañas y bolas.

— Cañas de bebida y bolas de plastilina (FIGURA *19*): permiten el ensamblaje de cuerpos geométricos tridimensionales, fomentando la identificación de vértices, aristas y caras mediante la construcción manual.

— Piezas de Polydron (FIGURA *20*): utilizadas para experimentar con ensamblajes de figuras planas y volúmenes, permiten observar relaciones geométricas y estimular el razonamiento espacial.

FIGURA 20. Piezas de Polydron.

FIGURA 21. Piezas de construcción.

— Juegos de construcción (FIGURA *21*): facilitan la resolución de problemas al invitar a representar animales u objetos, desarrollando la imaginación estructural y la atención a proporciones y simetría.

— Cubos personales (FIGURA *22*): se emplean para crear gráficas estadísticas que visualizan datos personales, fomentando el reconocimiento de unidades y la comparación cuantitativa.

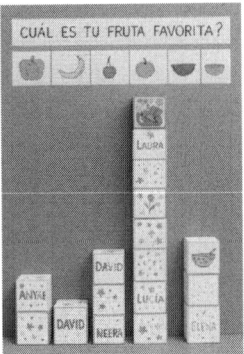

FIGURA 22. Cubos para trabajar estadística.

— Balanzas de platos: introducen la noción de peso y equivalencia a través de la comparación directa, preparando al infante para las unidades de medida estándar.
— Libro-espejo (FIGURA *23*): instrumento que permite explorar simetrías y reflejos, estimulando la percepción geométrica y la conciencia espacial a partir del juego visual.

FIGURA 23. Ejemplo de libro espejo (inspiración visual de Torra, 2015).

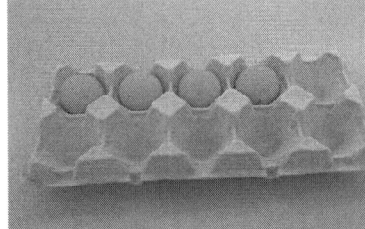

FIGURA 24. Caja de huevos para trabajar aritmética.

— Cajas de huevos con pelotas FIGURA *24*): disponiendo pelotas en los huecos de una caja (de 6 o de 12), los niños perciben cantidades sin necesidad de contar uno a uno, favoreciendo el reconocimiento de descomposiciones aditivas.
— Objetos reales para contar: el niño manipula físicamente elementos como tapones o piedras, introduciéndolos o extrayéndolos de una caja; esta acción concreta le permite visualizar la cantidad, explorar la descomposición numérica y ejercitar la coordinación gesto-palabra.
— Tablero con fichas y dado: mediante turnos, los niños lanzan un dado, cuentan fichas y las colocan ordenadamente en un tablero compartido; así practican el conteo, la correspondencia uno a uno y comparan cantidades de forma lúdica.

— Tarjetas con cantidades agrupadas: se presentan brevemente tarjetas con puntos organizados intencionadamente para fomentar el reconocimiento inmediato de cantidades, desarrollando agilidad visual y estrategias de agrupamiento.

— Recta numérica con pelotas de ping-pong: los niños observan, separan y cuentan pelotas dispuestas linealmente; esto les ayuda a entender el orden numérico, practicar la descomposición y establecer relaciones cuantitativas simples.

— Recta numérica con números plastificados y velcro: los pequeños colocan números sobre una tira de velcro en la pared, ajustándolos a su posición correcta en la serie; con ello ejercitan la noción de orden numérico y la estimación posicional en la secuencia.

5.2.5. Materiales para enseñar lenguaje y lenguas

A continuación, se enumeran algunos tipos de materiales didácticos ampliamente utilizados para el trabajo del lenguaje en la etapa de Educación Infantil, abarcando tanto la dimensión oral como la escrita o motriz (Ruiz, 1996; Santamaría, 2006), con funciones que van desde la estimulación fonológica hasta la adquisición progresiva de la lectoescritura:

— Tarjetas visuales o bits de inteligencia (FIGURA 25): imágenes claras y precisas acompañadas de palabras, que permiten la asociación palabra-imagen, el enriquecimiento léxico y la estructuración de frases. Serviría igualmente para introducirse a un segundo idioma. Se utilizan en dinámicas de nombrado, clasificación, anticipación o narración.

FIGURA 25. Ejemplos de tarjetas visuales para trabajar el lenguaje y las lenguas.

— Cajas de sonidos o fonemas: pequeños objetos reales o miniaturas organizados por sonido inicial o medial. Favorecen la discriminación auditiva, la conciencia fonológica y la articulación precisa de los fonemas, siguiendo el método de Montessori.

— Cuentos acumulativos y cuentos sin texto: permiten desarrollar la secuenciación narrativa, la memoria verbal, el uso de estructuras gramaticales repetitivas y la expresión oral libre. También pueden fomentar la comprensión inferencial.

— Cuentos motores: es un material que combina la narrativa con la actividad física, con el objetivo de estimular el desarrollo motor, cognitivo y emocional de los niños. En este tipo de cuentos, los niños escuchan la historia, y al mismo tiempo participan representando con su cuerpo los personajes, acciones o situaciones del relato.

— Títeres y marionetas: material simbólico que promueve la expresión oral espontánea, el juego de roles lingüístico y la construcción de diálogos. Se convierten en mediadores entre el niño y el lenguaje emocional y narrativo.

— Paneles de rutinas o paneles de conversación: organizados con pictogramas o imágenes reales, permiten trabajar estructuras sintácticas asociadas a lo cotidiano ("Hoy es…", "He traído…", "Me siento…"), o con un orden secuencial (por ejemplo, "Ahora", "Después", "Más tarde"), desarrollando habilidades comunicativas funcionales.

— Dominós de vocabulario: cada ficha de dominó presenta una imagen y/o palabra. Los jugadores deben encontrar la ficha que coincida con la que está en juego, ya sea por imagen, palabra o ambos, creando una cadena de fichas. Con estas imágenes o palabras, se puede estimular la evocación léxica, la categorización semántica y el reconocimiento visual de palabras. Son útiles en contextos lúdicos estructurados.

— Alfabeto móvil: conjunto de letras manipulables que permite componer palabras de forma kinestésica. Es esencial para el paso de la conciencia fonémica a la escritura emergente, especialmente en métodos sintético-fonéticos.

— Juegos de mesa con consignas verbales: como el "veo-veo", "qué falta", "Simon dice" o "¿quién soy?", que desarrollan la comprensión verbal, la formulación de preguntas y la estructuración de frases.

— Cajas de palabras o etiquetas: utilizadas para etiquetar objetos del aula, construir frases o realizar asociaciones. Facilitan el contacto cotidiano con la palabra escrita en contextos funcionales, fomentando la familiaridad con el código.

5.2.6. La presentación visual como material didáctico

Uno de los materiales más usados y extendido son los materiales de presentación. Se suelen llamar *presentaciones*, con cierta ambigüedad, pues refiere tanto al acto de presentar, como al material digital que se utiliza en dicho proceso. Ambas acepciones son importantes porque, aunque este apartado versa principalmente sobre cómo diseñar y construir una presentación, se va a realizar con un enfoque contextualista y dinámico, esto es, teniendo en cuenta en todo momento que el material es *para un contexto*. Por ello se comenzará con la pragmática.

5.2.6.1. Pragmática de las presentaciones

La pragmática refiere al contexto en el que se da el material, y mientras se está dando. Esto implica que debe tener un *para qué* previo, y que el material no es independiente de aquel maestro que lo usa —y si sí es independiente, es porque no será tan eficaz en el acto comunicativo—. Por tanto, la práctica común de compartir y ceder presentaciones de unos profesores a otros es, de nuevo, una práctica a revisar, pues significará que ese material es muy genérico, poco personal, y por tanto de menor valor comunicativo.

Precisamente, el material de presentación debe entenderse siempre en un contexto comunicativo, donde el docente quiere transmitir un mensaje, unas ideas, lo más eficazmente posible; para ello, hace uso de la presentación, como complemento potenciador.

Se va a referir al *PowerPoint* como metonimia de presentación; si bien todas las indicaciones de este apartado se podrían aplicar a cualquier otra marca o aplicación (*Google Slides, Prezi, Keynote, Canva,* etc.). Como es sabido, lo que vuelve competente digitalmente a un docente no es la herramienta que use, sino los fundamentos con los que puede poner en práctica ese instrumento, por lo que se van a desarrollar tales fundamentos.

El uso de *PowerPoint* en la docencia comenzó a extenderse a finales de los años noventa, especialmente en universidades tecnológicamente avanzadas, pero no fue hasta la primera década del siglo XXI cuando se consolidó como formato predominante en la enseñanza superior, desplazando paulatinamente a las antiguas transparencias. Este tránsito se vio favorecido por la expansión de los ordenadores portátiles, la disponibilidad de proyectores digitales y los programas de innovación educativa —como el EEES en Europa— que impulsaron la digitalización pedagógica. En la educación no universitaria, la adopción fue más lenta, dependiendo de la infraestructura tecnológica de los centros, aunque se aceleró tras 2009 con políticas públicas como el Plan Escuela 2.0. A partir de 2010, el PowerPoint se convirtió en estándar visual en la mayoría de aulas del mundo occidental, marcando un cambio técnico y estético en las formas de enseñar y transmitir información.

Para comenzar, cabría pensar qué no es una presentación. Una práctica muy extendida, especialmente en la educación universitaria, es usar las presentaciones como apuntes de estudio, o fuentes de información posterior. Esto es un error. Las presentaciones están pensadas para potenciar el acto comunicativo del profesor, y no como material de estudio. Y si es un error (didáctico) se debe a varias razones. La primera, como el docente quiere compartir esas presentaciones con el alumnado para que estudien de allí, suele introducir mucha más información textual de la debida para que el acto comunicativo sea eficaz, es decir, satura y densifica las diapositivas, por lo que se convierte en una mala presentación. Una segunda razón es que, aunque se ponga mucha información, nunca será suficiente, por lo que también será una mala fuente de información posterior, pues suelen ser frases sueltas, no reina la ortografía, y falta mucho contexto y narración; para estos casos están los manuales, los libros de texto, o entregas en internet, pues se suelen emitir discursos racionales, continuados y con sentido, de manera que el estudiante no se pierde, y pasadas varias semanas puede volver a releer los apuntes sin perderse —algo que con las presentaciones no sucede—. Una tercera razón sería que el material de presentación, así entendido, encorseta al docente en su explicación, hasta el punto de que, en muchas ocasiones, el maestro o profesor se dedica a leer todas las diapositivas en clase —como las antiguas clases magistrales, pero sustituyendo un libro por una diapositiva—. En este caso, puede producir tedio en el alumnado, absentismo, etc. Es una ley económica que si una persona te está leyendo —una diapositiva, por ejemplo—, vas a preferir escucharle y leerlo tú al mismo tiempo (que cuesta más energéticamente). Por ello, pudiera parecer que las diapositivas están para que el profesor las lea, y por tanto que sea un recurso más para él que para el alumnado. Realmente no es así; la presentación es para mejorar y potenciar el acto comunicativo.

Por tanto, ¿qué no es una presentación? Una fuente de apuntes. Hay que diferenciar, por tanto, lo que se puede hacer con un procesador de textos, y con un diseñador de imágenes. Comenzar con este enfoque liberará al maestro de ciertas limitaciones en el diseño, y le permitirá liberarse artísticamente. ¿Qué sí es una presentación? Un material que potencia el acto comunicativo del docente, haciendo que el mensaje a transmitir sea mucho más eficaz, y por tanto, aumentando la probabilidad de que el alumno aprenda.

Pero, si no se pone tanto texto en las diapositivas, ¿no se avanzará el contenido? Realmente, sí. Pero se debe entender que lo verbal debe emanar del maestro hablando mientras enseña, dejando a las presentaciones digitales lo que mejor saben hacer: mostrar imágenes.

Un segundo planteamiento para cambiar es que el proceso de elaboración de una presentación se parece más a la profesión de director de cine, que de escritor de un libro. Sin embargo, los maestros y profesores generalmente tienen mucho más desarrollada la competencia de lectoescritura, que la visual o audiovisual, y ello explica que las presentaciones acaben siendo mucho más textuales que visuales. En todo caso, lo textual y verbal es también muy interesante, pero para otros formatos —fichas, apuntes, textos, libros, etc.—, por supuesto complementarios a la presentación; se pueden dar antes, durante y después de la presentación visual. ¿Y qué hace un director de cine? Entre muchas otras cuestiones…piensa en imágenes. En muchas ocasiones, de hecho, debe lograr transmitir una buena historia narrada en un libro, en una historia narrada audiovisualmente; y son lenguajes diferentes.

El tercer cambio de visión sería este, entender que el lenguaje textual y el visual son diferentes, pero que ambos son lenguajes, es decir, tienen una estructura: una morfología, una sintaxis, una semántica, una pragmática… Y conocer este lenguaje es precisamente el que permite generar buenas presentaciones.

Tres ideas pragmáticas para aplicar en el diseño de las diapositivas son las siguientes:

— Adaptación del contenido al alumnado: la eficacia de una presentación no reside exclusivamente en la calidad de su contenido o en la sofisticación de su diseño, sino en su pertinencia respecto del alumnado. Este principio exige que el contenido sea sintonizado con los esquemas previos, intereses y disposiciones afectivo-cognitivas del alumnado. diseñar una presentación sin considerar a quién va dirigida es incurrir en una forma de autismo comunicativo. Es de recordar que el buen maestro sabe qué tipos de errores suele cometer, en general, el alumnado en cierto momento o en cierto contexto, fruto de su experiencia o del estudio.

— Una idea por diapositiva: la saturación cognitiva es un fenómeno ampliamente documentado en las neurociencias del aprendizaje, particularmente en los trabajos de John Sweller (1988) sobre la carga cognitiva. presentar múltiples ideas simultáneamente fragmenta la atención y reduce la codificabilidad de la información. al concentrar cada diapositiva en un único concepto nuclear, se facilita el anclaje semántico y se potencia la elaboración cognitiva del receptor, estableciendo un equilibrio entre forma y contenido en la arquitectura del mensaje.

— Orden de lectura: el diseño visual debe someterse a las leyes de la percepción oculocéntrica. Siguiendo las investigaciones de Rudolf Arnheim, se reconoce que el ojo humano tiende a seguir patrones de lectura culturalmente determinados —en occidente, de izquierda a derecha, pero en lenguas árabes de derecha a izquierda, o chino o japonés de arriba a abajo—. Ignorar esta secuencia es atentar contra la inteligibilidad del mensaje, mientras que respetarla garantiza una decodificación fluida y orgánica. Pero lo importante, volviendo al primer punto, es que se adapte a la audiencia, pues mucha parte de todo lenguaje es contextual, cultural y epocal.

5.2.6.2. Morfología

La morfología refiere a la composición de elementos dentro de cada diapositiva de la presentación, esto es, puntos, líneas, figuras geométricas, fotografías, rótulos, flechas, palabras, luces y colores… Al ser un lenguaje específico, no se pueden poner de cualquier manera, es decir, hay algunas reglas, y la mayoría de ellas se pueden extraer del arte de la fotografía —o del cine—. Se van a indicar aquí solo algunas cuestiones más aplicaciones a las presentaciones.

El encuadre es el marco que define lo que se va a ver, es decir, el espacio delimitado donde se representará las imágenes. La primera decisión para iniciar una presentación es seleccionar las dimensiones del encuadre, esto es, el formato del lienzo. Ha habido diferentes tipos de encuadre, según las limitaciones tecnológicas de cada momento, o las tendencias estéticas. Existen encuadres de 1:1 (cuadrado), de 4:3 (cine mudo, entre otros), 13:5 (cinerama), 13:6 (smartphones actuales), 23:9 (*cinescope*), 17:9 (vistavisión), y muchos más. En todo caso, lo más frecuentes han sido el 4:3 y el 16:9 (FIGURA *26*). Por ejemplo, ante la aparición de la televisión, el cine tendió a usar formatos más panorámicos como marca de distinción, dado que disminuyó mucho la asistencia al cine frente al consumo de televisión en el hogar. Igualmente, medios como *TikTok* o *Instagram* implantaron formatos más verticales o cuadrados.

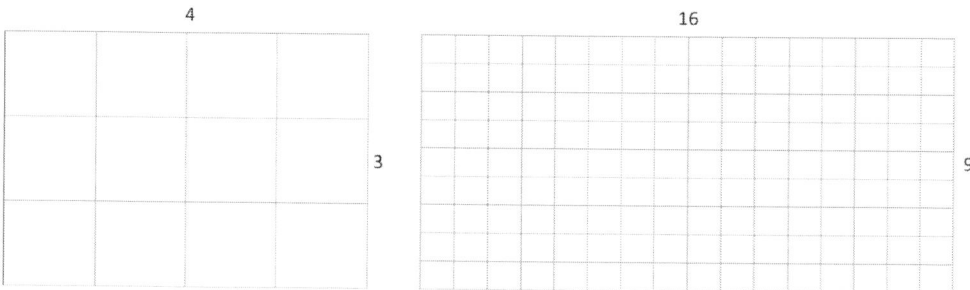

FIGURA 26. Encuadre 4x3 (televisión analógica), y encuadre 16x9 (televisión digital, cine).

El encuadre se puede delimitar al inicio de la apertura del Powerpoint o en el momento de la grabación, o se puede modificar posteriormente en postproducción a un encuadre diferente, aplicando el *efecto zoom*, es decir, produciendo un efecto de alejamiento o acercamiento a los objetos o zonas. Por tanto, un cambio en el encuadre se puede producir tanto porque al cámara no está fija, como por el uso de este *zoom*. Un cambio del encuadre permitiría hacer una escena en un solo plano, o incluso una película entera. A veces, lo que se sugiere fuera del encuadre puede ser tan importante como lo que se muestra. Es lo que se llama *fuera de campo*. El sonido, los diálogos o las acciones que ocurren fuera de la vista pueden influir en la comprensión de la escena y agregar significado a lo que se está viendo en pantalla.

Visto el encuadre, se va a explicar algunos fundamentos de la composición. Esta se refiere a la disposición y organización de los elementos visuales dentro del encuadre. La composición, en tanto que relación de todos los elementos visuales entre sí, afecta a la percepción, la estética y la narrativa visual. Por tanto, una buena composición es la que da dinamismo y vitalidad a unos elementos que, por sí solos, estarían inertes y descontextualizados. Esta técnica se emplea para transmitir información, crear significado, establecer jerarquías visuales y dirigir la atención del alumnado hacia puntos específicos dentro de la imagen. La composición permite revelar la dinámica interna de una obra al presentar las áreas de conflicto o los puntos de atención. Una estructura visual básica resultará más fácil de interpretar, mientras que una más intrincada ofrecerá una gama más amplia de significados y posibilidades interpretativas.

A continuación se comparten algunas ideas morfológicas de composición para aplicar en el diseño de las diapositivas:

— Líneas y dirección visual: las líneas visuales, ya sean naturales o creadas por elementos en la imagen, guían la mirada del espectador hacia puntos de interés o sujetos importantes en la composición. Estas líneas pueden ser diagonales, horizontales, verticales o curvas y ayudan a crear flujo visual en la imagen.

— Densidad de elementos: sobre el número de palabras o elementos que debería tener una diapositiva, parecen existir muchas recomendaciones, como la regla 7x7: un máximo de siete líneas por diapositiva, y siete palabras por línea. Y, ciertamente, Miller (1956) ya estudio que el ser humano precesa mejor, de hecho pre-atentivamente, conjuntos de elementos de entre 5 a 9 elementos, sin necesidad de gran esfuerzo de procesamiento. Sin embargo, si se está hablando de arte y estética, no se puede aplicar solo una regla matemática tan sencilla, pues son contextodependientes. Por tanto, hay que seguir el principio de simplicidad, es decir, menos es más. En ocasiones, se deben elegir los elementos informativos mínimos para potenciar la información. Y esto exige pensar qué es realmente lo importante y qué no es tan importante.

— Regla de los tercios: es una regla de composición que divide el encuadre en nueve secciones iguales mediante dos líneas horizontales y dos verticales (FIGURA 27). La idea principal es colocar los elementos visuales clave en los puntos de intersección (los llamados «centros de interés») de estas líneas o a lo largo de las líneas mismas para crear una composición visualmente atractiva y equilibrada, si es de interés para el creador. De igual forma, se pueden poner los elementos a los que se les quiere dar menos importancia lejos de las líneas y los puntos de intersección.

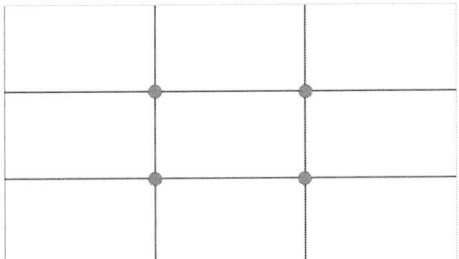

FIGURA 27. Regla de los tercios. En rojo se marcan los puntos de intersección, es decir los centros de interés (donde un elemento de la composición va a ganar mayor valor visual).

Estos centros de interés, o puntos calientes, son donde el alumno tiende a dirigir su mirada al observar la imagen. Por consiguiente, se deben colocar elementos importantes de la composición en estos puntos para enfatizar su relevancia visual (FIGURA 28). Por ejemplo, si la imagen muestra un primer plano de una persona, es fundamental considerar la posición de sus ojos o mirada al ubicar elementos en esos puntos clave. En el caso de un plano general que capture una playa y el mar, se debe tener en cuenta la disposición del horizonte en relación con estos puntos de intersección.

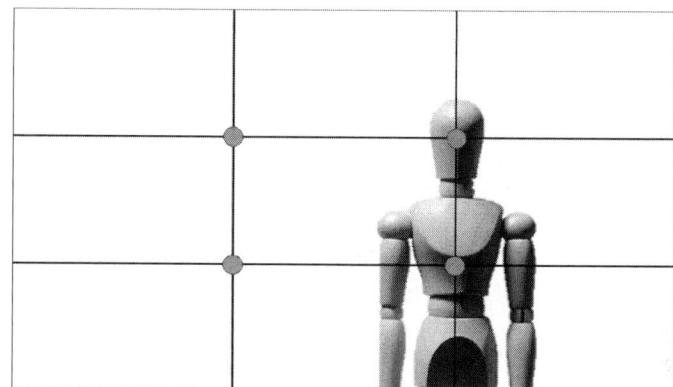

FIGURA 28. Ejemplo de un encuadre donde se pone a un personaje en una de las zonas de mayor peso visual.

La mayoría de las cámaras fotográficas, incluyendo las cámaras de teléfonos móviles, disponen de estas guías visuales que facilitan la aplicación de esta técnica en la composición de la imagen. Igualmente, programas como *PowerPoint* o *Canva* permite poner guías para marcar la regla de los dos tercios.

— Simetría y asimetría: la simetría se refiere a la disposición equilibrada de los elementos visuales en una imagen, donde ambos lados del encuadre son prácticamente idénticos, pudiendo significar orden, tranquilidad o seguridad. Por otro lado, la asimetría se basa en la disposición desigual de los elementos, generando tensión visual y destacando ciertos elementos sobre otros para crear un interés visual más dinámico.

— Evitar el uso de viñetas o puntos: estos recursos, si bien heredados de la tradición tipográfica de los textos impresos, no encuentran una justificación funcional en un entorno visual como el de las presentaciones orales. Lejos de facilitar la comprensión, constituyen elementos redundantes que añaden un «ruido visual» innecesario (FIGURA 29). Esto sería un ejemplo más de que el lenguaje textual y el visual no coinciden. Su eliminación responde a una lógica de depuración discursiva que privilegia el dinamismo visual y la economía semiótica.

• Evita usar puntos	Evita usar puntos
• No añaden información	No añaden información
• Y son ruido visual	Y son ruido visual

FIGURA 29. La eliminación de puntuación puede ser recomendable en el lenguaje visual, según el contexto, dado que no pierde información relevante.

— Usa letras minúsculas: generalmente hay textos, libros, revistas con letras en minúsculas y solo por esta razón de hábito es recomendable usar minúsculas en las palabras o textos que se usen en las presentaciones, dado que facilitará la lectura. Por otro lado, se ha podido asociar el uso de mayúsculas con situaciones exclamativas cuando alguien está gritando o echando la bronca. De hecho, las grandes marcas utilizan con mucha frecuencia las minúsculas para transmitir sus logos o eslóganes, dado que utilizan otras estrategias como son aumentar el tamaño de la letra para que se visualice perfectamente. Por tanto, usar las mayúsculas no tiene por qué implicar los conceptos más importantes —para ello se puede usar variables como el color, el contraste, el tamaño de letra, o la disposición espacial—, y quizá pueda dificultar su lectura —salvo en ciertos casos, como alumnado con dislexia—.

— Tamaño de letra (FIGURA *30*): se debe usar un tamaño de letra mucho más grande del que se está acostumbrado a usar en los formatos textuales, como libros o apuntes. Ello permitirá potenciar lo visual, facilitar la percepción, y ganar eficacia en el mensaje. Inicialmente puede resultar incómodo trabajar con tal tamaño de letra, dado que reduce el espacio disponible; pero hay que recordar que el discurso verbal lo debe proporcionar principalmente el docente, y no la diapositiva *per se*.

FIGURA 30. Comparación entre el tamaño de letra de dos diapositivas.

— Tipografías: la elección de la fuente tipográfica no debe obedecer solo a criterios meramente estéticos, sino a razones de legibilidad, neutralidad expresiva o expresividad estratégica, según el contexto. a continuación, se presentan cinco tipografías consideradas idóneas por su eficacia comunicativa, su adaptabilidad al medio proyectado y su funcionalidad didáctica:

1) **Helvetica**: ideal para presentaciones institucionales, científicas o técnicas. su neutralidad y claridad la hacen óptima para contextos formales y de alto contenido informativo.

2) Garamond: apropiada para temas humanísticos, literarios o históricos. Su elegancia tipográfica evoca tradición, erudición y refinamiento académico.

3) **Arial**: versátil y universal, útil en casi cualquier presentación cuando se requiere claridad sin distracción estética. especialmente funcional en entornos administrativos y escolares.

4) **Calibri**: recomendada para uso académico cotidiano o empresarial. es la fuente predeterminada en Microsoft Office, lo que facilita la estandarización y compatibilidad.

5) Montserrat: ideal para presentaciones creativas, visuales o de diseño gráfico. su modernidad geométrica y legibilidad la hacen efectiva en formatos digitales y juveniles.

Otro elemento importante de la morfología es el color, dado que mediante varias características del color, como el contraste, se pueden generar figuras, que son los elementos básicos. El color es una percepción visual producida por la luz y el cerebro que interpreta las longitudes de onda de esa luz. Esta característica nos permite distinguir y clasificar objetos y fenómenos de acuerdo con la forma en que reflejan o emiten luz. El color, dentro del lenguaje visual, es una herramienta fundamental para la percepción y la interpretación de imágenes y vídeos, al igual que la forma y la textura. En su origen, el color está intrínsecamente vinculado a la luz, que, aunque naturalmente percibida como incolora, contiene una gama de colores (Deribere, 2009).

La percepción de los colores por parte del ojo humano se debe a células especializadas en la retina. Estas células, conocidas como conos y bastones, son sensibles a diferentes longitudes de onda de la luz. Los conos se encargan de distinguir los distintos colores, mientras que los bastones perciben los cambios en la luminosidad. Al incidir la luz en el ojo, estas células se activan y transmiten la información cromática al cerebro a través del nervio óptico para su procesamiento y reconocimiento.

Los conos, componentes sensibles en la retina, se subdividen en tres tipos, cada uno reacciona a distintas longitudes de onda: azul-violeta, verde y rojo. Estos tonos se reconocen como los colores luz primarios. Paralelamente, existe el modelo de color RGB (red-green-blue en inglés), empleado en sistemas de imagen que manipulan o emiten rayos luminosos. Aquí se aplica la síntesis aditiva, ya que la combinación de los tres colores luz primarios produce blanco, mientras que la ausencia de estos resulta en negro, considerado, junto con el blanco, como colores acromáticos.

En contraste, en sistemas que utilizan pigmentos, pinturas o tintes para crear colores, se hace referencia a los colores pigmento, donde los primarios son cian, magenta y amarillo. En este caso, la mezcla de estos colores primarios produce negro (explicando por qué, por ejemplo, la ropa negra absorbe más calor que la blanca, ya que absorbe todas las longitudes de onda). En este contexto, se emplea la síntesis sustractiva (Deribere, 2009).

Se pueden clasificar los colores de la siguiente forma:

1) Colores primarios: son aquellos colores fundamentales que no se pueden crear mezclando otros colores. En el modelo sustractivo (pintura y pigmentos), los colores primarios son el rojo, azul y amarillo. En el modelo aditivo (luz), los primarios son el rojo, verde y azul.

2) Colores secundarios: se obtienen al mezclar dos colores primarios. En el modelo sustractivo, se forman el naranja, verde y morado. En el modelo aditivo, se forman el cian, magenta y amarillo.

3) Colores terciarios: Resultan de la mezcla de un color primario con un color secundario. Estos incluyen tonos como el verde oliva (mezcla de amarillo y verde) o el azul violáceo (mezcla de azul y morado).

Para crear imágenes y vídeos con una selección de colores adecuado, se debe tener en cuenta el círculo cromático. El círculo cromático es una representación visual de los colores organizados en forma de círculo. Sirve como herramienta para comprender las relaciones entre los colores. Está compuesto por colores primarios, secundarios y terciarios dispuestos en una rueda. Los colores opuestos en el círculo cromático se denominan colores complementarios y al ubicarse juntos, crean contraste (Deribere, 2009). El círculo cromático suele representarse con una estructura circular dividida en doce partes. Los colores primarios se distribuyen de manera que uno ocupe la sección superior central, mientras que los otros dos se posicionan en la cuarta parte desde esta posición. Esta disposición permite trazar líneas imaginarias que forman un triángulo equilátero con la base en posición horizontal al unir los tres colores primarios. Entre dos colores primarios se localizan tres tonos secundarios, de tal forma que el tono central entre ellos corresponde a una mezcla equitativa de ambos primarios. Los colores más próximos a cada primario son combinaciones del tono secundario central y el primario adyacente respectivo.

Para diseñar una presentación se pueden consultar círculos cromáticos dinámicos que han desarrollado múltiples aplicaciones digitales como *Adobe Color CC, Paletton, Coolors, Color Hunt o Canva Color Wheel.*

El color tiene tres propiedades principales:

1) Tono, tonalidad o matiz: esta propiedad del color se refiere a la ubicación de un tono específico dentro del círculo cromático y está determinada por la longitud de onda de la luz. En términos simples, se trata del color en sí mismo, como el rojo, azul, amarillo, etc. Por tanto, esta característica le da un nombre concreto a cada color determinado, así como un código-nombre concreto en el lenguaje HTML, por lo que cada uno es único. El matiz es lo que distingue un color de otro y constituye la identidad cromática de una tonalidad particular. Por ejemplo, en un círculo cromático, el matiz varía a medida que se desplaza alrededor de este, pasando de los tonos cálidos a los fríos.

2) Saturación, colorido o pureza: esta característica hace referencia a la intensidad o pureza de un color en relación con la escala de grises. Un color altamente saturado se percibe como más vibrante y vivo, mientras que un color con poca saturación tiende a ser más tenue o apagado. La saturación se relaciona con la cantidad de gris en un color específico: cuanto menor es la cantidad de gris, mayor es la saturación y viceversa. Por ejemplo, un rojo intenso y brillante tendría una alta saturación, mientras que un rojo más desaturado se acercaría más al tono rosado.

3) Brillo, luminosidad o valor: esta propiedad se refiere a la claridad u oscuridad de un color y está relacionada con la cantidad de luz que refleja o emite. El brillo se modifica al añadir blanco o negro. En un modelo de color, el brillo se presenta como la dimensión que va desde el negro (valor mínimo) hasta el blanco (valor máximo). Un color brillante exhibirá una mayor cantidad de luz, mientras que un color más oscuro tendrá menos luminosidad. Por ejemplo, el amarillo claro tendrá un mayor valor que el amarillo oscuro en términos de brillo.

Se van a exponer algunos principios para tener en cuenta respecto al diseño del color tanto en las imágenes que se usen —presentaciones, infografías, murales—, como en las obras audiovisuales completas —vídeos educativos—:

1) Contraste: utiliza colores contrastantes para resaltar información importante o elementos clave en tu imagen o video. Esto ayudará a captar la atención del

espectador de manera efectiva. Cuando se pretenda disociar dos ideas o dos objetos, se les añade contraste en entre sus colores, y al revés.

2) Armonía cromática: selecciona una paleta de colores que armonicen entre sí para mantener la coherencia visual. Puedes utilizar combinaciones análogas (colores adyacentes en el círculo cromático) o complementarias (opuestos en el círculo cromático) según el efecto deseado. Esto implica que cada escena del vídeo no sea totalmente diferente, o que las imágenes de una misma presentación tengan coherencia entre sí.

3) Saturación y tonalidad: ajusta la saturación y la tonalidad de los colores para crear el ambiente buscado. Los colores saturados pueden ser llamativos y vibrantes, mientras que los tonos más suaves pueden transmitir calma y serenidad.

4) Jerarquía visual: utiliza colores más brillantes, saturados o contrastantes para resaltar elementos importantes y colores más suaves o menos llamativos para los elementos secundarios. Esto ayuda a guiar la atención del espectador hacia la información principal.

5) Consistencia: mantén una consistencia en el uso del color a lo largo de tu proyecto educativo para generar cohesión y facilitar la comprensión. Evita cambios abruptos o incoherentes que puedan distraer al espectador. A esto se le llama *etalonaje* como una forma de *raccord* o continuidad.

6) Psicología del color: conoce el impacto emocional y psicológico de cada color. Por ejemplo, el azul se asocia con la calma y la confianza, el rojo con la pasión o la alerta, y el verde con la naturaleza y la frescura. Aprovecha estas asociaciones para transmitir el mensaje deseado. Se comentará más abajo algo más desarrollado este punto.

7) Uso de blanco y negro: a veces, el uso estratégico del blanco y negro puede ser igualmente poderoso. El blanco puede transmitir pulcritud y simplicidad, mientras que el negro puede denotar elegancia o misterio.

8) Equilibrio visual: distribuye los colores de manera equilibrada en la composición para evitar que el diseño se vea desproporcionado o caótico.

9) Adaptación a la audiencia: considera la edad, cultura y contexto de tu audiencia al elegir tu esquema de colores. Los colores pueden tener diferentes interpretaciones en distintas culturas o generaciones.

10) Pruebas y ajustes: realiza pruebas y ajustes para evaluar cómo responden las personas al esquema de colores que has seleccionado. Observa la claridad, legibilidad y la interpretación de la información visual.

A continuación, se mencionan algunas webs de bancos de imágenes que se pueden reutilizar para las presentaciones:

1) Pexels: Proporciona imágenes gratuitas y de alta calidad bajo la licencia Creative Commons Zero (CC0). Su colección es amplia y cubre diversos temas.
2) Pixabay: Ofrece fotos, ilustraciones, vectores y vídeos gratuitos. Las imágenes están disponibles bajo licencia Creative Commons CC0.
3) Freepik: Ofrece recursos gratuitos de diseño gráfico, incluyendo imágenes, vectores, iconos, y archivos PSD editables. Aunque algunos elementos pueden requerir atribución según las especificaciones.
4) Google Imágenes: en el buscador de imágenes de Google, yendo a «herramientas», «derechos de uso» y «Licencia Creative Commons» se puede acceder a un banco de imágenes disponibles, si bien siempre hay que revisar la licencia de uso, por si hubiera habido algún error de catalogación.

Estas bases se pueden usar igualmente para extraer figuras, formas —ilustraciones vectoriales—, o iconos que podrán servir para mejorar las explicaciones y las composiciones de los planos en el vídeo.

Igualmente, se puede hacer uso de imágenes generadas por IA por la comunidad, o crearlas directamente uno mismo con un buen diseño del script —el texto a modo de orden detallada que se le debe dar a la IA para que genere lo que se pretende—. Algunas de las plataformas son el Generador de Imágenes de Microsoft, DALL-E 2 de OpenAI, DeepAI, ChatGPT, Canva, entre muchos otros.

5.2.6.3. Sintaxis

La sintaxis es el conjunto de reglas que definen las secuencias correctas de los elementos, es decir, como se van uniendo las diferentes diapositivas en el caso de una presentación. Realmente, Si se recuerda que el maestro va a realizar un acto comunicativo dinámico usando una presentación, se podría considerar que la presentación en este caso se parece más al cine que a la fotografía o al conjunto de diapositivas, visto desde el punto de vista de la luz. Es decir, va a recibir un discurso narrado con un personaje que es el docente, el cual va explicando y hablando, y que se complementa con unas diapositivas que se concatenan. Por lo tanto, tener en cuenta esta realidad implica poder aprender ciertas técnicas básicas del cine respecto a la sintaxis, por ejemplo, la estructura, el tiempo, el ritmo o el *raccord*.

La estructura narrativa es el esqueleto semántico del vídeo, y está relacionada con la temporalidad del relato o la exposición que se quiere realizar. Contar un tema de una u otra forma no tiene el mismo impacto (Petty, 2023), y se debe tener en cuenta que no es lo mismo la exposición de un tema en una clase presencial, donde puede haber una interacción o sucesos no controlados que, en un vídeo educativo, donde no hay interacción, pero se puede potenciar el mensaje controlando todos los elementos audiovisuales abordados con anterioridad. Para hacer interesante un tema, el narrador debe decidir cómo y cuándo muestra la información al espectador-alumno. Hay varias formas de mostrar esta información, que se explican a continuación.

La estructura básica de la narración se conoce ya desde Aristóteles, donde desarrolló en su *Poética*, con otros términos, lo que se conoce contemporáneamente como introducción, desarrollo y desenlace. Esta estructura se puede reflejar fácilmente en la escaleta del guion:

1) Introducción: en esta fase inicial, se presenta el tema principal o el problema que se va a abordar en el vídeo educativo. Aquí se establecen los objetivos, se captura la atención del espectador y se brinda una introducción al tema. Además, se plantean las preguntas clave o los desafíos que se abordarán a lo largo del vídeo. Es importante crear un gancho que motive al espectador a continuar viendo el contenido. El planteamiento puede suponer el 10% o el 20% total de la duración del vídeo.

2) Desarrollo: en esta fase, se profundiza en el tema presentado en el planteamiento. Se proporciona información detallada, se presentan argumentos, se analizan ejemplos y se explican conceptos relevantes. Esta parte constituye la mayor parte del vídeo educativo, en torno al 50% y el 70%. Se centra en la transmisión de conocimientos o habilidades específicas relacionadas con el tema.

3) Desenlace: en esta etapa final, se ofrece una conclusión, se recapitula lo aprendido y se refuerzan los conceptos clave. Se puede incluir un llamado a la acción, proporcionar recomendaciones, presentar preguntas para reflexionar o sugerir próximos pasos para continuar explorando el tema. Es importante dejar al espectador con un mensaje claro y satisfactorio que resuma el propósito del vídeo educativo. La duración puede ser entre el 10% o el 20%.

Se podría hablar de dos tipos de tiempo para tener en cuenta, el cuantitativo y el cualitativo. El tiempo cuantitativo refiere a lo que cronológicamente ha durado una exposición o una presentación y que se puede medir, por ejemplo, en minutos u horas. Sin embargo, el tiempo cualitativo es aquel de carácter más subjetivo, que pasa diferente tanto para el profesor que comunica como para el alumnado que presta atención. Respecto a este último, cabría mencionar que hay que manejar un buen ritmo en la presentación. Esto a nivel técnico se puede conseguir, por ejemplo, con más número de diapositivas que cambian con más frecuencia. Esto daría mayor dinamismo y ritmo. Sin embargo, si lo que se necesita por el carácter del contenido a tratar es más pausa y sosiego habría que reducir el número de diapositivas o por lo menos reducir la frecuencia de cambio de diapositivas.

El ritmo y el tiempo cualitativo se pueden manejar en una presentación tanto por parte del profesor, con su ritmo de habla y su densidad informativa, como por el archivo de presentación. Por lo tanto, se va a comentar aquí solo algunas de las técnicas de transición que permiten hacer los principales editores de presentaciones, en una asociación al manejo del ritmo:

1) Transición *Desvanecer*: esta transición permite que una diapositiva desaparezca suavemente mientras la siguiente va emergiendo de forma gradual. El efecto es de continuidad suave, sin ruptura. Simbólicamente, puede utilizarse para sugerir una progresión conceptual fluida, como si una idea se transformara o se disolviera en otra. Es idónea para momentos reflexivos, transiciones temáticas sutiles o conexiones entre bloques homogéneos.

2) Transición *Empuje*: consiste en que la diapositiva nueva empuja a la anterior fuera de la pantalla en una dirección concreta (horizontal o vertical). Se percibe como una fuerza que avanza, un impulso. Sirve para indicar avance, progresión o superación de una etapa. Puede utilizarse para representar un cambio de nivel, un paso adelante en la argumentación o una secuencia temporal clara (pasado - presente - futuro).

3) Transición *Morfosis*: una de las más sofisticadas, esta transición permite que los elementos de una diapositiva se transformen en los de la siguiente si tienen propiedades visuales similares (forma, color, texto, posición). En términos semióticos, crea un efecto de transformación o metamorfosis interna. Resulta especialmente útil cuando se quiere mostrar evolución de un concepto, crecimiento progresivo de una estructura o interconversión entre estados.

4) Transición *Dividir*: la pantalla se divide y se abre hacia los lados o hacia dentro, dejando aparecer la nueva diapositiva desde el centro o desde los márgenes. Puede evocar apertura, revelación, desvelamiento. Didácticamente, se asocia bien a la introducción de nuevas secciones o bloques temáticos, marcando un umbral sin ser abrupta.

5) Transición *Transformar página*: simula el efecto de correr una cortina o desplegar un panel, como si la nueva diapositiva estuviese «detrás» de la anterior. Tiene connotaciones teatrales o escénicas. Se puede emplear para introducir casos, ejemplos, momentos narrativos que requieren expectación o dramatismo controlado, generando una pausa semiótica antes del siguiente contenido.

6) Transición *Zoom*: permite acercar o alejar el foco, simulando una entrada o salida visual, como si la cámara se desplazara hacia dentro o fuera de una

escena. Es eficaz cuando se quiere enfatizar un detalle (*zoom in*) o recuperar una visión global (*zoom out*). En términos conceptuales, permite modular el ritmo entre análisis y síntesis, entre lo micro y lo macro, entre lo particular y lo estructural.

7) Transición *Barrido dinámico*: la nueva diapositiva barre la anterior desde una dirección, como si estuviera pasando un cepillo visual. Se asocia a la limpieza o a la transición continua. Es útil cuando se desea imprimir fluidez narrativa sin dramatismo. Puede utilizarse para flujos informativos, listas de elementos, secuencias cronológicas o fases de un proceso.

Por último, faltaba referirse a el record como uno de los elementos a tener en cuenta en la sintaxis general de la presentación. El término *raccord*, heredado del léxico cinematográfico francés, alude a la continuidad visual, espacial y narrativa entre diapositivas sucesivas. Su función primordial es garantizar que no se perciban saltos, rupturas o incongruencias entre ellas, de modo que la atención del alumnado no se desplace hacia los artificios técnicos, sino que permanezca anclada en el hilo narrativo. En cine, esto implica cuidar la posición de los objetos, la iluminación, la dirección de la mirada o el vestuario. Cualquier error de *raccord* rompe la ilación del relato y despierta una atención no deseada hacia lo que debería ser invisible: la estructura del discurso.

Aplicado al diseño de presentaciones en *PowerPoint*, el concepto de *raccord* puede trasladarse como principio de continuidad estilística y coherencia visual. La sucesión de diapositivas no debe percibirse como una serie de fragmentos dispares, sino como un tejido narrativo continuo, donde el color dominante, el tipo de letra, la disposición de los elementos y la jerarquía visual se mantengan constantes —salvo que una ruptura esté justificada por una necesidad expresiva o argumentativa—. Es decir, toda la morfología y pragmática comentadas deben tener continuidad y coherencia. Por ejemplo, un cambio brusco de tipografía o de paleta cromática sin justificación discursiva puede tener el mismo efecto que un error de *raccord* en cine: desconectar al alumno del contenido. De ahí que se recomiende, en contextos didácticos, definir una plantilla visual coherente, mantener la proporción y alineación de textos e imágenes y evitar la tentación de decorar cada diapositiva con estilos inconexos.

5.2.6.4. Semántica

La semántica se refiere al significado o sentido de los elementos y del conjunto. Ciertamente, no se puede separar la forma del fondo. Sin embargo, se va a realizar aquí un análisis de algunos elementos semánticos para entender cómo, cambiando las formas, se pueden a enviar significados diferentes. La semántica se genera por el propio diseño de la diapositiva, y por el contexto, por lo tanto se pueden seguir algunas reglas a la hora de la composición:

— Regla del aire: refiere al espacio vacío o relativamente vacío que se sitúa entre los sujetos principales de una imagen y los límites del encuadre. La distribución de este aire y su relación con el sujeto son especialmente relevantes. En la FIGURA *31* se muestra un ejemplo de cómo se puede cumplir o no esta regla. En el caso de la imagen de la derecha, hay un desequilibrio entre el aire y el personaje, creando una composición desproporcionada.

FIGURA 31. Aplicación de la regla del aire. En la izquierda se cumple la regla, en la derecha no.

— Regla de la mirada: en relación con la regla anterior, la regla de la mirada indica que hay que respetar ciertas zonas con aire para indicar o representar mejor la mirada de un personaje, o la dirección del movimiento (aunque sea una imagen estática). En la FIGURA *32* se ve cómo la imagen de la derecha deja más aire entre la mirada del personaje y el límite del encuadre.

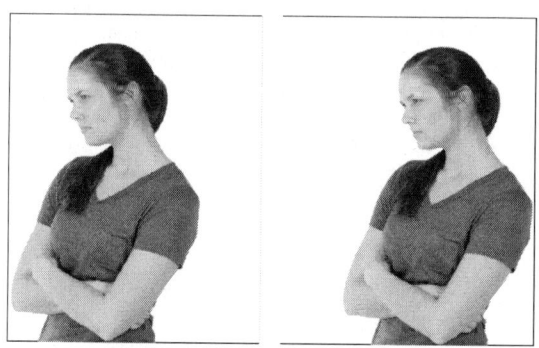

FIGURA 32. Regla de la mirada.

— Regla del movimiento: al igual que sucedía con la regla de la mirada, y manejando la regla del aire, se debe dejar aire en la zona a la que se supone se produce el movimiento o la acción, y ello representará mejor el dinamismo en la imagen. En la FIGURA *33* se representa cómo la imagen de la derecha respeta más esta regla.

FIGURA 33. Regla del movimiento.

— Proximidad: la proximidad de elementos establece que pueden pertenecer al mismo campo de sentido. Es decir, si el docente quiere que el alumnado relacione dos ideas como comunes, parecidas, cercanas o sinónimas, deberá unirlas o acercarlas en la disposición espacial de la diapositiva. Por el contrario, si lo que quiere es mostrar una dicotomía entre varias teorías, enfoques, ideas o palabras, lo que tiene que hacer es separar esos elementos dentro de la diapositiva (FIGURA *34*).

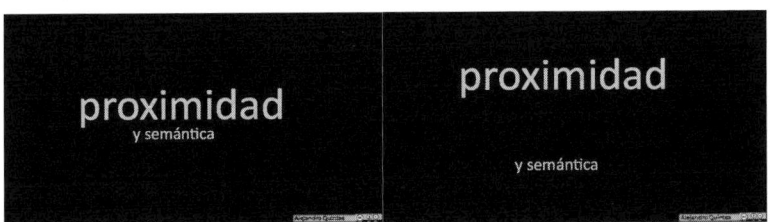

FIGURA 34. Se muestran dos diapositivas con las mismas palabras, pero visualmente una semántica muy diferente.

Respecto a las líneas comentadas en la morfología, se pueden tener en cuenta algunos de sus significados básicos para tenerlos en cuenta a la hora de transmitir el mensaje:

- Líneas verticales: pueden generan una impresión de vitalidad y sugieren una sensación de calma y vigilancia. Están vinculadas con la estabilidad en una situación específica.

- Líneas horizontales: pueden transmiten una sensación de tranquilidad, paz y serenidad. Al igual que las líneas verticales, evocan estabilidad en la composición visual.
- Líneas diagonales: pueden crean una sensación de movimiento, dinamismo, agitación y riesgo. Aportan profundidad y continuidad a las imágenes, además de ayudar a dirigir la atención del espectador.
- Líneas curvas: generan una sensación de movimiento, dinamismo y sensualidad. Las líneas curvas, al igual que las diagonales, resultan más atractivas visualmente que las verticales y horizontales, añadiendo un componente estético a la composición.

Por otro lado, el color ha experimentado una serie de interpretaciones a lo largo de las distintas culturas y períodos históricos. Sin embargo, existe una amplia asociación cultural entre ciertos colores y sus significados simbólicos. Este vínculo simbólico ha arraigado profundamente en diversas sociedades y puede variar significativamente, incluso dentro de un mismo entorno cultural (Ortiz, 1992). Veamos ejemplos representativos de estas asociaciones:

1) Rojo: tradicionalmente ligado a conceptos de celebración, alegría, vitalidad, pero también a simbolismos más profundos como la sangre o el fuego. En algunos contextos culturales, se asocia con la pasión y la revolución.
2) Amarillo: mientras que en algunos casos se relaciona con poder y riqueza, también puede connotar emociones intensas como la ira o la locura. Sin embargo, en otros contextos culturales, el amarillo puede estar asociado con la felicidad y la alegría.
3) Azul: suele conectarse con nociones de limpieza, serenidad, frescura y hasta con la idea de lo infinito. A menudo se considera un color relajante, evocando tranquilidad y profundidad.
4) Verde: asociado con la naturaleza, el verde simboliza esperanza y crecimiento. Curiosamente, en algunos casos puede representar veneno o envidia.
5) Violeta: connota sentimientos de melancolía, tristeza y a veces, muerte. No obstante, en determinados contextos culturales, también representa la elegancia y el lujo.
6) Blanco: ampliamente relacionado con la pureza, la inocencia y la paz. También se asocia con la limpieza y la virtud en muchas culturas.

La principal estrategia para crear una presentación semánticamente potente es contar una historia, narrar, y no simplemente transmitir información. Hay varias razones de ello, y es que el ser humano es antes narrativo, ideológico, que aditivo o dataístico. Por lo tanto, da igual que la presentación versara sobre matemáticas, química, historia o educación musical, sino que siempre hay que darle ese trasfondo narrativo para que el mensaje, aunque se pretenda muy científico y académico, caiga mucho mejor en el aeropuerto. En este punto, conviene pensar en dos elementos: el guion y el *storyboard*. Ambos instrumentos permiten articular no solo una secuencia lógica de contenidos, sino también prever con claridad cómo serán visualmente representados. Un error frecuente en el diseño de presentaciones docentes es improvisar cada diapositiva como una entidad aislada, sin considerar el recorrido narrativo ni la continuidad estética. En este sentido, el guion actúa como el esqueleto conceptual y la escaleta como su despliegue estructural, permitiendo al profesor planificar los momentos expositivos, los cambios temáticos, los ejemplos y las transiciones entre ideas con la misma precisión con que un director organiza las secuencias de una obra visual.

El *storyboard*, por su parte, traslada esa planificación a una forma gráfica: no se trata de realizar una presentación aún, sino de anticipar, en forma de boceto visual, cómo se dispondrá cada diapositiva, qué imagen acompañará a qué texto, dónde se situará cada bloque informativo, qué ritmo visual tendrá el conjunto, y cómo se articularán las transiciones. Esta planificación previa evita inconsistencias formales —como saltos cromáticos injustificados, tipografías dispares, o desproporciones espaciales— y permite al docente actuar con mayor conciencia estética y narrativa.

Para realizar un *storyboard* se puede realizar perfectamente con lápiz y papel, o en una tableta digital. Los dibujos no tienen por qué ser de alta calidad estética o artística, sino que deben simplemente servir para compartir las ideas visuales con otras personas. En caso de haya dificultad para dibujar manualmente, existen programas como *StoryTribe* que permite diseñar monigotes mediante una gran cantidad de elementos elegibles, o *Wonder Unit*, que tiene una versión en 3D. Un ejemplo de *storyboard* más detallada se muestra en la FIGURA 35.

FIGURA 35. Ejemplo de storyboard sencillo

Referencias bibliográficas

ABRIL, Á., AMBROSIO, E., BLAS, M. R. DE, CAMINERO, A., GARCÍA, C., HIGUERA, A., & PABLO, J. M. DE. (2016). *Fundamentos de Psicobiología*. Madrid: Sanz y Torres.

ADELL, J. (2018). *Por una tecnología educativa crítica*. Comunicación presentada en el II Encuentro Aragonés de Educabloggers, Huesca.

ADELMAN, J. S., & ESTES, Z. (2013). Emotion and memory: A recognition advantage for positive and negative words independent of arousal. *Cognition, 129*(3), 530–535.

AGUADED, J. I., y LÓPEZ, E. (2009). La blógsfera educativa: nuevos espacios universitarios de innovación y formación del profesorado en el contexto europeo. *Revista Electrónica Interuniversitaria de Formación del Profesorado, 12*(3), 165-172.

AGUILAR, F. (2011). Reflexiones filosóficas sobre la tecnología y sus nuevos escenarios. *Sophia: Colección de Filosofía de la Educación, 11*, 123-172.

ALARCÓN, E. (2017). Desarrollo evolutivo del niño de 0 a 6 años. Madrid: La Muralla.

ÁLVAREZ VALLINA, N. (2011). *Niveles de concreción curricular*. Pedagogía Magna, *(10)*, 151–158.

AINSWORTH, M.D.S., BLEHAR, M.C., WATERS, E., & WALL, S.N. (2015). Patterns of Attachment: A Psychological Study of the Strange Situation (1st ed.). Psychology Press. https://doi.org/10.4324/9780203758045

AREA, M. (2020). *Escuel@ Digit@l. Los materiales didácticos en la Red*. Graó.

ARROYO, F. (2017). Educación, Tecnocracia y Consumismo: Una reflexión sobre nuestro modelo educativo. *Tarbiya, Revista De Investigación E Innovación Educativa*, (44). https://doi.org/10.15366/tarbiya2016.44.002

AUSUBEL, D. (1960). The use of advance organizers in the learning and retention of meaningful verbal material. *Journal of Educational Psychology, 51*, 267-272.

BANDURA, A. (1987). *Teoría del aprendizaje social*. Madrid: Espasa-Calpe.

BAROOAH, R. (2019). Physiology of Emotion. In *Application of Biomedical Engineering in Neuroscience*. https://doi.org/10.1007/978-981-13-7142-4_21

BARTLE, R. (2003). *Designing virtual worlds*. Berkeley, CA: New Riders.

BAUMGARTEN, A. G. (1975). *Reflexiones filosóficas acerca de la poesía* (J. A. Míguez, Trad.). Buenos Aires: Aguilar.

BELLI, S., y LÓPEZ, C. (2008). Breve historia de los videojuegos. *Athenea digital. Revista de pensamiento e investigación social, 14*, 159-179.

BELL, S. (2010). Project-based learning for the 21st century: Skills for the future. *The Clearing House, 83*(2), 39-43.

BENEKE, M. R., OSTROSKY, M. M., & KATZ, L. (2018). *The project approach for all learners*. Teachers College Press.

BERRUEZO, P. P., y LÁZARO, A. (2009). Jugar por jugar. El juego en el desarrollo psicomotor y en el aprendizaje infantil. Sevilla: Editorial MAD.

BISQUERRA, R. (2000). *Educación emocional y bienestar*. Praxis.

BOWLBY J (1998). *El apego y la pérdida, v. 2*. Paidós.

BOURDIEU, P., y PASSERON, J.-C. (1976). *La reproducción: Elementos para una teoría del sistema de enseñanza*. Barcelona: Laia.

BORGES, S., DURELLI, V., REIS, H., y ISOTANI, S. (2014). *A Systematic Mapping on Gamification Applied to Education*. Conferencia presentada en el 29th Annual ACM Symposium on Applied Computing, Nueva York.

BOSTROM, N. (2016). *Superinteligencia: caminos, peligros y estrategias*: TEELL.

BRIGHTON, H. (2019). *Inteligencia artificial: una guía ilustrada*. Madrid: Tecnos.

BRINGUÉ, X. (2001). Publicidad infantil y estrategia persuasiva: un análisis de contenido. *Revista de Estudios de Comunicación, 6*(10).

BRUNER, J. S. (1961). The act of discovery. *Harvard Educational Review, 31*, 21-32.

BRUNER, J. S. (1963). *El proceso de la educación*. México: Unión Tipográfica Editorial Hispano Americana.

Bruner, J. (1984). *Acción, pensamiento y lenguaje*. Madrid: Alianza.

BUGARÍN, A. (2018). *Filosofía*. Madrid: Ediciones Paraninfo.

CAGLIARI, P., BAROZZI, A., & GIUDICI, C. (2020). *La educación infantil en Reggio Emilia: una experiencia en transformación*. Barcelona: Graó.

CAILLOIS, R. (1986). *Los juegos y los hombres: la máscara y el vértigo*. México, D. F.: Fondo de Cultura Económica.

CALLEJO, J. (2015). Las dietas mediáticas de los españoles. Estudio a través de los usos del tiempo en 2009-2010. *Revista Internacional de Sociología, 73*(1).

CAPANO, Á., & UBACH, A. (2013). Estilos parentales, parentalidad positiva y formación de padres. *Ciencias Psicológicas, 7*(1), 83-95. Universidad Católica del Uruguay. Recuperado de http://www.redalyc.org/articulo.oa?id=459545414007

CHARD, S. C. (1998). *The project approach: Making curriculum come alive*. Scholastic.

CHEVALLARD, Y. (1998). *La transposición didáctica*. Madrid: Aique.

COPELAND, B. J. (1996). *Inteligencia artificial: una introducción filosófica.* Madrid: Alianza Editorial.

CASANOVA, O., y SERRANO, R. (2019). *Herramientas tecnológicas asociadas a la gamificación en la formación inicial docente musical de secundaria.* Conferencia presentada en el VIII Multidisciplinary International Conference on Educational Research. Education: The door to any social improvements, Lérida.

CASTAÑER, M., y CAMERINO, O. (2006). *Manifestaciones básicas de la motricidad.* Lleida: Edicions de la Universitat de Lleida.

CASTELLS, M. (2011). La era de la información: economía, sociedad y cultura. Vol. 1. Madrid: Alianza.

CASTRO, J., HERNÁNDEZ, O., y FAUSTINA, G. (2016). *Didáctica de la educación infantil.* Madrid: Síntesis.

COMENIUS, J. M. (1998). *Didáctica Magna.* México: Editorial Porrúa.

COROMINES, J. (1986). Breve diccionario etimológico de la lengua castellana. Madrid: Gredos.

CSÍKSZENTMIHÁLYI, M. (1988). The flow experience and its significance for human psychology. En M. Csíkszentmihályi y I. Csíkszentmihályi (Eds.), *Optimal experience: Psychological studies of flow in consciousness* (pp. 15-35). Cambridge: Cambridge University Press.

CSÍKSZENTMIHÁLYI, M. (1990). *Flow: The Psychology of Optimal Experience.* Nueva York: Harper & Row.

CHOU, Y. (2014). Actionable gamification. Beyond points, badges and leaderboards. USA: Octalysis Media.

DANTO, A. (2002). Después del fin del arte. El arte contemporáneo y el linde de la historia. Madrid: Paidós.

DAVID, M., & APPELL, G. (1973). *Lóczy ou le maternage insolite.* Paris: Éditions du Scarabée.

DE PABLOS, J. (2015). Los centros educativos ante el desafío de las tecnologías digitales. Madrid: La Muralla.

DECI, E. L., y RYAN, R. M. (1985). The general causality orientations scale: self-determination in personality. *Journal of Research in Personality, 19,* 109-134. doi: https://doi.org/10.1016/0092-6566(85)90023-6

DEMULDER, E; DENHAM, S., SCHMIDT, M. Y MITCHELL, J. (2000). Q-sort assessment security during the preschool years: Links from home to school. *Developmental Psychology, 36*(2), 274-282.

DETERDING, S., DIXON, D., KHALED, R., y NACKE, L. (2011). *From game design elements to gamefulness: defining "gamification".* Conferencia presentada en el 15th International Academic MindTrek Conference: Envisioning Future Media Environments New York.

DEWEY, J. (2015). *Experience and education*. Madrid: Biblioteca Nueva.

DICHEV, C., y DICHEVA, D. (2017). Gamifying education: what is known, what is believed and what remains uncertain: a critical review. *International Journal of Educational Technology in Higher Education, 14*(1). doi: 10.1186/S41239-017-0042-5

DICHEVA, D., DICHEV, C., AGRE, G., y ANGELOVA, G. (2015). Gamification in Education: A systematic mapping study. *Educational Technology & Society, 18*(3), 75-88.

DIEGUEZ, A. (2024). *Pensar la tecnología*. Barcelona: Shackleton.

DOMÍNGUEZ, F. J., GARCÍA, E., GARCÍA, B., JIMÉNEZ, M. P., & MARTÍN, M. D. (2010). *Psicología de la emoción* (10ª reimpresión, 1ª ed.). Editorial Universitaria Ramón Areces.

DOMÈNECH, J. D. (2009). *Elogio de la educación lenta*. Barcelona: Graó.

DUNSMOOR, J. E., & KROES, M. C. W. (2020). Emotion–Memory Interactions: Implications for the Reconsolidation of Negative Memories. In R. D. Lane & L. Nadel (Eds.), *Neuroscience of Enduring Change*. Oxford University Press. https://doi.org/10.1093/oso/9780190881511.003.0006

EDWARDS, C., GANDINI, L., & FORMAN, G. (EDS.). (2012). *The hundred languages of children: The Reggio Emilia experience in transformation* (3rd ed.). Santa Barbara: Praeger.

ENSEÑAT, A., GARCÍA, A., & ROIG, T. (2023). *Neuropsicología del desarrollo*. Madrid: Síntesis-UNED.

ENRIZ, N. (2011). Antropología y juego: apuntes para la reflexión. *Cuadernos de Antropología Social, 34*, 93-114.

EPSTEIN, A. S., SCHWEINHART, L. J., & MCADOO, L. (1996). *High/Scope Child Observation Record (COR) for Ages 2-6*. (1992). Ypsilanti, MI: High/Scope Press.

EVANS, D. (2019). What is an emotion? In *Emotion: A Very Short Introduction*. https://doi.org/10.1093/actrade/9780198834403.003.0001

ESCALONA, R., TAMAYO, M., y TOLEDO, R. (2016). La actitud estética: visión de su importancia y estudio desde las ciencias pedagógicas. *Revista Luz, 68*, 14-26.

ESCAMILLA, A. (2009). Las competencias en la programación de aula. Infantil y primaria (3-12 años). Barcelona: Graó.

ESTEVE, F., CASTAÑEDA, L., y ADELL, J. (2018). Un Modelo Holístico de Competencia Docente para el Mundo Digital. *Revista Interuniversitaria de Formación del profesorado, 91*, 105-116.

ESTÉVEZ, E. (2018). Sexismo y Juguetes: Análisis de la publicidad gráfica y del packaging en el sector juguetero en España desde 1980 hasta 2016. Universidad de Sevilla, Sevilla.

FERNÁNDEZ-CRUZ, F. J., y FERNÁNDEZ-DÍAZ, M. J. (2016). Los docentes de la Generación Z y sus competencias digitales. *Comunicar, 46*, 97-105. doi: http://dx.doi.org/10.3916/C46-2016-10

FERRARI, S., RIVOLTELLA, P. C., LOJACONO, S., y DECANI, L. (2019). Costruzione e validazione di un questionario sulla dieta mediale. En prensa.

FÍGOLS, M. (2017). La arquitectura al servicio de la pedagogía. Los espacios educativos en las escuelas Waldorf, Montessori y Reggio Emilia. Barcelona: Pau de Damasc.

FINK, E. (1996). El oasis de la felicidad. Pensamientos para una ontología del juego. México: UNAM.

FLORES, A. L., GALICIA, G. y SÁNCHEZ, E. (2007). Una aproximación a la Sociedad de la Información y del Conocimiento. *Revista Mexicana de Orientación Educativa, 5*(11), 19-28.

FOMBONA, J., PASCUAL, M. A., y MADEIRA, M. F. (2012). Realidad Aumentada, una evolución de las aplicaciones de los dispositivos móviles. *Píxel-Bit. Revista de Medios y Educación, 41*, 197-210.

FREINET, C. (1972). *La educación moral y cívica*. Barcelona: Laia.

FREITAS, S. A. A., LACERDA, A. R. T., CALADO, P., LIMA, T. S., CANEDO, E. D., y IEEE. (2017). Gamification in Education: A Methodology to Identify Student's Profile *2017 Ieee Frontiers in Education Conference*. New York: Ieee.

GALÁN, A. (2016). La teoría del apego: confusiones, delimitaciones conceptuales y desafíos. *Revista de la Asociación Española de Neuropsiquiatría, 36*(129), 45–61. https://doi.org/10.4321/S0211-57352016000100004

GARDNER, H. (1994). Estructura de la mente: la teoría de las inteligencias múltiples. México: Fondo de Cultura Económica.

GARRIDO, J. M., y GRAU, S. (2001). *Currículum cognitivo para Educación Infantil*. Alicante: Editorial Club Universitario.

GAVER, W. W. (1991). *Technology affordances*. Conferencia presentada en el CHI'91, Nueva Orleans.

GE, X. (2021). Emotion matters for academic success. *Educational Technology Research and Development, 69*, 67–70. https://doi.org/10.1007/s11423-020-09925-8

GEE, J. P. (2003). What video games have to teach us about learning and literacy. England: Palgrave Macmillan.

GIBSON, J. J. (1979). *The Ecological Approach to Visual Perception*. Nueva York: Psychology Press.

GKINTONI, E., ANTONOPOULOU, H., & HALKIOPOULOS, C. (2023). Emotional Neuroscience and Learning. An Overview. *Technium Social Sciences Journal*. https://doi.org/10.47577/tssj.v39i1.8076

GIMENO SACRISTÁN, J. (2001). *La educación que aún es posible*. Madrid: MORATA.

GOLDING, J., ROGERS, I. S., & EMMETT, P. M. (1997). Association between breast feeding, child development and behaviour. *Early Human Development, 49*(Suppl), S175–S184. https://doi.org/10.1016/S0378-3782(97)00062-5

GÓMEZ, J., y ASSIS, M. (2012). *Videojuegos, educación y desarrollo infantil*. Madrid: GfK Custom Research.

GÓMEZ, M. (2015). El modelo TPACK en los estudios de grado para la formación inicial del profesorado en TIC. *Didáctica Geográfica, 16*, 185-201.

GONZÁLEZ-CUTRE, D., MARTÍNEZ, A., GÓMEZ, A., y MORENO, J. A. (2010). La motivación autodeterminada en la actividad física y el deporte: conceptualización. En J. A. Moreno y E. Cervelló (Eds.), *Motivación en la actividad física y el deporte* (pp. 119-150). Sevilla: Wanceulen Editorial Deportiva.

HABERMAS, J. (1986). *Ciencia y técnica como ideología* (M. J. Redondo, Trad.). Madrid: Tecnos.

HAMARI, J., y KOIVISTO, J. (2014). Measuring flow in gamification: Dispositional Flow Scale-2. *Computers in Human Behavior, 40*(C), 133-143. doi: 10.1016/j.chb.2014.07.048

HAN, B. C. (2015). *Psicopolítica*. Barcelona: Herder.

HAN, B. C. (2022). *Infocracia. La digitalización y la crisis de la democracia*. Madrid: Taurus.

HAN, B. C. (2023). *Vida contemplativa. Elogio de la inactividad*. Barcelona: Herder.

HANUS, M. D., y FOX, J. (2015). Assessing the effects of gamification in the classroom: A longitudinal study on intrinsic motivation, social comparison, satisfaction, effort, and academic performance. *Computers & Education, 80*, 152-161. doi: https://doi.org/10.1016/j.compedu.2014.08.019

HARRIS, J., KOEHLER, M., & MISHRA, P. (2009). What Is Technological Pedagogical Content Knowledge? *Contemporary Issues in Technology and Teacher Education, 9*.

HATTIE, J. (2017). Aprendizaje visible para profesores. Maximizando el impacto en el aprendizaje. Madrid: Ediciones Paraninfo.

HELM, J. H., & KATZ, L. G. (2016). *Young investigators: The project approach in the early years* (3rd ed.). Washington: Teachers College Press.

HEIDEGGER, M. (1997). Filosofía, ciencia y técnica. Santiago de Chile: Editorial Universitaria.

HEREDIA, A. (2007). *Curso de didáctica general*. Zaragoza: Prensas Universitarias, Universidad de Zaragoza.

HERNÁNDEZ, F., & VENTURA, M. (1992). *La organización del currículo por proyectos de trabajo: El conocimiento es un caleidoscopio.* Barcelona: Graó.

HÖKKÄ, P., VÄHÄSANTANEN, K., & PALONIEMI, S. (2020). Emotions in Learning at Work: a Literature Review. *Vocations and Learning, 13,* 1–25. https://doi.org/10.1007/s12186-019-09226-z

HOVEY, K. A., & FERGUSON, T. L. (2014). Integrating project-based learning throughout a pre-service early childhood teacher education program. *Journal of Early Childhood Teacher Education, 35*(3), 261-278.

HORKHEIMER, M. (2002). *Crítica a la razón instrumental* (J. Muñoz, Trad.). Madrid: Trotta.

HONORÉ, C. (2024). *Elogio de la lentitud.* Barcelona: RBA Libros.

HOWES, C. Y RITCHIE, S. (2002). *A Matter of Trust: Connecting Teachers and Learners in the Early Childhood Classroom.* Nueva York: Teacher College Press.

HOYUELOS, A. (2006). La estética en el pensamiento y obra pedagógica de Loris Malaguzzi. Barcelona: Octaedro.

HUIZINGA, J. (1972). Homo ludens: Esencia y significación del juego como fenómeno cultural. Madrid: Alianza Editorial.

HUME, D. (2001). *Tratado de la naturaleza humana* (V. Viqueira, Trad.). Albacete: Servicio de Publicaciones, Diputación de Albacete.

HUNICKE, R., LEBLANC, M., y ZUBEK, R. (2004). *MDA: A Formal Approach to Game Design and Game Research.* Conferencia presentada en el Workshop on Challenges in Game Al.

IMMORDINO-YANG, M. H., & DAMASIO, A. (2007). We feel, therefore we learn: The relevance of affective and social neuroscience to education. *Mind, Brain, and Education, 1*(1), 3–10.

INSTITUTO NACIONAL DE TECNOLOGÍAS EDUCATIVAS Y DE FORMACIÓN DEL PROFESORADO (2017). Marco Común de Competencia Digital Docente.

INSTITUTO NACIONAL DE TECNOLOGÍAS EDUCATIVAS Y DE FORMACIÓN DEL PROFESORADO (2022). Marco Común de Competencia Digital Docente.

INVEST, I. (2014). *Educación. guía para perplejos.* Madrid: Ediciones Encuentro, S.A.

KANT, I. (1981). *Crítica del juicio.* Madrid: Espasa-Calpe.

KAPP, K. M. (2012). The gamification of learning and instruction: game-based methods and strategies of training and education. Nueva York: Pfeiffer.

KATZ, L. G., & CHARD, S. C. (2000). *Engaging children's minds: The project approach* (2nd ed.). Westport: Ablex.

KENSINGER, E., & FORD, J. (2020). Retrieval of Emotional Events from Memory. *Annual Review of Psychology, 71.* https://doi.org/10.1146/annurev-psych-010419-051123

KILPATRICK, W. H. (1918). The project method. *Teachers College Record, 19*(4), 319-335.

KLOPFER, E., OSTERWEIL, S., y SALEN, K. (2009). Moving Learning Games Forward. *The Education Arcade.*

KOREN, L. (1994). Wabi-Sabi for Artists, Designers, Poets and Philosophers.

KOSTER, P. (2004). *A Theory of Fun for Game Design.* USA: Paraglyph Press.

KRAMER, M. S., FOMBONNE, E., IGUMNOV, S., VANILOVICH, I., MATUSH, L., MIRONOVA, E., BOGDANOVICH, N., TREMBLAY, R. E., CHALMERS, B., ZHANG, X., & PLATT, R. W. (2008). Effects of prolonged and exclusive breastfeeding on child behavior and maternal adjustment: Evidence from a large, randomized trial. *Pediatrics, 121*(3), e435–e440. https://doi.org/10.1542/peds.2007-1248

LABIÁN, B. (2012). El juego infantil y su metodología. Técnico superior en educación infantil. Madrid: Editorial CEP.

LANEY, C., HEUER, F., & REISBERG, D. (2003). Thematically-induced arousal in naturally-occurring emotional memories. *Applied Cognitive Psychology, 17*(8), 995–1004. https://doi.org/10.1002/acp.951

LEMOV, D. (2017). *Teach like a champion 2.0.* Madrid: Magister.

LEVY, P. (1998). *La cibercultura, el segon diluvi?* Barcelona: Proa/UOC.

LO JACONO, S. (2018). *La pedagogía de contrato para la promoción de un uso adecuado de las TICs en el aula.* Universidad de Burgos, Burgos. Recuperado de: http://hdl.handle.net/10259/5169

LOCKE, E., y LATHAM, G. (2002). Building a practically useful theory of goal setting and task motivation: a 35-year odyssey. *American Psychologist, 57*(9), 705-717. doi: 10.1037/0003-066X.57.9.705

LOCKE, J. (2012). *Pensamientos sobre educación* (R. Lasaleta, Trad.). Madrid: Akal.

LÓPEZ-ESCRIBANO, C., y SÁNCHEZ, R. (2012). Scratch in Special Education: Programming for All. *RED: Revista de Educación a Distancia, 34.*

LÓPEZ, S. (2018). Esencia. Diseño de espacios educativos. Aprendizaje y creatividad. Madrid: Ediciones Khaf.

LEY ORGÁNICA 3/2020, de 29 de diciembre, por la que se modifica la Ley Orgánica 2/2006, de 3 de mayo, de Educación

LOURDES, A. (2009). *Robótica y aprendizaje por diseño.* Washington, D.C.: Organización de los Estados Americanos.

LLORENTE, J. A., y CUENCA, O. (2018). *El sector de los videojuegos en España: impacto económico y escenarios fiscales.* Madrid: Asociación Española de Videojuegos.

MACAU, R. (2005). La base tecnológica de la sociedad del conocimiento. En I. Tubella y J. Villaseca (Eds.), *Sociedad del conocimiento. Cómo cambia el mundo ante nuestros ojos.* Barcelona: Eureca Media.

MAIN, M., & SOLOMON, J. (1986). Discovery of an insecure-disorganized/disoriented attachment pattern. In T. B. Brazelton & M. W. Yogman (Eds.), *Affective development in infancy* (pp. 95–124). Ablex Publishing.

MALAGUZZI, L. (1993). Historia, ideas y filosofía de la experiencia educativa de Reggio Emilia. En C. Edwards, L. Gandini & G. Forman (Eds.), *Los cien lenguajes de la infancia* (pp. 61–99). Madrid: SM.

MALAGUZZI, L. (1996). *The hundred languages of children*. Reggio Emilia: Reggio Children.

MALAGUZZI, L. (1993). *Your Image of the Child: Where Teaching Begins.* Seminario presentado en Reggio Emilia, Italia. Traducción y adaptación por B. Rankin, L. Morrow y L. Gandini para NAREA: North American Reggio Emilia Alliance.

MALAGUZZI, L. (2021). *La educación infantil en Reggio Emilia* (7ª ed.). Barcelona: Editorial Octaedro.

MALÓN, A. (2017). *Cuestiones de pedagogía social para maestros*. Zaragoza: Prensas de la Universidad de Zaragoza.

MARKO, A. J. (2024). Conocer el mar, conocer el mundo: Talleres de creatividad infantil de Yuyachkani y el vuelo contracorriente. *Cuadernos de Música, Artes Visuales y Artes Escénicas, 19*(2), 160–177.

MARCUSE, H. (1993). *El hombre unidimensional. Sobre la ideología de la sociedad industrial avanzada* (A. Elorza, Trad.). Barcelona: Planeta Agostini.

MARTÍNEZ, F., y SÁNCHEZ, M. M. (2011). Diseño de procesos y materiales de enseñanza con TIC para infantil y primaria (pizarra digital y objetos de aprendizaje). En M. Cebrián y M. J. Gallego (Eds.), *Procesos educativos con TIC en la sociedad del conocimiento* (pp. 121-135). Madrid: Pirámide.

MAYANS, I. M., y TUBELLA, I. (2005). Cultura, identidad y globalidad : la cultura y las culturas en la sociedad del conocimiento. En I. Tubella y J. Vilaseca (Eds.), *Sociedad del conocimiento. Cómo cambia el mundo ante nuestros ojos* (pp. 119-150). Barcelona: Editorial UOC.

MAYER, R. E. (2009). Multimedia Learning (2nd ed.). Cambridge University Press. https://doi.org/10.1017/CBO9780511811678

MAYER, R. E. (2020). *Aplicando la ciencia del aprendizaje*. Madrid: Graó.

MEIRIEU, P. (2005). *Los deberes en casa*. Barcelona: Octaedro.

MENDIARA, J. (1999). Espacios de Acción y Aventura. *Apunts. Educación física y deportes, 56*, 65-70.

MIGUÉNS, M. (2018). Programas y teorías del reforzamiento. En R. Pellón, M. Miguéns, C. Orgaz, N. Ortega y V. Pérez (Eds.), *Psicología del aprendizaje* (pp. 155-211). Madrid: UNED.

MILLER, G. (1956). The magic number seven, plus or minus two: some limits on our capacity for processing information. *Psychological Review, 63,* 81-97.

MISHRA, P., & KOEHLER, M. J. (2006). Technological pedagogical content knowledge: A framework for teacher knowledge. *Teachers College Record, 108*(6), 1017-1022.

MONLEÓN OLIVA, V. (2025). Propuestas artísticas para favorecer la creatividad y la libertad expresiva: talleres conjuntos para aulas de 3 años. *REIRE: Revista d'Innovació i Recerca en Educació, 18*(1), 1–21. https://doi.org/10.1344/reire.47133

MORENO-LEÓN, J., ROBLES, G., y ROMÁN-GONZÁLEZ, M. (2015). Dr. Scratch: Automatic Analysis of Scratch Projects to Assess and Foster Computational Thinking. *RED-Revista de Educación a Distancia, 46*(10). doi: 10.6018/red/46/10

MORENO, M. (2010). *Pedagogía Waldorf. Arteterapia: Papeles de arteterapia y educación artística para la inclusión social,* 5, 203-209.

MORENO, R. (2006). *Panfleto antipedagógico.* Barcelona: Leqtor.

MOSTEO, L. y QUINTAS, A. (2024). Contemplation – A Symbiotic Approach to Esthetic Presence. En: Jones, P. (Ed.) *Happiness and the Psychology of Enlightenment.* IntechOpen. 10.5772/intechopen.1007421.

MUÑOZ, C., y ZARAGOZA, C. (2008). *Didáctica de la educación infantil.* Barcelona: Altamar.

NAKAMURA, J., y CSIKSZENTMIHALYI, M. (2002). The concept of flow *Handbook of positive psychology.* (pp. 89-105). New York, NY, US: Oxford University Press.

NEGRÍN, O., y VERGARA, J. (2011). *Historia de la educación.* Madrid: Editorial universitaria Ramón Areces.

NEIRA-PIÑEIRO, M. R., DEL-MORAL, M. E., & FOMBELLA-COTO, I. (2019). *Aprendizaje inmersivo y desarrollo de las inteligencias múltiples en Educación Infantil a partir de un entorno interactivo con realidad aumentada. Magister: Revista de Formación del Profesorado e Investigación Educativa, 31*(2), 1–8.

NILSSON, N. J. (2009). *The Quest for Artificial Intelligence: A History of Ideas and Achievements.* New York: Cambridge University Press.

NEGRÍN, O., y Vergara, J. (2018). *Historia de la educación.* Madrid: Dykinson.

NÚÑEZ, M., ABALO, I., ESTAL, V., FROXÁN, M. X. (2020). Cuestiones filosóficas en torno al análisis de la conducta. En M. X. Froxán. *Análisis funcional e la conducta humana. Concepto, metodología y aplicciones* (pp. 51-80) Madrid: Pirámide.

ORDEN ECD/853/2022, de 13 de junio, por la que se aprueban el currículo y las características de la evaluación de la Educación Infantil y se autoriza su aplicación en los centros docentes de la Comunidad Autónoma de Aragón.

ORTEGA, R. (1992). El juego infantil y la construcción social del conocimiento. Sevilla: Ediciones Alfar.

ORTEGA, N. (2018). Condicionamiento clásico: fundamentos. En R. Pellón, M. Miguéns, C. Orgaz, N. Ortega y V. Pérez (Eds.), *Psicología del aprendizaje*. Madrid: UNED.

ORTIZ, A. (2011). Diseño y elaboración de materiales didácticos. En M. Cebrián y M. J. Gallego (Eds.), *Procesos educativos con TIC en la sociedad del conocimiento* (pp. 153-162). Madrid: Pirámide.

ORTIZ, G. (1992). *El significado de los colores*. México: Trillas.

PASCUAL, M. R. (2017). La lectura en educación infantil. En D. Madrid y M. Barcia (Eds.), *Temas clave de Educación Infantil* (pp. 197-244). Madrid: Editorial Arco.

PEDRÓ, F. (2015). Tecnología para la mejora de la educación. Madrid: Santillana.

PELLÓN SUÁREZ DE PUGA, R. (COORD.), MIGUÉNS VÁZQUEZ, M., ORGAZ JIMÉNEZ, C., ORTEGA LAHERA, N., & PÉREZ FERNÁNDEZ, V. (2018). *Psicología del aprendizaje*. UNED.

PEKRUN, R., GOETZ, T., TITZ, W., & PERRY, R. P. (2002). Academic emotions in students' self-regulated learning and achievement: A program of qualitative and quantitative research. *Educational Psychologist, 37*(2), 91–105. https://doi.org/10.1207/S15326985EP3702_4

PÉREZ-GÓMEZ, Á. I. (2012). *Educarse en la era digital*. Madrid: Morata.

PERRENOUD, P. (2004). *Diez nuevas competencias para enseñar. Invitación al viaje*. Graó.

PETTY, G. (2023). *Educación basada en evidencias: cómo enseñar aún mejor*. Ediciones SM.

PIAGET, J. (1984). La formación del símbolo en el niño: imitación, juego y sueño, imagen y representación. México: Fondo de Cultura Económica.

PIAGET, J., & HELLER, J. (1968). *La autonomía en la escuela*. Buenos Aires: Losada.

PLATÓN. (1972). *Las Leyes*. Madrid: Biblioteca Nueva.

PORTILLO, M. C. (2000). El valor de la palabra compartida. Hablar para aprender en las asambleas de clase. *Aula de Innovación Educativa, 96*, 23-27.

POZO, M. M. (2011). *El movimiento de la escuela nueva y a renovación de los sistemas educativos*. En G. Ossenbach, *Corrientes e instituciones educativas contemporáneas* (pp. 169-197). Madrid: UNED.

PUELLES BENÍTEZ, M. (1999). *La política educativa de la II República*. Madrid: Biblioteca Nueva.

PRENSKY, M. (2001). Digital natives, digital immigrants. *On the Horizon, 9*(5), 1-6.

PRENSKY, M. (2009). Homo sapiens digital: From digital immigrants and digital natives to digital wisdom. *Innovate, 5*(3), 1-11.

QUINTAS, A. (2018). El empirismo ilustrado como antecedente de la pedagogía corporal moderna. *Revista Internacional de Educación y Aprendizaje, 6*(2), 61-67.

QUINTAS, A. (2019*a*). Análisis del potencial didáctico de los *exergames*: reconceptualización y enfoque pedagógico. *Scholè. Rivista di educazione e studi culturali, 3*(1), 97-116.

QUINTAS, A. (2019*b*). The benefits of incorporating exergames and gamification in physical and musical education: a proposal from didactics and science. Conferencia presentada en el II World Congress on Education, Santiago de Compostela (Spain).

QUINTAS, A. (2019*c*). Teoría educativa sobre la competencia digital docente. En prensa.

QUINTAS, A. (2021). Filosofía de la inteligencia artificial y educación. En: A. Quintas y C. Latorre. *Tecnología y neuroeducación desde un enfoque inclusivo* (pp. 51-64). Granada: Editorial Octaedro. ISBN: 978-84-18615-75-7

QUINTAS, A. (2022). *Analizando la tecnología y la gamificación educativas. Un acercamiento experimental.* Barcelona: Editorial Octaedro, S.L.

QUINTAS, A. (2023). Degradation of the Body in Idealist–Dualist Philosophy. *Philosophies*, *8*(2), 36. https://doi.org/10.3390/philosophies8020036

QUINTAS, A., y LATRE, L. (2016). El sentido de la evaluación educativa: Crítica a las concepciones y prácticas de evaluación actuales. *Revista Internacional de Evaluación y Medición de la Calidad Educativa, 3*(1), 19-31. doi: 10.18848/2573-668X /CGP/v03i01/20-31

QUINTAS, A., PEÑARRUBIA, C., CASTELLAR, C., y PRADAS, F. (2018). Didáctica de la orientación mediante la realidad aumentada en el Grado de Magisterio en Educación Primaria. En A. Allueva y J. L. Alejandre (Eds.), *Casos de éxito en aprendizaje ubicuo y social mediado con tecnologías* (pp. 211-216). Zaragoza: Prensas de la Universidad de Zaragoza.

QUINTAS, A., & QUÍLEZ-ROBRES, A. (2024). *Personalización de la enseñanza y el aprendizaje desde un enfoque internacional* (1ª ed.). Narcea Ediciones.

REAL DECRETO 95/2022, de 1 de febrero, por el que se establece la ordenación y las enseñanzas mínimas de la Educación Infantil.

REEVE, J. (2002). *Motivación y Emoción* (3ª edición). México: McGraw Hill.

REGGIO CHILDREN. (s. f.). *Ateliers — Reggio Children.* https://www.reggiochildren.it

RIBBLE, M. S., BAILEY, G. D., y ROSS, T. W. (2004). Digital Citizenship, addressing appropriate technology behavior. *Learning & Leading with Technology, 32*(1), 1-6.

RIFKIN, J. (2011). La tercera revolución industrial: cómo el poder lateral está transformando la energía, la economía y el mundo. Barcelona: Paidós.

PIKLER, E. (2000). *Moverse en libertad: desarrollo de la motricidad global.* Madrid: Narcea.

RIVOLTELLA, P. C. (2013). Fare didattica con gli EAS. Brescia: Editrice La Scuola.

RIVOLTELLA, P. C. (2015). Re-thinking Media Education. *Research on Education and Media, 7*(1). doi: 10.1515/rem-2015-0001

RIVOLTELLA, P. C. (2016*a*). *Che cos'è un EAS. L'idea, il metodo, la didattica.* Milán: Editrice La Scuola.

RIVOLTELLA, P. C. (2016*b*). Presentazione Crescere nella società multischermo. En S. Tisseron (Ed.), *3-6-9-12. Diventare grandi all'epoca degli schermi digitali.* Milán: La Scuola.

RODRÍGUEZ, F., y CAMPIÓN, R. (2015). Gamificación: Cómo motivar a tu alumnado y mejorar el clima en el aula. Barcelona: Digital Text.

ROMERO, R., ROMÁN, P., y LLORENTE, M. C. (2009). *Tecnologías en los entornos de infantil y primaria.* Madrid: Síntesis.

ROSEN, L. D., MARK CARRIER, L., & CHEEVER, N. A. (2013). Facebook and texting made me do it: Media-induced task-switching while studying. *Computers in Human Behavior, 29*(3), 948–958. https://doi.org/10.1016/j.chb.2012.12.001

ROUSSEAU, J. J. (1996). *Carta a D´Alembert. Sobre los espectáculos.* Santiago de Chile: Ediciones LOM.

ROUSSEAU, J. J. (1997). *Emilio, o de la educación.* Madrid: Bruguera.

RUIZ MARTÍN, H. (2020). *¿Cómo aprendemos? Una aproximación científica al aprendizaje y la enseñanza.* Editorial Graó.

RUIZ-VELASCO, E. (2012). Constructivismo, construccionismo y robótica. En E. Ruiz-Velasco (Ed.), *Educatronica. Innovación en el aprendizaje de las ciencias y la tecnología* (pp. 1-77). Madrid: Ediciones Díaz de Santos.

RYAN, R. M., y DECI, E. L. (2017). Self-determination theory: Basic psychological needs in motivation, development, and wellness. Nueva York: Guilford Press.

SÁEZ, L., SUBÍAS, J. M., y FOLGUEIRA, M. (2009). *Educación infantil.* Madrid: Ministerio de Educación, Cultura y Deporte.

SAILER, M., HENSE, J. U., MAYR, S. K., y MANDL, H. (2017). How gamification motivates: An experimental study of the effects of specific game design elements on psychological need satisfaction. *Computers in Human Behavior, 69*, 371-380. doi: 10.1016/j.chb.2016.12.033

SALOMÉ, I., y SUÑÉ, X. (2011). La Escuela 2.0 en tus manos. Panorama, instrumentos y propuestas. Madrid: Anaya.

SALOVEY, P., & MAYER, J. D. (1990). Emotional intelligence. *Imagination, Cognition, and Personality, 9*, 185–211.

SAGHIRI, A. M., VAHIDIPOUR, S. M., JABBARPOUR, M. R., SOOKHAK, M. Y FORESTIERO, A. (2022). Un estudio sobre los desafíos de la inteligencia artificial: Análisis de las definiciones, relaciones y evoluciones. *Ciencias Aplicadas-Basel, 12* (8). doi: 10.3390/app12084054

SAN MARTÍN, J. (2013). Antropología filosófica I. De la antropología ciencífica a la filosófica. Madrid: UNED.

SAN MARTÍN, J. (2015). Antropología filosófica II. Vida humana, persona y cultura. Madrid: UNED.

SÁNCHEZ-MECA, D. (2015). Nietzsche: la experiencia dionisíaca del mundo. Madrid: Tecnos.

SÁNCHEZ RODRÍGUEZ, S., & GONZÁLEZ ARAGÓN, C. (2016). La asamblea de clase en educación infantil: un espacio para crecer como grupo. *Revista Iberoamericana de Educación, 71*, 133-150.

SANTAMARÍA, P. (2006). *Apuntes para un modelo didáctico de la enseñanza del lenguaje musical en la etapa de infantil.* Pulso, (29), 95–115.

SANTOS, M. A. (1993). Prólogo. En R. Ortega (Ed.), *El juego infantil y la construcción social del conocimiento* (pp. 10-14). Sevilla: Ediciones Alfar.

SANTOS GUERRA, M. Á.. *El ocaso de los Movimientos de Renovación Pedagógica (MRPs).* Madrid: Universidad Autónoma de Madrid, 2017.

SCHAEFFER, J. M. (2005). Adiós a la estética. Madrid: La Balsa de la Medusa.

SCHANK, R. C. (1984). *The cognitive computer.* Massachusetts: Addison-Wesley.

SHARAN, Y. (2014). Learning to cooperate for cooperative learning. *Anales de psicología, 30*(3), 802-807.

SHULMAN, L. S. (1986). Those who understand: Knowledge growth in teaching. *Educational Researcher, 15*(2), 4-14.

SHUMAN, V., SCHLEGEL, K., & SCHERER, K. (2015). *Geneva Emotion Wheel Rating Study.* Swiss Centre for Affective Sciences, Geneva.

SIERRA, V., Y QUINTAS, A. (EDS) (2024). Las emociones en la enseñanza-aprendizaje personalizado y el uso de tecnologías. En Quintas, A., y Quílez, A. *Personalización de la enseñanza y del aprendizaje desde un enfoque internacional* (pp. 157-172). Madrid: Editorial Narcea, S.L. ISBN: 978-84-277-3226-1

SILVER, R. B., MEASELLE, J. R., ARMSTRONG, J. M. Y ESSEX, M. J. (2005). Trajectories of classroom externalising behavior: Contributions of child characteristics, family characteristics, and the teacher-child relationship during the school transition. *Journal of School Psychology, 43,* 39-60.

SKINNER, B. F. (1953). *Science and human behavior.* New York: Macmillan.

SKINNER, B. F. (1986). *Sobre el conductismo*. Plantea-Agostini.

SZANTO-FÉDER, A. (Dir.) (2002). *Loczy: un nouveau paradigme?*. Paris: Presses Universitaires de France.

SWELLER, J. (1988). *Cognitive load during problem solving: Effects on learning. Cognitive Science*, 12(2), 257–285. https://doi.org/10.1207/s15516709cog1202_4

TANG, A., VAN LIESHOUT, R. J., LAHAT, A., DUKU, E., BOYLE, M. H., SAIGAL, S., & SCHMIDT, L. A. (2017). Shyness Trajectories across the First Four Decades Predict Mental Health Outcomes. *Journal of Abnormal Child Psychology, 45*(8), 1621–1633. https://doi.org/10.1007/s10802-017-0265-x

TATARKIEWICZ, W. (2000). Historia de la estética I. La estética antigua. Madrid: Akal.

TATARKIEWICZ, W. (2001). Historia de seis ideas. Arte, belleza, forma, creatividad, mímesis, experiencia estética. Madrid: Tecnos.

TEIXES, F. (2014). Gamificación: fundamentos y aplicaciones

THOMAS, J. W. (2000). *A review of research on project-based learning*. San Rafael: Autodesk Foundation.

TISSERON, S. (2016). 3-6-9-12. Diventare grandi all'epoca degli schermi digitali. Milán: Editrice La Scuola.

TONUCCI, F. (2016). *La ciudad de los niños*. Barcelona: Graó.

TORRA, M. (2015). *Material manipulable para enseñar matemáticas en educación infantil*. Edma 0-6: Educación Matemática en la Infancia, 4(2), 61-66. http://www.edma0-6.es/index.php/edma0-6

TORRA, M. (2016). Más material manipulable para enseñar matemáticas en educación infantil. *Edma 0-6: Educación Matemática en la Infancia, 5*(1), 59–64

TORRES, M. L. (2017). Una mirada hacia un nuevo aprendizaje: el trabajo por proyectos. En O. Negrín y M. Barcia (Eds.), *Temas clave de Educación Infantil (0-6 años)* (pp. 179-196). Madrid: Editorial Arco.

TORRES, C. (2013). *La sociedad de la información y del conocimiento. Panorama Social, 18*, pp. 9-18.

TORRES SANTOMÉ, J. (2018). *La justicia curricular: el conocimiento como derecho*. Madrid: Morata.

RUIZ, P. G. (1992). Experiencias y material didáctico en lengua y literatura (educación infantil y primaria). *Literatura infantil y enseñanza de la literatura, 11*, 85.

STRONG-WILSON, T., & ELLIS, J. (2007). Children and place: Reggio Emilia's environment as third teacher. *Theory Into Practice, 46*(1), 40–47.

TRUEBA, B. (2015). *Espacios en armonía*. Barcelona: Octaedro.

VALKENBURG, P. M., & PETER, J. (2011). Online Communication Among Adolescents: An Integrated Model of Its Attraction, Opportunities, and Risks. *Journal of Adolescent Health, 48*(2), 121–127. https://doi.org/10.1016/j.jadohealth.2010.08.020

VANNIEUWENHUYZE, A. (2020). *Inteligencia artificial fácil: Machine Learning y Deep Learning prácticos*. Barcelona: Ediciones ENI

VASWANI, A., SHAZEER, N., PARMAR, N., USZKOREIT, J., JONES, L., GOMEZ, A. N., KAISER, Ł., & POLOSUKHIN, I. (2017). *Attention is all you need*. In *Advances in Neural Information Processing Systems*, 30 (NeurIPS 2017). https://papers.nips.cc/paper_files/paper/2017/file/3f5ee243547dee91fbd053c1c4a845aa-Paper.pdf

VECCHI, V. (2006). Prólogo. En A. Hoyuelos (Ed.), *La estética en el pensamiento y obra pedagógica de Loris Malaguzzi* (pp. 15-25). Barcelona: Octaedro.

VELASCO-GUERRERO, M. M. (2023). *El uso del material didáctico en la labor de un docente en educación infantil*. Revista Fedumar, 10(1), 164-167. https://doi.org/10.31948/rev.fedumar10-1.art-16

VIGARELLO, G. (2005). *Corregir el cuerpo: Historia de un poder pedagógico*. Buenos Aires: Nueva Visión.

VILLARROEL, V. A., & BRUNA, D. V. (2017). Competencias Pedagógicas que Caracterizan a un Docente Universitario de Excelencia: Un Estudio de Caso que Incorpora la Perspectiva de Docentes y Estudiantes. *Formación universitaria, 10*(4), 75-96. https://doi.org/https://dx.doi.org/10.4067/S0718-50062017000400008

VYGOTSKI, L. (1978). *El desarrollo de los procesos psicológicos superiores*. Barcelona: Crítica.

WATSON, J. (1945). *El conductismo*. Buenos Aires: Editorial Médico Quirúrjica.

WERBACH, K., y HUNTER, D. (2012). *For the Win: How Game Thinking Can Revolutionize Your Business*. Nueva York: Wharton Digital Press.

WOOD, D. J., BRUNER, J. S., & ROSS, G. (1976). The role of tutoring in problem solving. *Journal of Child Psychology and Psychiatry, 17*, 89-100.

Índice